50 JAHRE
HEYNE VERLAG

HEYNE
BÜCHER

HEYNE
JUBILÄUMS
BAND

Die beste
Dr. Oetker
Kalte Küche

WILHELM HEYNE VERLAG
MÜNCHEN

HEYNE JUBILÄUMSBÄNDE
Nr. 50/14

Inhalt

Inhalt

Inhalt

Vorwort

*Mit diesem Buch möchten wir Ihnen
zeigen, wie frisch, gesund und vitaminreich die neue
»Kalte Küche« ist — und vor allem,
wie leicht Sie schon mit ein paar kleinen Tricks die
raffiniertesten Salate, kalten Suppen
oder ein ganz köstliches »Abendbrot« bereiten können. Denn die neue »Kalte Küche«
ist so vielseitig und abwechslungsreich, daß Sie am
liebsten jeden Tag etwas anderes ausprobie-
ren wollen. Und das Beste daran ist, alle Garnier-
Ideen, Anrichte-Tips und Zubereitungen
wurden in der Dr. Oetker Versuchsküche geprüft und
sehr verständlich beschrieben, damit
Ihnen auch alles gelingt.*

Cocktails

Die festliche Premiere.

Grönlandkrabben, naturell
(1 Portion)

Aus

**250 g Grönland-
krabben (gegart, mit
Schale)**   das Fleisch herauslösen, mit dem
Saft von 1 Zitrone   beträufeln, mit
**grob gemahlenem
Sumatrapfeffer**

Salz   bestreuen, etwa 1 Stunde an einem
kühlen Ort durchziehen lassen (den sich
evtl. gebildeten Sud abgießen), mit

Dillzweigen
halbierten Zitronen-
scheiben garniert serviert.
Beigabe: Toast, Butter.

Linsencocktail Acapulco

100 g Linsen waschen, 12—24 Stunden in
1½ l Wasser einweichen, in dem Einweichwasser
zum Kochen bringen, fast weich ko-
chen, erkalten lassen, abgießen, gut abtropfen lassen
1 Zwiebel abziehen, in feine Würfel schneiden,
mit den Linsen vermengen, mit

Rotweinessig
Salz
Pfeffer
Zucker würzen, gut durchziehen lassen

für den Pfannkuchenteig

100 g Weizenmehl mit
1½ g (½ gestrichener
TL) Backpulver
Backin mischen, in eine Schüssel sieben, in die
Mitte eine Vertiefung eindrücken
1 Ei mit Salz, Zucker,
200 ml (⅕ l) Milch verschlagen, etwas davon in die Vertiefung geben, von der Mitte aus Eimilch
und Mehl verrühren, nach und nach die
übrige Eimilch dazugeben, darauf achten, daß keine Klumpen entstehen
etwas von
3 EL Speiseöl in einer Stielpfanne erhitzen, eine dünne Teiglage hineingeben, von beiden
Seiten goldgelb backen
bevor der Pfannkuchen gewendet wird,
etwas Speiseöl in die Pfanne geben, den
Pfannkuchen erkalten lassen, in feine,
kurze Streifen schneiden

für die Cocktailsauce

6 EL Tomaten-
Ketchup   mit
1 EL Chilisauce
1 Spritzer Tabasco
2 EL Salatöl   verrühren

1 Möhre	putzen, schrappen, waschen, klein-schneiden, mit
1 EL feingehackter Zitronenmelisse	unter die Sauce rühren 4 Portionsschälchen mit
gewaschenen Feldsalatblättern	auslegen, die Cocktailzutaten darauf anrichten, mit der Sauce übergießen den Cocktail mit
gestiftelten Möhren Feldsalat	garnieren
Kochzeit:	Etwa 25 Minuten.
Beigabe:	Stangenweißbrot, Butter.

Griechischer Bauerncocktail

	Von
½ Kopf Salat	die welken Blätter entfernen, die anderen vom Strunk lösen, die großen Blätter teilen, die Herzblätter ganz lassen, den Salat waschen, gut abtropfen lassen oder trockenschleudern
1 Zwiebel	abziehen, in Ringe schneiden
½ Salatgurke	waschen, abtrocknen, in feine Scheiben schneiden, evtl. halbieren
4 Tomaten	waschen, abtrocknen, in Achtel schneiden, die Stengelansätze entfernen
8 Sardellenfilets (aus der Dose)	unter fließendem kalten Wasser abspülen, trockentupfen
125 g Schafskäse	zerbröckeln
	für die Cocktailsauce
1 Becher (150 g) Crème fraîche	verrühren
1 abgezogene, zerdrückte Knoblauchzehe	

3—4 EL fein- geschnittenen Schnittlauch	unterrühren, mit
Salz	
Pfeffer	abschmecken die Cocktailzutaten in 4 Cocktailgläsern anrichten, mit der Sauce übergießen, mit
schwarzen Oliven	garnieren.
Beigabe:	Graubrot.

Broccolicocktail

	Von
etwa 250 g Broccoli	die äußeren Blätter entfernen, die Stengel am Strunk schälen, bis kurz vor den Röschen kreuzweise einschneiden, waschen, die Broccoliröschen in
kochendes Salzwasser	geben, zum Kochen bringen, gar kochen, abtropfen und erkalten lassen, kleinschneiden (einige zum Garnieren zurücklassen)
3 Tomaten	kurze Zeit in kochendes Wasser legen, in kaltem Wasser abschrecken, enthäuten, in Würfel schneiden
125 g Camembert	in Würfel schneiden
	für die Cocktailsauce
1 Becher (150 g) Crème fraîche	mit
1 Glas (2 cl) Pernod	verrühren, mit
Salz, Pfeffer	abschmecken, 4 Cocktailgläser mit
gewaschenen Salatblättern	auslegen, die Cocktailzutaten darauf anrichten, mit der Sauce übergießen den Cocktail mit den restlichen Broccoliröschen,

gehackten Pistazienkernen	garnieren
Kochzeit:	10—12 Minuten.
Beigabe:	Stangenweißbrot, Butter.

Cocktail aus Früchten des Meeres

2 Seezungenfilets (etwa 150 g)	unter fließendem kalten Wasser abspülen, trockentupfen

125 ml (⅛ l) Weißwein	
125 ml (⅛ l) Wasser	
1 Pfefferkorn	
1 Scheibe Zitrone (unbehandelt)	
Salz	
Pfeffer	zum Kochen bringen, die Seezungenfilets hineingeben, zum Kochen bringen, gar ziehen lassen, aus der Fischbrühe nehmen, kalt stellen
etwa 130 g Muschelfleisch (aus dem Glas)	evtl. abspülen, abtropfen lassen
etwa 100 g tiefgekühlte Shrimps	auftauen lassen
etwa 100 g gekochte Spargelstangen	abtropfen lassen, kleinschneiden (die Spitzen zum Garnieren zurücklassen)
100 g gedünstete Champignons	abtropfen lassen, in Scheiben schneiden

2 EL Salat-mayonnaise	mit
2 EL Crème fraîche	
1 EL Weinbrand	
2 EL Apfelsinensaft	
1 TL geriebenem Meerrettich (aus dem Glas)	
1 EL Tomaten-Ketchup	verrühren, mit
Salz	
Cayennepfeffer	abschmecken
	4 Cocktailgläser mit
gewaschenen Salatblättern	auslegen, die Cocktailzutaten darauf anrichten, mit der Sauce übergießen
Garzeit:	10—15 Minuten.
Beigabe:	Toast, Butter.

Exotischer Fruchtcocktail

4 kleine Netzmelonen	im oberen Drittel quer mit einem kleinen Küchenmesser zu einem Stern schneiden, das Fruchtfleisch herauslösen, entkernen, in Würfel schneiden, in eine Schüssel geben
225 g Lychees (aus der Dose)	
225 g Mangofrüchte (aus der Dose)	
150 g gewürfelte Kumquats (aus dem Glas)	
	die Zutaten abtropfen lassen, die Mangos in Würfel schneiden, mit den übrigen Früchten vermengen

für die Cocktailsauce
den Saft von

1 Zitrone mit
2 EL Kirschlikör
4 EL Weinbrand
1—2 EL gesiebtem
Puderzucker
¹/₂ Päckchen
Vanillin-Zucker verrühren, über die Früchte gießen, zugedeckt mindestens 1 Stunde kalt stellen

Wassereiswürfel (aus
dem Gefrierfach) in kleine Stücke zerstoßen, in flache

Schalen füllen, darauf die Melonensterne setzen
die Fruchtmischung vorsichtig umrühren, ohne Saft in die Melonen füllen, nach Belieben mit

Lychees
Kumquats
kandierten Kirschen garnieren.
Beigabe: Teegebäck, Löffelbiskuits.

Avocado-Krebsfleisch-Cocktail

2 reife Avocados waschen, abtrocknen, längs halbieren, entsteinen, das Fruchtfleisch herauslösen, ohne die Schale dabei zu verletzen, in Würfel schneiden, mit dem Saft von

$\frac{1}{2}$ **Zitrone** beträufeln

125 g gedünstete
Champignons abtropfen lassen, in Scheiben schneiden

100 g gekochtes
Krebsfleisch zerpflücken, mit den Champignons zu den Avocados geben

für die Cocktailsauce

1 Becher (150 g)
Crème fraîche mit

3 EL Tomaten-
Ketchup

1 EL Weinbrand verrühren

1 TL geriebenen
Meerrettich

(aus dem Glas) unterrühren, mit

Salz

grob geschrotetem
Pfeffer

Cayennepfeffer abschmecken

1—2 EL gemischte,
gehackte Kräuter hinzufügen

	die Cocktailzutaten in die ausgehöhlten Avocadohälften füllen, mit der Sauce übergießen
	den Cocktail mit
Dillzweigen	garnieren.

Frühlingscocktail Favoritin

12 Stangen gekochten Spargel	abtropfen lassen, in etwa 3 cm lange Stücke schneiden (die Spitzen zum Garnieren zurücklassen)
100 g gekochtes Hummerfleisch	in mundgerechte Stücke zerpflücken beide Zutaten mit
Salz	
Zitronensaft	würzen
16 Erdbeeren	waschen, abtropfen lassen, entstielen, halbieren, mit

Zucker	bestreuen, mit Zitronensaft beträufeln
100 g Lachsschinken	in feine Streifen schneiden

für die Cocktailsauce

2 EL Salat-	
mayonnaise	mit
2 EL Tomaten-	
Ketchup	
2 EL Weinbrand	
$\frac{1}{2}$ EL Zitronensaft	verrühren, mit Salz,
Pfeffer	abschmecken
	4 Cocktailgläser mit

gewaschenen Salatblättern	auslegen, darauf Hummerfleisch, Lachsschinken, Spargelstücke, Erdbeerhälften (einige zum Garnieren zurücklassen) anrichten, mit der Sauce übergießen den Cocktail mit den zurückgelassenen Spargelspitzen, Erdbeerhälften,
Kerbel	garnieren.
Beigabe:	Toast, Butter.

Muschelcocktail Bombay

Etwa 130 g Muschelfleisch (aus dem Glas)	evtl. abspülen
etwa 300 g Mandarinenspalten (aus der Dose)	
	beide Zutaten abtropfen lassen, den Mandarinensaft auffangen
1 säuerlichen Apfel	schälen, vierteln, entkernen, kleinschneiden
	für die Cocktailsauce
2 eingelegte Ingwerknollen (aus dem Glas)	kleinschneiden
1 Becher (150 g) Crème fraîche	mit den Ingwerstücken,
1 TL Currypulver	
1—2 EL Mandarinensaft	
1 EL Ingwersirup (aus dem Glas)	schälen
2 Tomaten	waschen, abtrocknen beide Zutaten in Scheiben schneiden (Stengelansätze der Tomaten entfernen) 4 Cocktailgläser mit

gewaschenen Salatblättern	auslegen, Tomaten- und Bananenscheiben darauf legen, die übrigen Cocktailzutaten darauf anrichten, mit der Sauce übergießen
	den Cocktail mit
Dillzweigen	garnieren.
Beigabe:	Toast, Butter.

Thunfischcocktail

Etwa 300 g Thunfisch (aus der Dose)	abtropfen lassen, zerpflücken
3 Schalotten oder 1 kleine Zwiebel	abziehen, fein würfeln

1 EL Kapern	
(aus dem Glas)	abtropfen lassen, kleinschneiden
	die Zutaten vermengen
	für die Cocktailsauce
1 Becher (150 g)	
Crème fraîche	mit
evtl. **1—2 EL Milch**	verrühren
1 EL Senf	
1 EL gehackten Dill	
Worcestersauce	
Zitronensaft	unterrühren, mit
Knoblauchsalz	
Zucker	abschmecken
	4 Cocktailgläser mit
gewaschenen	
Salatblättern	auslegen, die Cocktailzutaten darauf an-
	richten, mit der Sauce übergießen
	den Cocktail mit
Eierscheiben	
Petersilie	garnieren.
Beigabe:	Weißbrot, Kräuterbutter (S. 202).

Champignoncocktail

200 g gedünstete	
Champignons	abtropfen lassen, in dünne Scheiben
	schneiden
200 g gekochtes,	
enthäutetes	
Hühnerfleisch	in kleine Stücke schneiden
	die Zutaten vermengen (etwas zum Gar-
	nieren zurücklassen), mit
Salz	
Zucker	
Zitronensaft	würzen

	für die Cocktailsauce
1 Eigelb	mit
1 TL Senf	
1 TL Essig oder Zitronensaft	
Salz	
1 TL Zucker	zu einer dicklichen Masse schlagen nach und nach
125 ml ($\frac{1}{8}$ l) Salatöl	
60 g Doppelrahm-Frischkäse	mit einer Gabel zerdrücken, mit
Selleriesalz	
3 EL saurer Sahne	unter die Mayonnaise rühren 4 Cocktailgläser mit
gewaschenen Salatblättern	auslegen, die Cocktailzutaten darauf anrichten, mit der Sauce übergießen den Cocktail mit den zurückgelassenen Zutaten garnieren.
Beigabe:	Stangenweißbrot, Butter.

Hummercocktail Loren

Etwa 450 g gekochtes Hummerfleisch	in mundgerechte Stücke zerpflücken
2 Tomaten	kurze Zeit in kochendes Wasser legen (nicht kochen lassen), in kaltem Wasser abschrecken, enthäuten, die Stengelansätze entfernen, das Innere aushöhlen, die Tomaten in Streifen schneiden
$\frac{1}{2}$ Dose (etwa 170 g) Maiskörner	abtropfen lassen
12 spanische Oliven, mit Paprika gefüllt	in Scheiben schneiden
	für die Cocktailsauce
1 Becher (150 g) Joghurt	mit

1 EL gemischten, gehackten Kräutern	verrühren, mit
Salz	
Pfeffer	abschmecken
	die Cocktailzutaten in 4 Cocktailgläser schichten, mit der Sauce übergießen, mit
Dillzweigen	garnieren.
Beigabe:	Toast, Butter.

Vorspeisen

Der Auftakt des Genießens.

Frische Feigen mit Bündner Fleisch

4 frische Feigen	unter fließendem kalten Wasser abspülen, abtrocknen, halbieren, mit
125 g in sehr dünne Scheiben geschnittenem Bündner Fleisch	auf einer Platte anrichten.
Beigabe:	Toast oder Weißbrot, Butter.

Avocados mit Roquefortcreme

2 reife Avocados	waschen, abtrocknen, halbieren, entkernen
	das Fruchtfleisch bis auf einen etwa

	$\frac{1}{2}$ cm breiten Rand herauslösen, durch ein Sieb streichen oder mit dem elektrischen Handrührgerät pürieren
1 Becher (150 g)	
Crème fraîche	hinzufügen, die Masse cremig schlagen
1 kleine Zwiebel	abziehen, reiben, unterrühren
	die Masse mit
Salz	
Pfeffer	abschmecken
75 g Roquefort-Käse	mit einer Gabel zerdrücken, mit
2 EL Sahne	verrühren, unter die Avocadocreme heben
	die Creme in einen Spritzbeutel mit gezackter Tülle füllen, in die Avocadohälften spritzen, mit
schwarzen Oliven	
gewaschenen Salat-	
blättern	anrichten.

Tomaten mit Mozzarella
(Etwa 6 Portionen)

750 g Tomaten waschen, abtrocknen, in Scheiben schneiden, die Stengelansätze entfernen

300 g Mozzarella-Käse in Scheiben schneiden
beide Zutaten im Wechsel schuppenförmig auf einer Platte oder auf Portionstellern anrichten

für die Sauce
4 EL Olivenöl mit
2 EL Weinessig
Salz verrühren, Tomaten und Käse damit beträufeln, mit

frisch gemahlenem schwarzen Pfeffer bestreuen
2 Bund Basilikum waschen, abtropfen lassen, zerpflücken, über die angerichteten Zutaten geben.
Beigabe: Stangenweißbrot

Porreestangen mit Sauce vinaigrette

5 mittelgroße Porree-stangen (etwa 1 kg)	putzen, längs einschneiden, gründlich waschen, in
1 l kochendes Salzwasser	geben
1 Knoblauchzehe	abziehen, hinzufügen, die Porreestangen zum Kochen bringen, 12—15 Minuten kochen, abtropfen und erkalten lassen, auf einer Platte anrichten

für die Sauce vinaigrette

3 EL Salatöl	mit
2 EL Weißweinessig	
1 TL Senf	verrühren, mit

Salz	
Pfeffer	abschmecken
2 EL feingeschnitte-	
nen Schnittlauch	unterrühren
	die Sauce vinaigrette über die Porree-
	stangen gießen, 1—2 Stunden ziehen
	lassen
1—2 hartgekochte	
Eier	pellen, hacken, kurz vor dem Servieren
	über die Porreestangen streuen.

Gemüseteller Kristin

1 Zwiebel	abziehen, in Würfel schneiden
1 grüne und	
1 rote Paprikaschote	halbieren, entstielen, entkernen, die
	weißen Scheidewände entfernen, die
	Schoten waschen, in Streifen schneiden
5 EL Olivenöl	erhitzen, die Zwiebelwürfel darin an-
	dünsten, die Paprikastreifen dazugeben,
	10—15 Minuten mitdünsten lassen
2—3 Zucchini	
(etwa 500 g)	evtl. schälen, waschen, in Scheiben
	schneiden
3 Tomaten	kurze Zeit in kochendes Wasser legen
	(nicht kochen lassen), in kaltem Wasser
	abschrecken, enthäuten, vierteln, die
	Stengelansätze entfernen
	Zucchinischeiben, Tomatenviertel zu
	dem Paprikagemüse geben, mitdünsten
	lassen
	das gare Gemüse mit
gerebeltem Majoran	
Salz	
Pfeffer	würzen, kalt stellen
200 g Schweizer Käse	in Würfel schneiden, unter das Gemüse
	heben, mit Salz, Pfeffer abschmecken,
	auf einem Teller anrichten
Dünstzeit:	Etwa 25 Minuten.

Staudensellerie mit Roquefort

4 Stengel Staudensellerie (etwa 200 g, ohne Grün) putzen, waschen, abtrocknen, auf einer Platte anrichten, mit

Salz bestreuen, mit

Zitronensaft beträufeln

100 g Roquefort-Käse mit einer Gabel zerdrücken

2—3 EL Sahne nach und nach unterrühren, so lange rühren, bis eine geschmeidige Masse entstanden ist
die Masse auf die Stengel spritzen.

Avocados mit Krabben

2 reife Avocados waschen, abtrocknen, längs halbieren, entkernen, das Fruchtfleisch bis auf einen etwa ¹⁄₂ cm breiten Rand herauslö-

1 EL Zitronensaft	sen, in kleine Stücke schneiden, mit beträufeln

für die Salatsauce

1 EL Butter	zerlassen, mit
2 EL Crème fraîche	
1 EL Milch	
1 TL fein-	
gehacktem Dill	verrühren, mit
Salz	
Pfeffer	
Zucker	
Zitronensaft	
Worcestersauce	abschmecken

für die Füllung

3 mittelgroße	
Tomaten	waschen, abtrocknen, halbieren, die Stengelansätze entfernen, die Tomaten entkernen, in kleine Würfel schneiden
100 g frische	
gepulte Krabben	
oder Shrimps	mit den Avocado- und Tomatenwürfeln unter die Sauce rühren die Füllung etwas durchziehen lassen die Avocadohälften mit
Zwiebelsalz	ausstreuen, mit der Krabbenmasse füllen die Avocadohälften auf
gewaschenen	
Salatblättern	anrichten, mit
Zitronenscheiben	
Dillzweigen	garnieren.
Beigabe:	Stangenweißbrot oder Toast.
Veränderung:	Die Sauce über die Füllung verteilen.

Kaviarschnitten

75 g Butter	geschmeidig rühren, von
etwa 50 g Kaviar (aus dem Glas)	knapp die Hälfte zerdrücken, unter die Butter rühren
8 sehr kleine Scheiben Stangenweißbrot	mit etwas Kaviarbutter bestreichen, die restliche Butter in einen Spritzbeutel mit gezackter Tülle geben, als Kranz auf die Brotscheiben spritzen, in die Mitte den übrigen Kaviar geben die Kaviarschnitten mit
Limettenscheiben Zwiebelringen Dillzweig	garnieren.

Melone mit Geflügelsalat
(8 Portionen)

1 Wassermelone	waschen, abtrocknen, längs halbieren, jede Hälfte in 4 gleiche Schiffchen schneiden das Fruchtfleisch mit einem Löffel so aus der Schale lösen, daß ein etwa 1 cm breiter Rand in der Schale bleibt das ausgelöste Melonenfleisch von den Kernen befreien, in kleine Stücke schneiden, gut abtropfen lassen, die Melonen-Schiffchen kalt stellen
250 g gekochtes, kaltes Geflügel-fleisch	in kleine Stücke schneiden
250 g Champignons	putzen, waschen, in dünne Scheiben schneiden
1 EL Butter	zerlassen, die Champignonscheiben darin etwa 10 Minuten dünsten lassen, mit

Salz	
Pfeffer	
Zitronensaft	würzen, erkalten lassen, mit dem Melonen- und Geflügelfleisch,
2 EL Salat-	
mayonnaise	vermengen den Salat auf den gut gekühlten Melonen-Schiffchen gleichmäßig verteilen, mit
Petersilie	garnieren.
Veränderung:	Die Salatzutaten mit einigen Tropfen Worcestersauce oder Tabasco würzen, bevor die Mayonnaise untergehoben wird.

Räucherlachs Altona (Abb. rechts ▷)
(10 Portionen)

	Für die Füllung
250 ml (¼ l) Sahne	steif schlagen, mit
4—5 EL geriebenem	
Meerrettich	
(aus dem Glas)	verrühren, mit
Zitronensaft	
Salz	
Zucker	abschmecken, in einen Spritzbeutel füllen
10 dünne Scheiben	
echten Rächerlachs	evtl. mit etwas Zitronensaft beträufeln, zu Tüten formen, die Meerrettichsahne hineinspritzen die gefüllten Lachsscheiben auf einer Platte anrichten, mit
Dillzweigen	garnieren die restliche Meerrettichsahne dazu reichen.

Vorspeisenteller Forellenhof
(1 Portion)

1 Blatt Endiviensalat
1 Blatt Chicoréesalat
beide Zutaten waschen, abtropfen lassen

1 Apfelsinenscheibe
die drei Zutaten auf einem Dessertteller anrichten

1 geräuchertes
Forellenfilet
enthäuten, auf die Salatblätter legen, mit
1 TL Zitronensaft
beträufeln
1 TL geriebenen
Meerrettich
(aus dem Glas)
neben das Forellenfilet auf den Salat geben

1 EL Crème fraîche
mit
1 TL feingehacktem
Dill
verrühren, mit

Zitronensaft	
Salz	
Pfeffer	abschmecken, über das Forellenfilet geben.
Beigabe:	Toast.

Griechische Champignons

500 g Champignons	putzen, waschen, in Scheiben schneiden
1 Zwiebel	abziehen, in Würfel schneiden
125 ml ($\frac{1}{8}$ l) Wasser	mit
4 EL Olivenöl	
1 Lorbeerblatt	

gerebeltem Thymian	zum Kochen bringen, Champignons und Zwiebeln dazugeben, mit
Salz	
Pfeffer	
Zucker	würzen, gar dünsten lassen
125 ml (⅛ l) Weißwein	mit
1—2 EL Tomatenmark	hinzufügen, mit Salz, Pfeffer abschmekken, etwas abkühlen lassen die Champignons mit
1 EL gehackter Petersilie	bestreuen
Dünstzeit:	8—10 Minuten.
Beigabe:	Stangenweißbrot.

Matjesfilet Bornholm
(Abb. S. 40)

1 säuerlichen Apfel	schälen, mit einem Apfelausstecher das Kerngehäuse ausstechen den Apfel in 4 Scheiben schneiden
100 ml Weißwein	erhitzen, die Apfelscheiben darin fast weich dünsten (sie dürfen nicht zerfallen), in dem Weißwein erkalten und abtropfen lassen, auf eine Platte legen
4 Matjesfilets	aufrollen, jeweils hochkant auf einer Apfelscheibe anrichten von
4 EL Preiselbeeren (aus dem Glas)	jeweils 1 EL in jedes Matjesröllchen geben
1 Becher (150 g) Crème fraîche	mit etwas von der Weißweinflüssigkeit verrühren, kurz vor dem Servieren über die Matjesfilets verteilen.
Beigabe:	Graubrot, Butter.

Matjesfilet Bornholm

Weinbergschnecken

	Die Schneckenhäuser von
24 Schnecken (aus der Dose)	in heißem Wasser waschen, abtropfen lassen je ½ TL von der Schneckenflüssigkeit in die Schneckenhäuser füllen, die Schnek-ken hineingeben
60—80 g weiche Butter	geschmeidig rühren
½ Zwiebel **1 Knoblauchzehe** **2 Schalotten**	
	die drei Zutaten abziehen, fein hacken, mit
1 EL gehackter Petersilie	zu der Butter geben, gut verrühren, mit

Salz	
Pfeffer	abschmecken
	die gefüllten Schneckenhäuser mit der Kräuterbutter bestreichen, in flache, feuerfeste Schalen (mit Salz gefüllt) oder in Schneckenpfannen setzen, auf dem Rost in den vorgeheizten Backofen schieben
Strom:	225—250
Gas:	5—6
Dünstzeit:	10—15 Minuten.

Marinierte Gemüseplatte mit Avocadocreme

250 g Champignons	putzen, waschen
375 g Broccoli	putzen, die Stengel schälen, den Broccoli waschen
4—6 Stangen Staudensellerie	von braunen Stellen befreien, das obere Ende abschneiden, die Stangen waschen, in etwa 5 cm lange Stücke schneiden
2—3 mittlere Porreestangen (Lauch)	putzen, halbieren, waschen, in etwa 5 cm lange Stücke schneiden
2 große Möhren	putzen, schrappen, waschen, in etwa 5 cm lange, etwa $\frac{1}{2}$ cm dicke Stifte schneiden
1—2 rote Paprikaschoten	halbieren, entstielen, entkernen, die weißen Scheidewände entfernen, die Schoten in etwa $\frac{1}{2}$ cm breite Streifen schneiden
2—3 Fenchelknollen	vierteln oder sechsteln, evtl. braune Stellen entfernen, die Fenchelstücke waschen das Gemüse nacheinander in
kochendes Salzwasser	geben, zum Kochen bringen, das Wasser zwischendurch einmal erneuern, beim Kochen des Fenchels

2 EL Zitronensaft	in das Wasser geben das Gemüse gut abtropfen lassen, in die Fettfangschale legen
	für die Marinade
1 Zwiebel **1—2 Knob-** **lauchzehen**	
	die Zutaten abziehen, die Zwiebel in feine Würfel schneiden, den Knoblauch zerdrücken, mit
4 EL Salatöl **4 EL Weißwein-** **Essig**	verrühren, mit
Salz **Pfeffer** **Zucker**	würzen, über das Gemüse geben die Marinade ab und zu in einer Ecke der Fettfangschale zusammenfließen lassen, erneut über das Gemüse verteilen, einige Stunden durchziehen lassen
Kochzeit für die **Champignons:**	Etwa 1 Minute
für den Broccoli:	Etwa 3 Minuten, dicke Stengel etwa 5 Minuten
für den **Staudensellerie:**	Etwa 1 Minute
für den Porree:	2—3 Minuten
für die Möhren:	3—5 Minuten
für die **Paprikaschoten:**	Etwa 1 Minute
für den Fenchel:	Etwa 7 Minuten
	für die Avocadocreme
1 reife Avocado	schälen, halbieren, entkernen, das Fruchtfleisch mit einem elektrischen Handrührgerät pürieren oder mit einer Gabel zerdrücken, mit
1 EL Zitronensaft	beträufeln

1 Becher (150 g) **Crème fraîche**	verrühren, mit dem Avocadopüree,
1 Becher (150 g) **Joghurt**	gut verrühren
1 Knoblauchzehe	abziehen, durchpressen, zu der Avoca- docreme geben
1 EL gehackte **Petersilie** **1 EL gehackten Dill** **1 EL feingeschnitte-** **nen Schnittlauch**	unterrühren die Avocadocreme mit
Zitronensaft **Zwiebelsalz** **Salz** **Pfeffer** **Zucker**	abschmecken das Gemüse auf einer großen Platte an- richten, mit
Petersilie	garnieren, die Avocadocreme dazurei- chen.
Beigabe:	Kleine Brötchen oder Stangenweißbrot, Butter.

Sellerietörtchen

8 Sellerriescheiben **(aus der Dose)**	abtropfen lassen, die Scheiben mit ei- nem Ring oder Glas (Durchmesser etwa 8 cm) ausstechen, damit sie noch appe- titlicher aussehen die Scheiben auf eine Platte legen, mit
Zitronensaft	beträufeln, mit
Salz	bestreuen
1 hartgekochtes Ei	pellen
1 große **Gewürzgurke** **100 g gekochter** **Schinken**	

**100 g Sellerie
(Rest aus der Dose)**

alle Zutaten in kleine Würfel schneiden

für die Mayonnaise

1 Eigelb mit
1—2 TL Senf
**1 EL Essig oder
Zitronensaft**
Salz
1 TL Zucker zu einer dicklichen Masse schlagen

125 ml (⅛ l) Salatöl   nach und nach darunter schlagen
die geschnittenen Zutaten mit der
Mayonnaise vermengen, den Salat auf
den Selleriescheiben verteilen
die Törtchen auf

**marinierten
Salatblättern**   anrichten, mit
Petersilie   garnieren.
Veränderung: Anstelle der Mayonnaise eine Salatsauce
verwenden aus:
3 EL Salatöl, 1—2 EL Zitronensaft, etwas
Salz, etwas Zucker.

Suppen

Eisgekühlt — heiß geliebt.

Avocadocremesuppe, kalt

2 reife Avocados (etwa 500 g)	waschen, gut abtrocknen, längs halbieren, entsteinen, das Fruchtfleisch vorsichtig herauslösen, in kleine Würfel schneiden, mit
1 EL Zitronensaft	beträufeln
750 ml (¾ l) Instant-Fleischbrühe	zum Kochen bringen, die Avocadowürfel hineingeben, zum Kochen bringen, in etwa 5 Minuten garen lassen, durch ein feines Sieb streichen oder im Mixer pürieren, mit
Salz Pfeffer Weißwein	abschmecken, nochmals kurz erhitzen

2 EL Crème fraîche	unterrühren, erkalten lassen die Suppe mit
½ EL feingehacktem Dill	
1 TL gehackten Chilischoten	bestreut servieren.
Anmerkung:	Diese Suppe kann auch heiß serviert werden.

Avocadosuppe mit Mandelblättchen

2 reife Avocados (etwa 250 g)	halbieren, entkernen, das Fruchtfleisch aus den Schalen lösen, durch ein Sieb streichen, sofort mit
2 EL Zitronensaft	verrühren
250 ml (¼ l) Instant-Hühnerbrühe	erhitzen

3 EL Weißwein	
100 ml Sahne	hinzufügen, miterhitzen
	den Avocadobrei unterrühren (nicht
	kochen lassen), mit
Salz	
frisch gemahlenem	
Pfeffer	abschmecken, erkalten lassen
	die Suppe auf 4 Suppentassen verteilen,
	mit
abgezogenen,	
gehobelten,	
gebräunten Mandeln	bestreuen.

Vichyssoise

1 l Instant-Fleisch-	
brühe	zum Kochen bringen
500 g Kartoffeln	schälen, waschen, in Würfel schneiden
1—2 Stangen Porree	
(Lauch)	putzen, gründlich waschen, in Ringe
	schneiden, evtl. nochmals waschen
	beide Zutaten in die Fleischsuppe ge-
	ben, zum Kochen bringen, in etwa
	25 Minuten gar kochen lassen
	die Suppe mit einem elektrischen Hand-
	rührgerät pürieren
125 ml ($\frac{1}{8}$ l) Sahne	unterrühren
	die Suppe mit
Pfeffer	
Speisewürze	abschmecken, kalt servieren.

Russische Suppe
(4—6 Portionen)

375 ml ($\frac{3}{8}$ l)	
Gurkensaft	
(frisch gepreßt	
aus etwa 1 unge-	
schälten Salatgurke)	mit

3 Bechern (je 150 g)	
saurer Sahne	verrühren
½ Salatgurke	waschen
½ rote Paprikaschote	
½ grüne	
Paprikaschote	
	die Paprikaschotenhälften entstielen, entkernen, die weißen Scheidewände entfernen, die Schotenhälften waschen
etwa 200 g rote Bete (aus dem Glas)	abtropfen lassen
	die drei Zutaten in kleine Würfel schneiden
2 hartgekochte Eier	pellen, klein hacken

| **2 Bund Schnittlauch** | waschen, trockentupfen, kleinschneiden die Zutaten unter den mit der Sahne verrührten Gurkensaft rühren die Suppe mit |
| **etwa 3 EL Wodka** **Salz** **frisch gemahlenem** **Pfeffer** | abschmecken, gut gekühlt servieren. |

Kalte Weinsuppe mit Feigen

| **Etwa 250 g Feigen** **(aus der Dose)** | abtropfen lassen, den Saft mit Wasser auf 500 ml ($\frac{1}{2}$ l) auffüllen die Flüssigkeit mit |

2 Zitronenscheiben (etwa $\frac{1}{2}$ cm dick, unbehandelt) 1 Stück Stangenzimt etwas gemahlenem Kardamom 1—2 EL Zucker	zum Kochen bringen
30 g Sago	einstreuen, etwa 15 Minuten quellen lassen, die Suppe von der Kochstelle nehmen, Zitronenscheiben und Stangenzimt entfernen
500 ml ($\frac{1}{2}$ l) Weißwein	hinzugießen die Feigen in Streifen schneiden, in die Suppe geben, gut gekühlt servieren.

Joghurtsuppe mit Krabben
(6—8 Portionen)

1 Salatgurke (300 g)	schälen, längs halbieren, entkernen, die Gurke in dünne Streifen schneiden
3 Becher (je 150 g) Joghurt	mit
1 Becher (150 g) saurer Sahne 125 ml ($\frac{1}{8}$ l) Milch	verrühren, Gurkenstreifen,
200 g frische gepulte Krabben	hinzufügen
1 EL gehackte Minze 1 TL gehackten Dill 1 TL gehackte Petersilie	unterrühren die Suppe mit
Knoblauchwürze (flüssig) Salz	

frisch gemahlenem Pfeffer	abschmecken.
Beigabe:	In Butter geröstete Weißbrotscheiben.

Erfrischende Melonenkaltschale

1 Honigmelone (etwa 1,2 kg)	quer halbieren, entkernen, das Fruchtfleisch mit einem Eßlöffel aus der Schale lösen, in einem elektrischen Mixer pürieren
250 ml (¼ l) Weißwein 1—2 EL Zucker 3—4 EL Zitronensaft	hinzugeben
250 g blaue Weintrauben	waschen, halbieren, entkernen, in die Kaltschale geben, gut gekühlt servieren.

Gurkensuppe

1 kleine Salatgurke	schälen, fein hobeln oder in einem elektrischen Mixer pürieren, mit
Salz Pfeffer 1 abgezogenen, zerdrückten Knoblauchzehe	würzen, zum Saftziehen stehenlassen
3 Becher Joghurt (je etwa 150 g) Speisewürze	dazugeben, unterrühren, mit abschmecken
feingehackte Petersilie	darüber streuen die Suppe sehr kalt, nach Belieben mit
Wassereiswürfeln (aus dem Gefrierfach)	servieren.

Salzige Bananensuppe

500 ml (½ l) **Instant-Fleischbrühe**	zum Kochen bringen
2 Bananen	schälen, mit einer Gabel zerdrücken oder in einem elektrischen Mixer pürie- ren, mit
Zitronensaft	beträufeln, die Fleischbrühe unter Rüh- ren nach und nach hinzugießen, mit
Currypulver	abschmecken, nach Belieben
2 EL Sahne	unterrühren die Suppe mit
abgezogenen, **gehobelten,** **gebräunten Mandeln**	bestreuen, sehr kalt servieren.

Knoblauchsuppe mit Trauben und Melone

2 EL abgezogene, **gemahlene Mandeln** **5—6 EL Semmel-** **mehl** **2—3 abgezogene,** **zerdrückte** **oder feingehackte** **Knoblauchzehen**	mit einem elektrischen Handrührgerät verrühren, nach und nach
2—3 EL Speiseöl **1 EL Essig**	hinzufügen
250—375 ml (¼—⅜ l) **Wasser**	hinzugießen, mit den Zutaten gut ver- rühren, mit
Salz **Pfeffer** **Speisewürze**	abschmecken
200 g Weintrauben	waschen, abtrocknen, halbieren, entker- nen
etwa 200 g Melone	halbieren, das Fruchtfleisch mit einem

Löffel aus der Schale kratzen, in Würfel
schneiden
beide Zutaten in die Suppe geben, sehr
kalt, nach Belieben mit

**Wassereiswürfeln
(aus dem
Gefrierfach)** servieren.

Gazpacho

2 Scheiben Weißbrot   in kaltem Wasser einweichen
1 rote und 1 grüne
Paprikaschote   halbieren, entstielen, entkernen, die
weißen Scheidewände entfernen, die
Schoten waschen
½ Salatgurke   schälen
3 Tomaten   kurze Zeit in kochendes Wasser legen

(nicht kochen lassen), in kaltem Wasser
abschrecken, enthäuten
die drei Zutaten in Stücke schneiden,
mit dem gut ausgedrückten Weißbrot,

**2 abgezogenen,
zerdrückten
Knoblauchzehen** im elektrischen Mixer pürieren, mit
Salz, Pfeffer würzen, nach und nach
3 EL Speiseöl hinzufügen, gut verrühren
die Suppe mit

**2—3 EL Essig
Speisewürze** abschmecken
die Gazpacho sehr kalt servieren.

Salate

Salate, die begeistern.

Salatschüssel — Feinschmecker

50 g jungen Spinat	verlesen, 5—6 mal gründlich waschen, abtropfen lassen
¼ Kopf Frisée-Salat	putzen, waschen, abtropfen lassen, in Blättchen teilen
½ Salatgurke	waschen, in Scheiben schneiden
1 Bund Radieschen	putzen, waschen, abtropfen lassen, in Scheiben schneiden
1 grüne Paprikaschote	waagerecht halbieren, entstielen, entkernen, die weißen Scheidewände entfernen, die Schote waschen, in Ringe schneiden
1 Zwiebel	abziehen, in Scheiben schneiden
100 g Kaiserschoten (Zuckerschoten)	putzen, waschen

2 Möhren	putzen, schrappen, waschen, in Scheiben schneiden
100 g Champignons	putzen, waschen, in feine Scheiben schneiden
	eine Salatschüssel mit
1 abgezogenen Knoblauchzehe	ausreiben, die Salatzutaten darin anrichten

für die Salatsauce

6—8 EL Olivenöl	mit
3 EL Weinessig	verrühren, mit
Salz	
Zucker	abschmecken
2 EL grünen Pfeffer	
1 EL feingeschnittenen Schnittlauch	
1 EL gehackten Kerbel	unterrühren, über die Salatzutaten verteilen.

Pilzsalat mit Basilikum-Mayonnaise

15 g getrocknete Steinpilze	in
125 ml (⅛ l) lauwarmem Wasser	einweichen
250 g Champignons oder Pfifferlinge	putzen, waschen, gut abtropfen lassen (größere Pilze in Scheiben schneiden oder halbieren)
200 g Hähnchenbrustfilet	waschen, trockentupfen
2 EL Speiseöl	erhitzen, das Hähnchenbrustfilet von beiden Seiten darin in etwa 5 Minuten goldbraun braten, mit
Salz Pfeffer	würzen, aus der Pfanne nehmen, erkalten lassen, in Streifen schneiden die Pilze in dem Bratfett anbraten, mit

Salz, Pfeffer würzen, die Steinpilze mit dem Einweichwasser hinzufügen, etwa 5 Minuten schmoren, erkalten lassen

1 Bund Frühlings-
Zwiebeln putzen, waschen, in dünne Ringe schneiden
die Salatzutaten vermengen, in eine Salatschale geben

für die Basilikum-Mayonnaise
1 Eigelb mit
1 TL Senf
1 EL Essig
oder Zitronensaft
Salz
1 TL Zucker zu einer dicklichen Masse schlagen
nach und nach
125 ml (⅛ l) Salatöl unterschlagen
2 EL Crème fraîche
2 Bund gehacktes

oder	
1 EL gerebeltes	
Basilikum	unterrühren, mit Salz,
frisch gemahlenem	
Pfeffer	abschmecken
	die Mayonnaise über die Salatzutaten geben
	den Salat gut durchziehen lassen.

Staudenselleriesalat mit Äpfeln
(4—6 Portionen)

¹/₂ **Kopf krausen**	
Endiviensalat	putzen, waschen, gut abtropfen lassen
etwa 500 g	
Staudensellerie	putzen, waschen, in dünne Scheiben schneiden
2 mittelgroße	
rote Äpfel	achteln, entkernen, in dünne Scheiben schneiden

1 Becher (150 g) Sahnejoghurt	mit
1—2 EL geriebenem Meerrettich (aus dem Glas)	
3—4 EL Zitronensaft	
2—3 TL Zucker	verrühren, mit
Salz	abschmecken
125 ml ($\frac{1}{8}$ l) Sahne	steif schlagen, unterheben
100 g Walnußkerne	(einige zum Garnieren zurücklassen) grob hacken, unterheben

Staudensellerie und Äpfel mit der Sauce vermengen, in eine mit den Endivienblättern ausgelegte Salatschale füllen, mit den zurückgelassenen Walnußkernen garnieren.

Bulgarischer Zucchinisalat

(Abb. S. 63)

250 g Zucchini	
4 Tomaten	
	beide Zutaten waschen, abtrocknen, in Scheiben schneiden (Stengelansätze der Tomaten entfernen)
2 grüne Paprikaschoten	vierteln, entstielen, entkernen, die weißen Scheidewände entfernen, die Schoten waschen, in Streifen schneiden
1 Zwiebel	abziehen
8—10 Oliven	
	beide Zutaten in dünne Scheiben schneiden

für die Salatsauce

4 EL Salatöl	mit
1 TL Essig-Essenz (25 %)	

2 EL Wasser	
½ TL Senf	verrühren mit
Salz	
Pfeffer	
Zucker	abschmecken
1 EL	
feingeschnittener	
Schnittlauch	
1 EL	
feingehackter Dill	
	beide Zutaten unterrühren die Sauce mit den Salatzutaten vermengen
2 hartgekochte Eier	pellen, achteln
150 g bulgarischen	
Schafskäse	zerbröckeln, die Hälfte des Käses und die Eier vorsichtig mit dem Salat vermengen, den restlichen Käse darüber streuen.
Beigabe:	Sesam-Fladenbrot.

Salatschüssel nach Fischer Art mit Dillsahne

200 g Shrimps	in die Mitte einer großen, flachen Schale häufen
3—4 hartgekochte Eier	pellen, längs halbieren, das Eiweiß grob hacken, das Eigelb durch ein Sieb streichen, beide Zutaten als Kranz um die Shrimps geben
1 Kästchen geschnittene, gewaschene Kresse	um das Ei streuen.
300 g eingelegte rote Bete	abtropfen lassen, als Kranz um die Kresse legen

Bulgarischer Zucchinisalat

	für die Dillsahne
1—1½ Becher (150—225 g) Crème fraîche	mit
2—3 EL gehacktem Dill	verrühren, mit
Salz	
Pfeffer	
Zucker	abschmecken
	die Dillsahne getrennt dazu reichen.
Beigabe:	Vollkornbrot oder Toast, Butter.

Camembert-Salat

1 Rahm-Camembert (125 g)	quer halbieren, von der Schmalseite her in Scheiben schneiden
	für die Salatsauce
2 EL Salatöl	mit
2 EL Essig	
1 EL Wasser	verrühren mit
Salz, Pfeffer	
Zucker	abschmecken
1 EL gemischte, gehackte Kräuter	unterrühren, mit den Camembertscheiben vermengen, etwa ½ Stunde stehenlassen
1 kleine Fenchelknolle	putzen
etwa 50 g Sellerieknolle	schälen
	beide Zutaten waschen
1 säuerlichen Apfel	schälen, vierteln, entkernen
	die drei Zutaten in feine Streifen schneiden, zu dem Camembert geben, gut durchziehen lassen

4—5 Kopfsalat-blätter	waschen, gut abtropfen lassen, in Streifen schneiden
2 EL saure Sahne	
1 EL gehackte Walnußkerne	
	die drei Zutaten kurz vor dem Servieren mit den übrigen Salatzutaten vermengen, mit Salz, Pfeffer, Zucker,
Zitronensaft	abschmecken
	den Salat auf
gewaschenen Kopf-salatblättern	anrichten, mit
Fenchelgrün	
Zitronenscheiben	garnieren.

Bohnensalat

Etwa 465 g weiße Bohnen (aus der Dose)	
etwa 430 g rote Bohnen (aus der Dose)	
etwa 425 g grüne Bohnen (aus der Dose)	
	die Bohnen abtropfen lassen, die Bohnenflüssigkeit auffangen
2—3 rote Zwiebeln	abziehen, in Würfel schneiden
	für die Salatsauce
4—5 EL Salatöl	mit
3—4 EL Bohnen-flüssigkeit	verrühren, mit
Salz	
Pfeffer	
Zucker	abschmecken

**2 EL feingeschnitte-
ner Schnittlauch
etwas gehacktes
Bohnenkraut
etwas gehackter
Borretsch**

die drei Zutaten unterrühren
die Salatzutaten mit der Sauce vermengen, gut durchziehen lassen, nochmals
abschmecken.

Feiner Champignonsalat

500 g Champignons	
wenig Wasser	
Salz	
Pfeffer	
200 g Roastbeef-	
scheiben (als Auf-	
schnitt)	in Streifen schneiden
2 hartgekochte Eier	pellen, in Würfel schneiden
	beide Zutaten mit den Champignons
	vermengen
	für die Salatsauce
4 EL Salatöl	mit
2 EL Kräuteressig	
1—2 EL	
Tomaten-Ketchup	
4—5 EL Sahne	
1 TL Weinbrand	
Paprika edelsüß	verrühren, mit
Salz	
Pfeffer	
Zucker	abschmecken
2 EL gehackte	
Petersilie	unterrühren, mit den Salatzutaten ver-
	mengen, etwa 20 Minuten im Kühl-
	schrank durchziehen lassen, den Salat
	mit Salz, Pfeffer, Zucker abschmecken,
	mit
Eischeiben	
Petersilie	garnieren
Dünstzeit:	Etwa 10 Minuten.

Eisberg-Kiwi-Salat
(4—6 Portionen)

	Von
1/2 Kopf Eisbergsalat	evtl. welke Blätter entfernen, die ande-

	ren vom Strunk lösen, in mundgerechte Stücke zerpflücken, waschen, abtropfen lassen
2—3 Zucchini	waschen, evtl. schälen
3 Kiwis	schälen
	beide Zutaten in Scheiben schneiden
200 g Staudensellerie	putzen, waschen, in 3 cm dicke Stücke schneiden
125 g Lachsschinken	in Streifen schneiden

für die Salatsauce

3 EL Salatöl	mit
4 EL Zitronensaft	verrühren, mit
Salz, Pfeffer, Zucker	abschmecken
1 EL gehackten Estragon	unterrühren, mit den Salatzutaten vermengen
30 g Pistazienkerne	über den Salat streuen.

Italienischer Bauernsalat

(4—6 Portionen)

Etwa 250 g grüne Bohnen (aus der Dose) 250 g Kichererbsen (aus der Dose) 250 g weiße Bohnen (aus der Dose)	
	das Gemüse abtropfen lassen
1 Gemüsezwiebel	abziehen, halbieren, in Scheiben schneiden
200 g Tomaten	waschen, abtrocknen, in Achtel schneiden, die Stengelansätze entfernen
150 g Salamischeiben	in Streifen schneiden
	für die Salatsauce
6 EL Salatöl **3 EL Weinessig**	

1 TL Senf	verrühren, mit
Salz, Pfeffer, Zucker	abschmecken
½ TL	
gerebelten Estragon	unterrühren, mit den Salatzutaten vermengen, gut durchziehen lassen, den Salat nochmals abschmecken.

Pariser Salat

375 g blaue und grüne Weintrauben	waschen, halbieren, entkernen
175 g gedünstete Champignons	in Scheiben schneiden
250 g gebratenes Hähnchenbrustfilet	in Streifen schneiden
200 g Käse, z. B. Gouda in Scheiben	in kleine Quadrate schneiden

1 Eigelb	
1—2 TL Senf	
Salz, Pfeffer	
Zucker	
1 TL Essig-	
Essenz (25 %)	
4 TL Wasser	zu einer dicklichen Masse schlagen nach und nach
125 ml (⅛ l) Salatöl	unterschlagen
3 EL Joghurt	unterrühren, mit den Salatzutaten vermengen, mit
Weintrauben	
Champignons	
Liebstöckel	garnieren.

Matjessalat
(Abb. S. 72)

6 Matjesfilets	mit
250 ml (¼ l)	
Mineralwasser	übergießen, 3—4 Stunden wässern, trockentupfen, in 3—4 cm große Stücke schneiden
2 Zwiebeln	abziehen
etwa 150 g gedün-	
stete Champignons	
2—3 Gewürzgurken	
	die drei Zutaten in Scheiben schneiden die Zwiebeln in Ringe zerteilen

für die Salatsauce

1 Becher (150 g)	
Crème fraîche	mit
1—2 EL Joghurt	
2 TL geriebenem	
Meerrettich	
(aus dem Glas)	verrühren, mit den Salatzutaten vermengen, in Portionsschälchen anrichten.

Matjessalat

Eiersalat Excelsior
(2—3 Portionen)

2 hartgekochte Eier	pellen, in Scheiben schneiden
75 g gekochte Schinkenscheiben	in Streifen schneiden
¹/₂ rote Paprikaschote	entkernen, die weißen Scheidewände entfernen, die Schote waschen, in feine Streifen schneiden, mit kochendheißem Wasser übergießen, zum Abtropfen auf ein Sieb geben, abkühlen lassen

für die Salatsauce

1 Becher (150 g)
Crème fraîche mit
Salz, Pfeffer, Zucker
Zitronensaft
Worcestersauce abschmecken, mit den Salatzutaten vermengen, gut durchziehen lassen
den Salat evtl. mit Salz, Pfeffer, Zucker, Zitronensaft, Worcestersauce abschmekken, mit

feingeschnittenem
Schnittlauch bestreuen.

Pikanter Kartoffelsalat
(Etwa 6 Portionen)

750 g Pellkartoffeln noch warm pellen, in Scheiben schneiden

200 g gekochtes
Rindfleisch in Würfel schneiden
1 Stange Porree putzen, längs halbieren, waschen, in schmale Streifen schneiden

150 g Pfifferlinge
(aus der Dose) abtropfen lassen, evtl. halbieren
3—4 Tomaten kurze Zeit in kochendes Wasser legen (nicht kochen lassen), in kaltem Wasser abschrecken, enthäuten, die Stengelansätze entfernen, die Tomaten in Würfel schneiden

für die Salatsauce

1 große Zwiebel abziehen, in Würfel schneiden, mit
6 EL Salatöl
1 EL Essig-
Essenz (25 %)
5 EL Wasser
1 TL Senf verrühren, mit
Salz

**frisch gemahlenem
schwarzen Pfeffer** abschmecken, mit den Salatzutaten vermengen
den Salat etwa 1 Stunde durchziehen
lassen.

Nudelsalat Torcello
(6—8 Portionen)

**250 g Spaghetti
2 l kochendes
Salzwasser** in kleine Stücke brechen, in

geben, zum Kochen bringen, kurz umrühren, gar kochen lassen

die Nudeln auf ein Sieb geben, mit kaltem Wasser übergießen, gut abtropfen lassen

etwa 150 g Thunfisch (aus der Dose) abtropfen lassen, zerpflücken

200 g gare gepökelte Rinderzunge (als Aufschnitt) in Streifen schneiden

2 EL Kapern (aus dem Glas)

für die Mayonnaise

1 Eigelb mit
1 TL Senf

1 TL	
Anchovis-Paste	
1 EL Zitronensaft	
Salz	
Pfeffer	
1 TL Zucker	zu einer dicklichen Masse schlagen
	nach und nach
125 ml (⅛ l) Salatöl	unterschlagen
1 EL gemischte,	
gehackte Kräuter	unterrühren, mit den Salatzutaten ver-
	mengen, gut durchziehen lassen
	den Salat mit Salz, Pfeffer, Zucker
	abschmecken.

Muschelsalat Patricia
(2—3 Portionen)

150 g Muschelfleisch	
(aus dem Glas	
oder der Dose)	evtl. abspülen, abtropfen lassen
100 g Senfgurken	in Würfel schneiden
10 Oliven	
mit Paprika gefüllt	

**10 Silberzwiebeln
(aus dem Glas)**

2 Tomaten beide Zutaten halbieren
kurze Zeit in kochendes Wasser legen
(nicht kochen lassen), in kaltem Wasser
abschrecken, enthäuten, die Tomaten
halbieren, entkernen, die Stengelansätze
entfernen, das Tomatenfleisch in Würfel
schneiden.

Salat Schöne Gärtnerin
(Etwa 6 Portionen)

1 l Salzwasser zum Kochen bringen
100 g Langkornreis hineingeben, zum Kochen bringen, in
etwa 20 Minuten ausquellen lassen, auf
ein Sieb geben, mit kaltem Wasser übergießen, gut abtropfen lassen
3 Tomaten kurze Zeit in kochendes Wasser legen
(nicht kochen lassen), in kaltem Wasser
abschrecken, enthäuten, vierteln, die
Stengelansätze entfernen, die Tomaten
entkernen, in Streifen schneiden
2 Avocados halbieren, entkernen, schälen, in Würfel
schneiden
2 hartgekochte Eier pellen, in Würfel schneiden
100 g Champignons putzen, waschen, in dünne Scheiben
schneiden
**150 g gekochten
Schinken** in Streifen schneiden
eine große Salatschale mit
**1 abgezogenen
Knoblauchzehe** ausreiben

für die Salatsauce

**3 EL Salatöl
1 EL Kräuter-
Essig-Essenz (25 %)**

4 EL Weißwein	
3 EL Sahne	verrühren, mit
Salz	
frisch gemahlenem	
weißen Pfeffer	
Currypulver	abschmecken, mit den Salatzutaten ver-
	mengen, etwa 30 Minuten durchziehen
	lassen, in die Salatschale füllen, den Sa-
	lat mit
Tomatenröschen	
Basilikum	garnieren.

Salat Fiesole

250 g kleine Nudeln	
(z. B. dreifarbige	
Hütchen-Nudeln)	in

2 l kochendes Salzwasser	geben, zum Kochen bringen, kurz um-rühren, gar kochen lassen die Nudeln auf ein Sieb geben, mit kaltem Wasser übergießen, gut abtropfen lassen
2—3 EL Speiseöl	erhitzen
4 Scheiben (400 g) Schweinefleisch (aus der Keule)	von beiden Seiten (je Seite 5—10 Minuten) darin braten, mit
Salz Pfeffer gerebeltem Salbei	würzen, aus der Pfanne nehmen, erkalten lassen, in feine Streifen schneiden
40 g Kapern (aus dem Glas)	abtropfen lassen, die Flüssigkeit auffangen
100 g Pinienkerne	

für die Mayonnaise

1 Eigelb mit
1—2 TL Senf
1 EL Essig
Salz
1 TL Zucker zu einer dicklichen Masse schlagen
125 ml (⅛ l) Salatöl nach und nach unterschlagen
3 EL
Kapernflüssigkeit
½ TL gerebelten
Salbei unterrühren, mit den Salatzutaten vermengen, gut durchziehen lassen
den Salat mit Salz, Pfeffer abschmecken, eine Salatschale mit
gewaschenen
Kopfsalatblättern auslegen, den Salat darin anrichten.

Pasteten, Terrinen, Mousses

Die feine Art, zu genießen.

Broccoli-Pastete

	Von
500 g Broccoli	die Blätter entfernen, die Stengel am Strunk schälen, bis kurz vor den Röschen kreuzweise einschneiden, waschen
500 ml (¹⁄₂ l) Wasser **Salz**	mit zum Kochen bringen, den Broccoli hineingeben (einige Röschen zum Garnieren zurücklassen), in 15—20 Minuten gar kochen lassen den garen Broccoli herausnehmen, gut abtropfen lassen, durch ein Sieb streichen oder im Mixer pürieren
2 gestrichene TL **Gelatine gemahlen,** **weiß**	mit

2 EL kaltem Wasser	in einem kleinen Topf anrühren, 10 Minuten zum Quellen stehenlassen, unter das noch heiße Gemüsepüree rühren, so lange rühren, bis sie gelöst ist, etwas abkühlen lassen
2 EL Crème fraîche **2 Eiweiß**	unterrühren, kräftig durchschlagen, mit
Salz **geriebener Muskatnuß**	abschmecken
400 g Sellerieknolle	schälen, waschen, in kleine Stücke schneiden, in
125 ml ($\frac{1}{8}$ l) **kochendes Salzwasser**	geben, zum Kochen bringen, in 25—30 Minuten gar kochen lassen, herausnehmen, gut abtropfen lassen, durch ein Sieb streichen oder im Mixer pürieren
2 gestrichene TL **Gelatine gemahlen,** **weiß**	mit
2 EL kaltem Wasser	anrühren, 10 Minuten zum Quellen stehenlassen, unter das noch heiße Selleriepüree rühren, so lange rühren, bis sie gelöst ist, etwas abkühlen lassen
2 EL Crème fraîche **2 Eiweiß**	unterrühren, kräftig durchschlagen, mit Salz,
Pfeffer	abschmecken
400 g Möhren	putzen, schrappen, waschen, in Scheiben schneiden, in
125 ml ($\frac{1}{8}$ l) **kochendes Salzwasser**	geben, zum Kochen bringen, in 25—30 Minuten gar kochen lassen, herausnehmen, gut abtropfen lassen, durch ein Sieb streichen oder im Mixer pürieren
2 gestrichene TL **Gelatine gemahlen,** **weiß**	mit
2 EL kaltem Wasser	anrühren, 10 Minuten zum Quellen stehenlassen, unter das noch heiße Möhrenpüree rühren, so lange rühren, bis sie gelöst ist, etwas abkühlen lassen

2 EL Crème fraîche	
2 Eiweiß	unterrühren, kräftig durchschlagen, mit Salz,
Zucker	
Ingwerpulver	abschmecken
	eine Terrinen- oder Pastetenform (z. B. Kastenform) mit
Speiseöl	fetten, zuerst das Selleriepüree einfüllen, glattstreichen, darauf etwa die Hälfte des Broccolipürees geben, die zurückgelassenen Broccoliröschen mit dem Stiel nach oben leicht eindrücken, mit dem restlichen Broccolipüree bedecken, glattstreichen, zuletzt das Möhrenpüree darauf geben, glattstreichen die Form mit einem Deckel oder mit Alufolie verschließen, in einen Topf mit kochendem Wasser setzen, garen lassen
Garzeit:	45—55 Minuten
	die Pastete in der Form eine Zeitlang an einem kühlen Ort stehenlassen, kurz in heißes Wasser stellen, die Pastete aus der Form nehmen, in nicht zu dünne Scheiben schneiden.
Beigabe:	Knackige Salate.

Geflügelleberpastete

	Für die Füllung
1 große Zwiebel	abziehen, in feine Würfel schneiden
2 EL Speiseöl	erhitzen, die Zwiebelwürfel darin andünsten
500 g Geflügelleber	waschen, trockentupfen, zu den Zwiebelwürfeln geben, gut anbraten
5 EL Weinbrand oder Sherry dry	

½ **TL frisch gemahlenen Pfeffer** **2 Msp gemahlene Nelken** **2 Msp geriebene Muskatnuß** **1 Msp gerebeltes Basilikum** **1 Msp Selleriesalz** **1 Msp gemahlenen Koriander** **1 TL grünen Pfeffer** **10 zerdrückte Wacholderbeeren**	hinzufügen, verrühren, die Leber etwa 1 Minute braten, erkalten lassen die Leber fein hacken, mit dem Bratensatz,
1 kg feiner Bratwurstmasse (ungebrüht)	zu einer geschmeidigen Masse verrühren, mit
Salz	abschmecken die Masse in eine Pastetenform geben, fest andrücken, damit keine Luftlöcher entstehen (die Form darf nur zu $^3/_4$ gefüllt sein) die Form auf dem Rost in den vorgeheizten Backofen schieben
Strom:	150—175
Gas:	2—3
Backzeit:	30—40 Minuten

	für den Teig
1 Packung (370 g) Brotmischung	mit
250 ml (¼ l) lauwarmem Wasser	nach der Vorschrift auf der Packung zubereiten den gegangenen Teig mit
Weizenmehl	bestäuben, aus der Schüssel nehmen,

kurz durchkneten, auf der mit Mehl bestäubten Tischplatte etwa 1 cm dick
ausrollen
eine Platte in Größe der Pastetenform
daraus schneiden, auf die vorgebackene
Pastete legen (die Teigplatte nach Belieben mit einem Teil des restlichen Teiges
garnieren, aus dem übrigen Teig Brötchen formen, mitbacken lassen)
aus der Teigplatte einige etwa pfenniggroße Löcher ausstechen (nicht
drücken)

den Teig mit Wasser bestreichen die
Pastetenform auf dem Rost in den vorgeheizten Backofen schieben

Strom: 200—225
Gas: 3—4
Backzeit: 30—35 Minuten.

Feine Forellenpastete

2 küchenfertige
Forellen filetieren, enthäuten, unter fließendem
kalten Wasser abspülen, trockentupfen

1 Zwiebel abziehen, in Ringe schneiden, mit den
Forellenfilets,

1 EL feingeschnittenem
Schnittlauch in eine Schüssel schichten

100 ml (¹/₅ l) Weißwein mit

5 EL Speiseöl verrührt, über die Filets gießen, zugedeckt 4—5 Stunden oder über Nacht
kühl stellen

300 g Weizenmehl auf die Tischplatte sieben, in die Mitte
eine Vertiefung eindrücken

1 Ei
¹/₂ Eigelb
¹/₂ Eiweiß
1 EL kaltes Wasser
¹/₂ TL Salz hineingeben, mit einem Teil des Mehls
zu einem dicken Brei verarbeiten

100 g kaltes
Schweineschmalz in Stücke schneiden, auf den Brei geben, mit Mehl bedecken, von der Mitte
aus alle Zutaten schnell zu einem glatten Teig verkneten
den Knetteig ebenfalls 4—5 Stunden
oder über Nacht kalt stellen

500 g tiefgekühlte
Schollenfilets bei Zimmertemperatur auftauen lassen,
durch die feine Scheibe des Fleisch-
wolfs drehen

2 Eier   mit
1 gehäuften EL
gehacktem Dill
2 EL Semmelmehl
abgeriebene Schale
von 1 Zitrone
(unbehandelt)

1 Becher (150 g)	
Crème fraîche	
50 g zerlassener	
Butter	verrühren, mit
Salz	
Pfeffer	kräftig würzen

den Knetteig nochmals durchkneten
$\frac{2}{3}$ des Teiges ausrollen, Platten entsprechend der Größe einer Kastenform (30×11 cm) für den Boden und die Seitenwände ausschneiden
die Kastenform mit

weicher Margarine ausstreichen, die Boden-Teigplatte hineinlegen, die Ränder mit etwas von

½ verschlagenen Eiweiß bestreichen, die Ränder der Teigplatten für die Seitenwände ebenfalls mit Eiweiß bestreichen, in die Form geben, an den Nahtstellen gut festdrücken, die Hälfte der Fischmasse hineingeben die Forellenfilets aus der Marinade nehmen, trockentupfen, auf die Fischmasse legen, mit der restlichen Fischmasse bedecken, leicht andrücken
den Teig an den Seitenwänden der Kastenform etwa 1 cm über der Fischmasse abschneiden
den restlichen Teig ausrollen, eine Platte in der Größe der Kastenform-Oberfläche ausschneiden, mit einem runden Ausstechförmchen 2—3 Löcher (Durchmesser 2—3 cm) ausstechen, die Decke auf die Fischmasse legen
die Teigreste ausrollen, kleine Figuren (Schuppen) ausstechen, auf der Unterseite mit Eiweiß bestreichen, auf der Pasteten-Oberfläche anordnen
die Form auf dem Rost in den vorgeheizten Backofen schieben

½ Eigelb mit
½ EL Milch verschlagen, die Pastete nach etwa

	30 Minuten Backzeit damit bestreichen
Strom:	175—200
Gas:	3—4
Backzeit:	Etwa 1¼ Stunden
	die Pastete nach dem Backen vorsichtig vom Rand der Form lösen, etwas abkühlen lassen, erst dann aus der Form nehmen, völlig erkalten lassen, nach Belieben mit
Weinaspik (S. 258)	ausgießen, in Alufolie verpackt 1—2 Tage in den Kühlschrank stellen, durchziehen lassen.
Beigabe:	Remouladensauce (S. 185), grüner Salat

Hirschpastete

Für die Füllung

1 kg Hirschgulasch	evtl. waschen, trockentupfen
3 TL Nußöl	mit
3 TL Butter	erhitzen, das Fleisch in 2 Portionen kurz darin anbraten
2 Zwiebeln	abziehen, in feine Würfel schneiden
1 EL Butter	zerlassen, die Zwiebelwürfel darin glasig dünsten lassen
250 g durchwachsenen Speck	in Stücke schneiden, mit dem Wildfleisch, den Zwiebelwürfeln durch die feine Scheibe des Fleischwolfs drehen, mit
4 Eiern	verkneten, mit
Salz	
Pfeffer	
gerebeltem Thymian	abschmecken
4 EL Madeira	
50 g gehackte Pistazienkerne	unterrühren
500 g Schweinefilet	waschen, trockentupfen, mit Salz, Pfeffer einreiben

Speiseöl erhitzen, das Schweinefilet von allen
Seiten darin anbraten, erkalten lassen

für den Teig
500 g Weizenmehl auf die Tischplatte sieben, in die Mitte
eine Vertiefung eindrücken

1 TL Salz
7—8 EL eiskaltes
Wasser
1 Eigelb hineingeben, mit einem Teil des Mehls
zu einem dicken Brei verarbeiten
125 g Butter in Stücke schneiden, mit
125 g Schmalz auf den Brei geben, mit Mehl bedecken
von der Mitte aus alle Zutaten schnell
zu einem glatten Teig verkneten
den Teig 1—2 Stunden kalt stellen
$^2/_3$ des Teiges ausrollen, eine Kastenform
(30 × 11 cm) damit auslegen, die Hälfte
der Fleischmasse in die Form geben
das Schweinefilet mit

125 g frischen, fetten
Speckscheiben
(dünn geschnitten) umwickeln, auf die Fleischmasse legen,
die restliche Fleischmasse darauf geben,
glattstreichen
den überstehenden Teig über die Füllung schlagen, die Teigränder mit

verschlagenem
Eiweiß bestreichen
aus dem restlichen Teig einen Deckel in
Größe der Kastenform-Oberfläche ausrollen, auf die Füllung legen, fest andrücken
aus den Teigresten Figuren (Motive)
schneiden, mit verschlagenem Eiweiß
bestreichen, die Pastetenoberfläche damit garnieren
in der Mitte der Pastetenoberfläche ein
Loch ausstechen, damit der Dampf entweichen kann

1 Eigelb	verschlagen, die Pastete damit bestreichen
	die Form auf dem Rost in den vorgeheizten Backofen schieben
Strom:	Etwa 200

Gas:	3—4
Backzeit:	Etwa 1 Stunde
	die gare Pastete in der Form erkalten lassen.
Beigabe:	Cumberlandsauce.

Pastetchen mit Erbsen-Schinken-Ragout

Für die Füllung

2 kleine Zwiebeln	abziehen, in feine Würfel schneiden
1 EL Butter	zerlassen, Zwiebelwürfel,
1 gehäuften EL Weizenmehl	unter Rühren so lange darin erhitzen, bis das Mehl hellgelb ist
250 ml (¼ l) Sahne	hinzugießen, mit einem Schneebesen durchschlagen, darauf achten, daß keine Klumpen entstehen, die Sauce zum Kochen bringen

etwa 300 g tiefge- **kühlte Erbsen**	hinzufügen, etwa 6 Minuten darin garen lassen
200 g gekochten **Schinken**	in Streifen schneiden, hinzufügen, mit-erhitzen
2 Eigelb	mit
3 EL Weißwein	verschlagen, das Ragout damit abzie-hen, mit
Salz **frisch gemahlenem** **Pfeffer**	abschmecken
2 EL gehackte **Petersilie**	unterrühren von
8 Blätterteigpasteten **(fertig gekauft)**	Hülsen und Deckel auf ein Backblech legen, im vorgeheizten Backofen auf-wärmen
Strom:	200—225
Gas:	3—4
Zeit zum **Aufwärmen:**	Etwa 5 Minuten die Füllung heiß in die Pasteten geben die Deckel lose auf die Füllung legen die Pasteten mit
Petersilie	garnieren, nach Belieben eine
Kräuter-Sahne- **Mayonnaise**	dazureichen.
Tip:	Beschweren von Terrinen. Eine Terrine läßt sich am besten be-schweren, indem man auf die Masse ei-ne doppelte Lage Alufolie legt und dar-auf ein Gefäß mit Wasser stellt (etwa in der Größe der Terrinenform).
Tip:	Nach Belieben die erkalteten Pasteten mit Aspik (S. 255) ausgießen.

Gurkenmousse

1 Salatgurke	schälen, raspeln, mit
Salz	bestreuen, etwas ziehen lassen, in einem Kuchenhandtuch ausdrücken
2 TL Gelatine gemahlen, weiß	mit
3 EL kaltem Wasser	anrühren, 10 Minuten zum Quellen stehenlassen, unter Rühren erwärmen, bis sie gelöst ist
50 g Butter	geschmeidig rühren, mit
50 g Joghurt	
2 EL Essig	gut verrühren, Gurkenraspel, Gelatine unterrühren
150 ml Sahne	steif schlagen, unterheben
2 EL gehackte Kräuter	unterrühren

die Masse in eine mit Wasser ausgespülte Form füllen, im Kühlschrank erstarren lassen
das Gurkenmousse mit einem Messer

	vorsichtig vom Rand der Form lösen, auf eine Platte stürzen, mit
Dillzweigen **Petersilie** **Beigabe:**	garnieren. Schwarzbrot.

Leberterrine

1 kg Schweineleber **500 g frischem Speck oder fettem Bauchfleisch**	waschen, trockentupfen, mit durch die feine Scheibe des Fleischwolfs drehen
1 Zwiebel	abziehen, in feine Würfel schneiden
1 EL Butter	zerlassen, die Zwiebelwürfel darin an-dünsten
etwa 170 g gedünstete Champignons	grob hacken, zu den Zwiebelwürfeln geben, durchdünsten und etwas ab-kühlen lassen
1 EL gehackte Petersilie	hinzufügen, die Fleischmasse mit den Champignons vermengen, mit
gerebeltem Majoran **Salz** **Pfeffer** **geriebener Muskatnuß**	kräftig würzen, eine Kastenform (30×11 cm) mit
etwa 200 g frischen, fetten Speckscheiben	auslegen (einige Scheiben zurücklassen), die Lebermasse hineingeben, glattstreichen, mit den zurückgelassenen Speckscheiben belegen die Form auf dem Rost in den vorgeheizten Backofen schieben
Strom:	175—200
Gas:	3—4
Garzeit:	Etwa 1$\frac{1}{4}$ Stunden

die gare Leberpastete mindestens 1 Tag kalt stellen, erst dann aus der Form nehmen

Weinaspik (S. 258) zubereiten, die Terrine damit überziehen, mit

gedünsteten
Champignons
Feldsalat garnieren.

Quarkterrine
(Abb. S. 101)

250 g grüne Bohnen	evtl. abfädeln, waschen
250 g Möhren	putzen, schrappen, waschen, der Länge nach in Stifte schneiden
300 g Broccoli	putzen, waschen, in Röschen teilen, die Stiele in sehr feine Würfel schneiden
1 Stange Porree (Lauch, etwa 125 g)	putzen, längs halbieren, gründlich waschen das Gemüse nacheinander in
kochende Instant-Fleischbrühe	geben, zum Kochen bringen, Bohnen 12—15 Minuten, Möhren etwa 8 Minuten, Broccoli etwa 3 Minuten, Porree etwa 15 Minuten kochen lassen das Gemüse getrennt abtropfen lassen
100 g durchwachsenen Speck	in sehr feine Streifen schneiden
4 Scheiben Toastbrot	entrinden, in feine Würfel schneiden
2 Zwiebeln	abziehen, in feine Würfel schneiden den Speck etwas ausbraten lassen, die Zwiebelwürfel darin andünsten, die Toastwürfel darin leicht rösten, abkühlen lassen
1¼ kg Magerquark	gut abtropfen lassen, mit den Speck-Zwiebel-Brotwürfeln,
4 Eiern	vermengen, mit
Salz	würzen eine Kastenform (30 × 11 cm) mit
Speiseöl	ausstreichen, mit den Porreestreifen auslegen abwechselnd ¼ der Quarkmasse, Möhrenstifte, ¼ der Quarkmasse, Broccoli, ¼ der Quarkmasse, Bohnen, restliche Quarkmasse einschichten, glattstreichen die einzelnen Schichten gut andrücken, damit keine Luftlöcher entstehen

	die Form mit Alufolie verschließen
	in die Mitte der Alufolie ein Loch ein-
	schneiden, damit der Dampf entwei-
	chen kann
	die Form in die Rostbratpfanne stellen,
	in den vorgeheizten Backofen schieben
1 l warmes Wasser	in die Rostbratpfanne gießen
	nach der Hälfte der Garzeit nochmals
etwa 750 ml ($\frac{3}{4}$ l)	
warmes Wasser	hinzugießen
Strom:	200—225
Gas:	3—4
Garzeit:	Etwa 1$\frac{3}{4}$ Stunden
	die gare Terrine beschweren, kalt stellen
	die Terrine auf eine Platte stürzen, nach
	Belieben mit
Broccoli-Röschen	
Möhrenstreifen	
grünen Bohnen	garnieren.

Zandermousse mit Garnelen

400 g Zander	unter fließendem kalten Wasser abspü-
	len, trockentupfen
750 ml ($\frac{3}{4}$ l) Wasser	mit
1 gestrichenen TL Salz	
1 Msp Pfeffer	
4 Zitronenscheiben	
(je etwa $\frac{1}{2}$ cm dick,	
unbehandelt)	
6 Pfefferkörnern	zum Kochen bringen, den Zander hin-
	eingeben, zum Kochen bringen, gar zie-
	hen lassen (nicht kochen lassen)
	den Zander aus der Brühe nehmen, die
	Fischbrühe durch ein Tuch gießen, er-
	kalten lassen, 125 ml ($\frac{1}{8}$ l) davon ab-
	messen
	den Fisch enthäuten, entgräten, in klei-
	ne Stücke teilen, zweimal durch die

feine Scheibe des Fleischwolfs drehen, durch ein feines Sieb streichen oder mit einem elektrischen Handrührgerät pürieren, mit

2 Becher (je 150 g) Crème fraîche verrühren

1 Päckchen Gelatine gemahlen, weiß mit

5 EL kaltem Wasser anrühren, 10 Minuten zum Quellen stehenlassen

125 ml (⅛ l) Fischbrühe erhitzen, von der Kochstelle nehmen, die Gelatine hineingeben, so lange rühren, bis sie gelöst ist, etwas abkühlen lassen, unter den Fischbrei rühren, mit Salz, Pfeffer,

Zitronensaft würzen

Weinaspik (S. 258)	4 Förmchen (z. B. Kaffeetassen, Weingläser) mit Wasser ausspülen, die Fischmasse hineinfüllen, glattstreichen, im Kühlschrank fest werden lassen zubereiten, abkühlen lassen das erstarrte Zandermousse auf einen Gitterrost stürzen, einen Teller darunter setzen, jede Portion mit einer von
4 halbierten Riesengarnelen	belegen, mit fast erkaltetem Weinaspik übergießen, kühl stellen, diesen Vorgang mehrmals wiederholen, bis die Portionen völlig mit Aspik bedeckt sind (abgeflossene Aspikflüssigkeit evtl. nochmals leicht erwärmen) das Zandermousse auf Glastellern anrichten, mit
Zitronenscheiben Thymian Tomatenecken	garnieren
Garzeit:	Etwa 15 Minuten.
Beigabe:	Toast, Brötchen, Butter.

Mett-Terrine
(Etwa 10 Portionen)

200 g fetten geräucherten Speck	in Würfel schneiden, durch die feine Scheibe des Fleischwolfs drehen
2 Zwiebeln	abziehen, in Würfel schneiden
1 rote, 1 gelbe und 1 grüne Paprikaschote	halbieren, entstielen, entkernen, die weißen Scheidewände entfernen, die Schoten waschen je $\frac{1}{3}$ rote, gelbe und grüne Paprikaschote in Würfel schneiden den durchgedrehten Speck auslassen, Zwiebel und Paprikawürfel etwa 3 Minuten darin dünsten, erkalten lassen

	die restlichen Paprikaschotenstücke längs in Streifen schneiden, in
kochendes Salzwasser	geben, zum Kochen bringen, etwa 3 Minuten kochen, abtropfen lassen
500 g Thüringer Mett	mit der Speck-Gemüse-Masse durch die feine Scheibe des Fleischwolfs drehen, mit
1 EL Kümmel	verrühren, mit
Salz, Pfeffer	abschmecken
2 Eier	mit
4 EL Sahne	verschlagen, unter die Fleischmasse rühren
	eine Kastenform (30 × 11 cm) mit
Speiseöl	ausstreichen, abwechselnd mit den roten, gelben und grünen Paprikastreifen auslegen
	die Hälfte der Fleischmasse in die Form geben
4 hartgekochte Eier	pellen, der Länge nach auf die Mitte der Fleischmasse legen, die restliche Fleischmasse darauf geben, glattstreichen
	die Form mit Alufolie verschließen, in

Quarkterrine (S. 97), Mett-Terrine

die Mitte der Alufolie ein Loch einschneiden, damit der Dampf entweichen kann, die Form in die Rostbratpfanne stellen, in den vorgeheizten
Backofen schieben

1 l warmes Wasser in die Rostbratpfanne gießen, nach der
Hälfte der Garzeit nochmals

etwa 750 ml (¾ l)
warmes Wasser hinzugießen
Strom: 200—225
Gas: 3—4
Garzeit: Etwa 1 Stunde
von der Terrine das flüssige Fett
abgießen, die Terrine beschweren, mindestens 1 Tag kalt stellen
die Terrine auf eine Platte stürzen.

Getrüffelte Fasanenterrine

1 küchenfertigen
Fasan (etwa 1,2 kg) waschen, abtrocknen, entbeinen, die
Brustfilets in eine kleine Schüssel legen

3 EL Weinbrand darüber geben, zugedeckt 1—2 Stunden durchziehen lassen

200 g frischen,
fetten Speck durch die feine Scheibe des Fleischwolfs drehen, mit dem elektrischen
Handrührgerät geschmeidig rühren

400 g schieres
Schweinefleisch waschen, abtrocknen
1 kleine Zwiebel
1 Knoblauchzehe

beide Zutaten abziehen, mit dem Fasa-
nenfleisch, dem Schweinefleisch durch
die feine Scheibe des Fleischwolfs drehen, die Brustfilets aus der Weinbrand-
Marinade nehmen, trockentupfen
die Marinade mit dem durchgedrehten
Fleisch zu dem geschmeidig gerührten
Speck geben, mit

3 EL Portwein	
1 Ei	
1 Becher (150 g)	
Crème fraîche	
1 TL Pasteten-	
gewürz	verrühren, mit
Salz, Pfeffer	abschmecken, von
25 g (3 Stück) Trüffeln	
(aus dem Glas)	2 in kleine Würfel schneiden, unter

die Fleischmasse rühren
eine Terrinenform (mit Deckel, etwa
1$\frac{3}{4}$ l Inhalt) mit

250—300 g frischen,
fetten Speckscheiben auslegen (einige zurücklassen)

die Hälfte der Fleischmasse hineingeben, die Brustfilets darauf legen, festdrücken, die restliche Fleischmasse darauf geben, glattstreichen, mit den zurückgelassenen Speckscheiben belegen,
mit dem Deckel verschließen
die Terrine in die Rostbratpfanne stellen, in den vorgeheizten Backofen
schieben

1 l warmes Wasser in die Rostbratpfanne gießen, nach der
Hälfte der Garzeit nochmals

etwa 750 ml ($\frac{3}{4}$ l)
warmes Wasser hinzugießen
Strom: 200—225
Gas: 3—4
Garzeit: Etwa 1$\frac{3}{4}$ Stunden

von der garen Terrine das flüssige Fett
abgießen, die Terrine beschweren, mindestens 1 Tag kalt stellen

für das Portwein-Aspik

1 schwach gehäuften
TL Gelatine
gemahlen, weiß mit
1 EL kaltem Wasser anrühren, 10 Minuten zum Quellen
stehenlassen

100 ml Trüffel-Kraft-brühe (aus der Dose) Portwein	mit auf 125 ml (⅛ l) auffüllen, zum Kochen bringen, von der Kochstelle nehmen, die Gelatine unter Rühren hineingeben, so lange rühren, bis sie gelöst ist die zurückgelassene Trüffel in dünne Scheiben schneiden die Terrine mit
Pistazienkernen	und den Trüffelscheiben garnieren, mit der abgekühlten Aspikflüssigkeit übergießen, erstarren lassen.

Hähnchenbrustterrine

2 Hähnchenbrustfilets 1—2 EL Margarine	waschen, trockentupfen erhitzen, die Hähnchenbrustfilets von beiden Seiten darin anbraten, mit
Salz, Pfeffer Paprika edelsüß	bestreuen, aus dem Bratfett nehmen, erkalten lasen
400 g Hühnerleber 350 g Schweinehack 300 g frischer, fetter Speck 40 g Weißbrot	beide Zutaten waschen, trockentupfen
	die vier Zutaten in etwa 1 cm große Würfel schneiden
2 Zwiebeln	abziehen, grob zerkleinern, in dem Bratfett glasig dünsten lassen, zu den gewürfelten Zutaten geben, mit
4 EL Sahne, 1 Ei 2 EL Weinbrand 1 TL gerebeltem Thymian ½ TL gerebeltem Rosmarin 2 TL Paprika edelsüß	

1 TL weißem Pfeffer	
etwa 2 TL Salz	gut verrühren, im Eisfach des Kühl-schranks sehr kalt werden lassen
	die Masse 2mal durch die feine Scheibe des Fleischwolfs drehen
	eine Terrinenform (mit Deckel, $1\frac{1}{2}$ l In-halt) mit
Speiseöl	ausstreichen, die Hälfte der Lebermasse hineingeben, leicht andrücken, die Hähnchenbrustfilets darauf legen, mit

der restlichen Lebermasse bedecken,
glattstreichen, die Form mit dem Dek-
kel verschließen, in die Rostbratpfanne
stellen, in den vorgeheizten Backofen
schieben

1 l warmes Wasser in die Rostbratpfanne gießen
nach der Hälfte der Garzeit nochmals

etwa 750 ml (³⁄₄ l)
warmes Wasser hinzugießen
Strom: 200—225
Gas: 3—4
Garzeit: Etwa 1¼ Stunden
die Terrine erkalten lassen, mit
Petersilie garnieren.

Fische, Krusten- und Schalentiere

Feines aus Fluß und Meer.

Gebeizte Forelle mit Dillsauce
(4—5 Portionen)

1 küchenfertige Forelle (etwa 1 kg)	unter fließendem kalten Wasser abspülen, trockentupfen, in zwei Längshälften teilen, das Rückgrat entfernen, die Forelle entgräten die eine Hälfte der Forelle mit der Haut nach unten in eine Schale legen
2 Bund grob gehackten Dill	darauf verteilen
1 EL Salz	mit
1 EL Zucker	

2 EL frisch geschroteten weißem Pfeffer	vermischen, über den Fisch streuen, nach Belieben mit
½ TL Weinbrand	beträufeln, die andere Fischhälfte mit der Haut nach oben darauf legen, mit Alufolie bedecken, darauf ein Brett (größer als der Fisch) legen, mit z. B. 2—3 geschlossenen, gefüllten Konservendosen gleichmäßig beschweren
	die Forelle an einem kühlen Ort (Kühlschrank) 2—3 Tage stehenlassen, ab und zu mit der sich sammelnden Beize begießen
	die Forelle aus der Beize nehmen, trockentupfen, enthäuten, die Forellenfilets auf einer Platte anrichten

für die Dillsauce

4 EL scharfen Senf	mit
1 TL Senfpulver	
3 EL Zucker	
2 EL Weinessig	verrühren, nach und nach
5 EL Salatöl	unterschlagen
3 EL gehackten Dill	unterrühren
	die Sauce zu dem Fisch reichen.
Veränderung:	Karotten- und Selleriestreifen, Zwiebeln, Lorbeerblatt, Salbei, Petersilie, Frühlingszwiebeln in die Beize geben.

Meeresfrüchte-Platte

1 kg Miesmuscheln	in reichlich kaltes Wasser geben, sie einige Stunden darin liegenlassen, das Wasser ab und zu erneuern, die Muscheln anschließend gründlich bürsten, Bartbüschel entfernen, die Muscheln so lange abspülen, bis das

Wasser vollkommen klar bleibt
Muscheln, die sich beim Wässern und
anschließenden Bürsten öffnen, sind
ungenießbar, nur Muscheln, die geschlossen bleiben, sind verwendbar

1 Zwiebel abziehen, halbieren, eine Hälfte klein
hacken, die andere Hälfte in Scheiben
schneiden, die Muscheln in einen Topf
geben, die kleingehackte Zwiebel,

1 Bund gehackte
Petersilie hinzufügen
125 ml ($\frac{1}{8}$ l)
trockenen Weißwein hinzugießen, mit
frisch gemahlenem
weißen Pfeffer würzen, zum Kochen bringen, in etwa
15 Minuten garen lassen (Muscheln, die
sich nach dem Garen nicht öffnen, sind
ungenießbar), die Muscheln in dem Sud
erkalten lassen

1 Packung (150 g) tief-
gekühlte Tintenfische
1 Packung (150 g)
tiefgekühlte Scampi

beide Zutaten nach der Vorschrift auf
der Packung auftauen und abtropfen
lassen

100 g spanische
Oliven, mit Paprika
gefüllt in Scheiben schneiden
8 Ölsardinen
(aus der Dose) abtropfen lassen, in Stücke schneiden

für die Marinade
2 EL Sherryessig mit
5 EL Olivenöl verrühren, mit
Salz
Pfeffer würzen, nach Belieben einige Tropfen
vom Muschelsud unterrühren
1 Knoblauchzehe abziehen, zerdrücken, mit den Zwiebelscheiben, der Hälfte von
1 Bund gehacktem Dill in die Marinade geben

ausgelöstes Muschelfleisch, Tintenfische, Scampi, Oliven, Ölsardinen mit
der Marinade vermengen, etwa 10 Minuten ziehen lassen, mit Salz, Pfeffer
abschmecken, von

100 g Feldsalat die Wurzelenden abschneiden, welke
Blätter entfernen, größere Blätter evtl.
einmal durchschneiden
den Salat gründlich waschen, gut abtropfen lassen oder trockenschleudern,
zerpflücken, auf eine Platte geben, die
Meeresfrüchte aus der Marinade nehmen, darauf anrichten

4 TL Crème fraîche darauf geben

2 TL Kaviar	
(aus dem Glas)	darauf verteilen, mit
Dillzweigen	garnieren.
Beigabe:	Toast, Stangenweißbrot, Butter.

Lachs mit Tatarensauce

4 Scheiben Lachs	
(Salm, je 200—250 g)	unter fließendem kalten Wasser abspü- len, trockentupfen, mit
Zitronensaft	beträufeln, etwa 15 Minuten stehen- lassen, mit
Salz	
Pfeffer	würzen, 4 Stück Alufolie mit
Butter	bestreichen, je 1 Fischscheibe darin ein- wickeln, die Folie locker, aber dicht verschließen, auf ein Backblech legen, in den vorgeheizten Backofen schieben
Strom:	225—250
Gas:	6—7
Dünstzeit:	25—30 Minuten die Folienpäckchen aus dem Backofen nehmen, den garen Fisch erkalten lassen
	für die Tatarensauce
3 gehäufte EL	
Salatmayonnaise	mit
3 gehäuften EL	
saurer Sahne	verrühren
2 hartgekochte Eier	pellen, frisch hacken, mit
1 EL feingeschnittenem	
Schnittlauch	
1 gehäuften TL	
gehackter Petersilie	
1 TL gehacktem Dill	unter die Mayonnaise rühren, mit Salz, Pfeffer abschmecken die Lachsscheiben dünn mit
Speiseöl	bestreichen, auf

gewaschenen	
Salatblättern	anrichten, mit
Petersilie	garnieren, die Sauce dazu reichen.
Beigabe:	Toast.

Lachsröllchen Gourmet

4 Eier	mit
2 EL Milch	
Salz	
Pfeffer	
1 Bund feingeschnittenem Schnittlauch	verschlagen
1 EL Butter oder Margarine	in einer Stielpfanne zerlassen, die Eiermilch hineingeben, sobald die Masse zu stocken beginnt, sie mit einem Löffel stichweise vom Boden der Pfanne losrühren, so lange weiter erhitzen, bis keine Flüssigkeit mehr vorhanden ist, aus der Pfanne nehmen, erkalten lassen das Rührei gleichmäßig auf
8 Scheiben Räucherlachs	verteilen, aufrollen, auf

gewaschenen Salatblättern	anrichten die Lachsröllchen mit
gekochten Spargelspitzen in Scheiben geschnittenen, mit Paprika gefüllten Oliven	
Kresse	garnieren.
Beigabe:	Toast, Butter.

Schollenfilets im Knuspermantel

100 g Weizenmehl **1 TL Trockenhefe** **½ TL Zucker** **Salz, 1 Ei** **125 ml (⅛ l)**	in eine Schüssel sieben, mit sorgfältig vermischen
lauwarmes Wasser	hinzufügen, alles mit einem elektrischen Handrührgerät mit Rührbesen zuerst auf der niedrigsten, dann auf der höchsten Stufe in etwa 5 Minuten zu einem Teig verarbeiten
100 g durch- **wachsenen Speck**	in feine Streifen schneiden
2 EL abgezogene, in Stifte geschnittene Mandeln	
	beide Zutaten unter den Teig rühren den Teig an einem warmen Ort so lange gehen lassen, bis er etwa doppelt so hoch ist, ihn dann auf der höchsten Stufe nochmals gut durchrühren
4 Schollenfilets **(etwa 300 g)**	unter fließendem kalten Wasser abspülen, trockentupfen, mit

Zitronensaft	beträufeln, etwa 15 Minuten stehenlassen, trockentupfen, mit Salz,
Pfeffer	würzen, in den Teig tauchen, in siedendem
Ausbackfett	in etwa 3—5 Minuten hellbraun backen, auf einem Kuchenrost abtropfen und erkalten lassen
Remouladensauce (S. 185)	zubereiten, auf eine Platte geben, die Schollenfilets mit
Zitronenscheiben Salatblättern	daran anrichten, nach Belieben mit
gebräunten, in Stifte geschnittenen Mandeln kroß gebratenen Speckstreifen	bestreuen.

Salzheringe in Sahnesauce Harzer Art

4 Salzheringe ausnehmen, etwa 24 Stunden wässern, das Wasser ab und zu erneuern die Heringe unter fließendem kalten Wasser abspülen, damit sich die Schuppen lösen, Kiemen und Kiemendeckel entfernen, die Köpfe abschneiden, die innere schwarze Haut abziehen, die Heringe noch einmal waschen, danach an der Rückseite der Länge nach aufschnei-

den, entgräten, nach Belieben enthäuten

für die Sahnesauce

4—5 Zwiebeln abziehen
2 mittelgroße
Gewürzgurken
beide Zutaten in Scheiben schneiden
375 ml (³/₈ l) Sahne mit
1—2 EL Essig-
Essenz (25 %)
einigen Senfkörnern
einigen Pfeffer-
körnern verrühren, Gurken- und Zwiebelscheiben mit
1 Lorbeerblatt hinzufügen
die Heringe in die Sahnesauce legen
etwa 24 Stunden darin liegenlassen
die Sahneheringe mit
Petersilie garnieren.
Beigabe: Pellkartoffeln, Toast oder Weißbrot.

Meeraal, mariniert

800 g küchen-
fertigen, enthäuteten
Meeraal unter fließendem kalten Wasser abspülen, trockentupfen, in Portionsstücke schneiden, mit dem Saft von
¹/₂ Zitrone beträufeln, etwa 15 Minuten stehenlassen
4 Zwiebeln abziehen, in Ringe schneiden
2 Möhren putzen, schrappen, waschen, in Scheiben schneiden
¹/₂ Stange Porree
(Lauch) putzen, waschen, in Ringe schneiden (evtl. nochmals waschen)

1 Bund gehackte Petersilie	
250 ml (¹⁄₄ l) Essig	mit
500 ml (¹⁄₂ l) herbem Weißwein	
250 ml (¹⁄₄ l) Wasser	in einen Topf geben, das Gemüse,
1 TL weiße Pfefferkörner	
2 Gewürznelken	
1 TL Senfkörner	
5 getrocknete Chilischoten	
1¹⁄₂ TL Salz	hinzufügen, zum Kochen bringen, etwa 20 Minuten kochen lassen, den Meeraal hineingeben, zum Kochen bringen, gar ziehen lassen, in dem Sud erkalten lassen, nach Belieben mit Salz,
Essig	abschmecken
2 EL Olivenöl	hinzufügen, 1—2 Tage kühl stellen
Garzeit:	20—25 Minuten.
Beigabe:	Stangenweißbrot, Butter.

Forellen mit Kräuter-Joghurt-Sahne

4 küchenfertige Forellen (je 150—200 g)	unter fließendem kalten Wasser abspülen, rund binden (einen starken Faden mit einer Nadel durch Kopf und Schwanz ziehen, die Fadenenden verknoten)
2 EL Essig-Essenz (25 %)	mit
250 ml (¹⁄₄ l) Wasser	erhitzen, die Forellen damit übergießen, etwa 5 Minuten der Zugluft aussetzen, bis sich die Forellen blau gefärbt haben mit

1 l Wasser
3 gehäuften
TL Salz
1 gehäuften Msp
Pfeffer
1 Lorbeerblatt
10 Gewürzkörnern
1 EL Kräuter-Essig-
Essenz (25 %) zum Kochen bringen, die Forellen mit
dem Kopf zuerst hineingeben (Forellen
müssen mit Flüssigkeit bedeckt sein),
zum Kochen bringen, den Topf von der
Kochstelle nehmen, die Forellen in etwa
15 Minuten gar ziehen lassen, auf einer
Platte anrichten, kalt stellen

4 große Tomaten waschen, halbieren, aushöhlen (das
Tomateninnere evtl. für eine Tomaten-
sauce verwenden), die Tomaten umdrehen, damit sie gut austropfen

119

	für die Kräuter-Joghurt-Sahne
125 ml (⅛ l) Sahne	½ Minute schlagen
1 Päckchen Sahnesteif	einstreuen, die Sahne steif schlagen
2 gehäufte EL Joghurt	unterheben
1 EL feingeschnittenen Schnittlauch	
1 EL gehackte Petersilie	
1 Msp Sardellenpaste	unter die Joghurt-Sahne rühren, mit
Pfeffer	
Salz	
Zucker	
Zitronensaft	abschmecken
	die Kräuter-Joghurt-Sahne in die Tomaten füllen, um die Forellen stellen
Aspik (S. 255)	zubereiten, in kleine Würfel schneiden, mit auf der Forellenplatte anrichten mit
Zitronenscheiben	
Dillzweigen	garnieren.
Beigabe:	Toast.

Sherry-Sardinen

600 g küchenfertige frische Sardinen	unter fließendem kalten Wasser abspülen, trockentupfen, mit dem
Saft von 1 Zitrone	beträufeln, etwa 15 Minuten stehenlassen, trockentupfen, mit
Salz	
weißem Pfeffer	würzen, in
2 EL Weizenmehl	wenden
50 g Butter	in einer Stielpfanne zerlassen
2 EL Speiseöl	hinzufügen, die Sardinen darin in 3—5 Minuten von beiden Seiten knusprig

braun braten, herausnehmen, trockentupfen, erkalten lassen

für die Marinade

250 ml (¼ l) Wasser	mit
3 EL Sherryessig	in einen Topf geben
2 Zwiebeln	abziehen, in Ringe schneiden
1 Möhre	putzen, schrappen, waschen
1 kleine Stange Porree (Lauch)	putzen, waschen

beide Zutaten in feine Scheiben schneiden (Porree evtl. nochmals waschen),
mit den Zwiebeln, Salz,

1 TL Senfkörnern
½ TL Pfeffer-
körnern
1 Msp
gemahlenem Ingwer
Zucker in den Topf geben, zum Kochen bringen, etwa 15 Minuten kochen lassen

500 ml (½ l) Sherry
1—2 getrocknete
Chilischoten hinzufügen, kurz miterhitzen, die Sardinen in einer Schale anrichten, die Marinade darüber gießen, abkühlen lassen die Sherry-Sardinen etwa 2 Tage an einem kühlen Ort stehen lassen.

Beigabe: Bratkartoffeln oder kräftiges Brot.

Karpfen mit Sauce vinaigrette

1 küchenfertigen
Karpfen (1½—2 kg) unter fließendem kalten Wasser abspülen, trockentupfen, innen und außen mit

Salz
Pfeffer würzen
ein Stück Alufolie extra-stark mit

Speiseöl bestreichen, den Fisch darin einwickeln, die Folie locker, aber dicht verschließen, auf ein Backblech legen, in den vorgeheizten Backofen schieben

Strom: 225—250
Gas: 6—7
Dünstzeit: 50—60 Minuten
den garen Fisch auf einer Platte anrichten, erkalten lassen

für die Sauce vinaigrette
10 EL Salatöl mit
1 TL Essig-
Essenz (25 %)
4 TL Wasser gut verschlagen
2 hartgekochte Eier pellen, fein hacken, mit
1 gehäuften EL
gehackter Petersilie
1 TL feingeschnittenem Schnittlauch

1 Msp gerebeltem Basilikum	
1 Msp gerebeltem Kerbel	dazugeben, die Sauce mit Salz, Pfeffer abschmecken
	den Karpfen mit
Petersilie Tomatenachteln Eierscheiben Zitronenscheiben	garnieren, die Sauce vinaigrette dazu reichen.
Beigabe:	Weißbrot, Toast oder kleine Pellkartoffeln.

Taschenkrebse mit Senfsauce

4—6 große Taschenkrebse	gründlich unter fließendem kalten Wasser bürsten
1 Bund Suppengrün	putzen, waschen, kleinschneiden
1 Zwiebel	abziehen, vierteln
1½ l Wasser	mit dem Suppengrün, den Zwiebelvierteln,
2 TL Salz	zum Kochen bringen, die Taschen-Krebse hineingeben (dabei färben sich die Krebse rot), in etwa 25 Minuten gar kochen, in dem Sud erkalten lassen die Taschenkrebse auf einer Platte anrichten, mit

Zitronenachteln	
Dillzweigen	garnieren
	für die Senfsauce
4 EL Salat-	
mayonnaise	mit
1 EL scharfem Senf	verrühren, mit
Salz	
Pfeffer	
Zucker	abschmecken
	die Senfsauce zu den Taschenkrebsen reichen.
Beigabe:	Stangenweißbrot, Toast, Butter.

Gemischte Fischplatte

3 Matjesfilets	1—2 Stunden wässern, gut abtropfen lassen, evtl. trockentupfen, aufrollen, mit
3 EL Meerrettich-	
sahne (S. 185)	füllen
4 geräucherte	
Forellenfilets	enthäuten
250 g Räucheraal	enthäuten, entgräten, filetieren von
450 g geräuchertem	
Bückling	den Kopf abschneiden
250 g Schillerlocken	
	alle Zutaten in mundgerechte Stücke schneiden
200 g in Scheiben	
geschnittener	
Räucherlachs	
250 g Kieler Sprotten	
200 g frische gepulte	
Nordseekrabben	
	eine große Platte mit
gewaschenen	
Salatblättern	belegen, die Krabben in die Mitte legen,

die anderen Fischsorten mit auf der Platte anrichten, mit

Zitronenscheiben
Dillzweigen garnieren.

Kaviar, geschichtet

50 g Keta-Kaviar
(Lachskaviar, aus
dem Glas) auf ein Sieb geben, mit
Mineralwasser so lange übergießen, bis sich die Körner voneinander trennen, gut abtropfen lassen
1 kleine Zwiebel abziehen
1 hartgekochtes Ei pellen
beide Zutaten in feine Würfel schneiden

50 g Forellenkaviar
(ungefärbt, gelb,
aus dem Glas)

**50 g Forellenkaviar
(gefärbt, schwarz,
aus dem Glas)**

alle Zutaten lagenweise in 4 Gläser
schichten, gut gekühlt servieren.

Austernplatte Imperiales

Austern müssen beim Einkauf geschlossen sein, offene Austern sind zu entfernen, da sie nicht mehr genießbar sind

12 Austern gründlich waschen, mit einem Austernbrecher öffnen, die Austern dazu in die linke Hand nehmen (stark gewölbte Schale nach unten), den Austernbrecher zwischen die Schalen stecken, leicht auf und ab bewegen, bis sich die obere

gesalzenem Wasser	Schale löst, die geöffnete, noch nicht gelöste Auster in leicht abspülen, damit die beim Öffnen unvermeidlichen Austernsplitter entfernt werden, die Austern anschließend auf eine mit
kleinen Wassereisstücken	belegte Platte setzen, mit
Zitronen	garnieren die Austern aus der Schale lösen, mit
Zitronensaft	beträufeln, mit
frisch gemahlenem Pfeffer	würzen.
Beigabe:	Mit Butter bestrichenes Schwarzbrot.

Hummer Royal

1 gekochten Hummer (750—1000 g)	im Sud erkalten lassen, herausnehmen, mit dem Rücken auf eine Arbeitsplatte legen, mit einer Schere den Panzer (Schwanzteil) links und rechts aufschneiden, die Bauchkruste abziehen, das Fleisch vorsichtig, ohne den Rückenpanzer zu zerstören, auslösen, in Scheiben schneiden, mit
Eierscheiben	auf dem Hummerrücken anrichten, mit
Kresse	garnieren
6 Artischockenböden (aus der Dose)	abtropfen lassen Hummerfleischreste und die cremige Substanz des Hummers mit
2 EL Salatmayonnaise	verrühren, in die Artischockenböden füllen, mit

gekochten	
Spargelspitzen	belegen, mit
Paprikastreifen	garnieren
	die Artischockenböden um den Hummer herum setzen.
Beigabe:	Cocktailsauce (S. 190), Toast, Butter.
Tip:	Wenn Sie Hummer, Langusten oder Krebse gekocht und aus der Schale gelöst haben, heben Sie den roten Panzer auf, denn sie geben zerkleinert eine gute Würzung für Suppen oder Saucen, wenn sie im Gemüsesud mitgekocht werden.

Hummer

Der Hummer ist ein Seekrebs, lebend sieht er graubraun bis grünschwarz und gekocht rot aus.

Lebender Hummer ist sehr empfindlich und muß vor Kälte und Hitze geschützt werden.

Beim Einkauf sind die Scheren zusammengebunden, damit sich die Tiere nicht gegenseitig verletzen.

Der Schwanz des lebenden Hummers muß eingezogen und elastisch sein.

Auf dem Transport gestorbene Tiere nicht mehr verarbeiten.

1 Hummer (etwa 2 kg) am Rücken festhalten, gründlich in kaltem Wasser abbürsten

1—2 Bund Suppengrün putzen, waschen, kleinschneiden
2 mittelgroße Zwiebeln abziehen, vierteln
4—5 l Wasser mit dem Suppengrün, den Zwiebelvierteln,

3 schwach gehäuften EL Salz zum Kochen bringen
damit der Hummer möglichst schnell getötet wird, ihn mit dem Kopf zuerst in das kochende Wasser geben, zum Kochen bringen, gar kochen lassen
den Hummer im Kochwasser abkühlen lassen, herausnehmen, abschneiden, das Fleisch herauslösen, auf einer Platte anrichten, warm oder kalt servieren

Kochzeit: Etwa 20 Minuten.
Beigabe: Toast, Mayonnaise, Butter, Zitronenachtel.

Langostinos mit Sahne-Mayonnaise

500 g frische Langostinos mit Schale oder 340 g tiefgekühlte Langostinos ohne Schale bei Zimmertemperatur in etwa 1 Stunde auftauen lassen

für die Sahne-Mayonnaise

125 ml ($\frac{1}{8}$ l) Sahne $\frac{1}{2}$ Minute schlagen

1 gehäuften TL Sahnesteif einstreuen, die Sahne steif schlagen

2 gehäufte EL Salatmayonnaise

3 EL Sherry vorsichtig unterschlagen, mit

Salz Pfeffer Zucker Zitronensaft abschmecken
das Fleisch der Langostinos auslösen, unter fließendem kalten Wasser abspülen, trockentupfen
einen Grillrost mit Alufolie belegen, die Langostinos darauf legen, mit der Hälfte von

30 g zerlassener Butter bestreichen, unter den vorgeheizten Grill schieben
die Langostinos nach etwa $2\frac{1}{2}$ Minuten der Grillzeit mit der restlichen Butter bestreichen

Grillzeit Strom: Etwa $7\frac{1}{2}$ Minuten

Gas: Etwa 5 Minuten
die Langostinos mit der Sahne-Mayonnaise servieren.

Garnelen in Pernodrahm

12 große Garnelen (etwa 1¼ kg)	unter fließendem kalten Wasser abspülen
750 ml (¾ l) Wasser	mit
1 gestrichenen TL Salz	
1 Msp Pfeffer	
1 EL Anissamen	zum Kochen bringen, die Garnelen hineingeben, zum Kochen bringen, in etwa 10 Minuten gar ziehen und abtropfen lassen, noch warm aus den Schalen lösen

für die Sauce

1 Becher (150 g) **Crème fraîche**	mit
1 Glas (etwa 2 cl) **Pernod** **1 Msp**	
gemahlenem Ingwer	verrühren, mit
Salz	abschmecken die Garnelen auf
gewaschenen **Feldsalatblättern**	anrichten die Sauce mit
gehackten Pistazien- **kernen**	bestreuen, dazu reichen.
Beigabe:	Weißbrotscheiben in Butter geröstet.

Fleisch

Raffiniert garniert — köstlich serviert.

Beefsteak Tatar

2 Zwiebeln	abziehen, in feine Würfel schneiden, mit
500—750 g Tatar **1 EL Salatöl** **1—2 TL Senf** **1 TL zerdrücktem** **grünen Pfeffer**	verrühren, mit
Salz **Paprika edelsüß** **Essig**	abschmecken das Tatar in Portionen auf einer Platte oder in einer Schüssel anrichten, mit
Majoran	garnieren

	in jede Portion eine Vertiefung eindrük-ken
	jeweils 1—2 Eigelb von
6—8 Eigelb	hineingeben
	in kleinen Schüsseln
Zwiebelringe	
geschroteten Pfeffer	
Gewürzgurken	
Schnittlauch	
Paprika edelsüß	
Sardellenfilets	
Kapern	
gehackte Petersilie	dazu reichen.
Beigabe:	Bauernbrot.

Roulade grand chef

4 große Rinderroula-den (etwa 750 g)	so nebeneinanderlegen, daß die Breit-seiten schuppenförmig übereinanderlie-gen und eine große Fleischplatte ent-steht
	das Fleisch dünn mit
Dijon-Senf	bestreichen, mit
Salz	
Pfeffer	würzen
300—350 g Porree (Lauch)	putzen, längs halbieren oder vierteln, waschen, in
kochendes Salzwasser	geben, zum Kochen bringen, 2—3 Mi-nuten kochen lassen, auf ein Sieb ge-ben, mit kaltem Wasser übergießen, gut abtropfen lassen, nebeneinander auf die Fleischplatte legen
125 g Schinkenspeck-scheiben	auf dem Gemüse verteilen

1 Scheibe Toastbrot	in kaltem Wasser einweichen, gut ausdrücken, mit
375 g Bratwurst-masse **1 Ei** **2 EL gehackter Petersilie** **2 TL grünem Pfeffer**	vermengen, mit Salz, Pfeffer abschmecken die Masse auf dem Schinkenspeck verteilen
125 g feingewürfelte, gedünstete Champignons	darüber geben, die Fleischplatte aufrollen, mit Küchengarn umwickeln, die Roulade mit Salz, Pfeffer bestreuen
3 EL Speiseöl	erhitzen, die Roulade von allen Seiten darin anbraten
250 ml ($\frac{1}{4}$ l) Rotwein	hinzugießen, den Topf mit einem Deckel verschließen, auf dem Rost in den vorgeheizten Backofen schieben, schmoren lassen die Roulade ab und zu wenden, verdampfte Flüssigkeit nach und nach durch
250 ml ($\frac{1}{4}$ l) Rotwein **Strom:** **Gas:** **Schmorzeit:**	ersetzen 175—200 3—4 Etwa 1 Stunde die gare Roulade auf eine Platte legen, mit Alufolie abdecken, erkalten lassen, Küchengarn entfernen, das Fleisch in Scheiben schneiden, mit
Kresse **Radieschen**	garnieren die Schmorflüssigkeit durch ein Sieb gießen, erkalten lassen, entfetten
1 Becher (150 g) Crème fraîche	mit so viel Schmorflüssigkeit verrühren,

Roulade grand chef

daß eine cremige Sauce entsteht, die
Sauce evtl. mit Salz, Pfeffer,

Zucker abschmecken, zu dem Fleisch reichen.
Beigabe: Stangenweißbrot, gemischter Salat.

Filet Gisela

750 g Schweinefilet	waschen, abtrocknen, Haut und Sehnen entfernen, mit
Salz	
Pfeffer	
gerebeltem Majoran	würzen
250 g durchwachse-	
nen Speck	in Scheiben schneiden, das Fleisch damit umwickeln, in eine feuerfeste Form legen
	die Form auf dem Rost in den vorgeheizten Backofen schieben
Strom:	Etwa 225
Gas:	5—6
Bratzeit:	30—35 Minuten
	das gare Schweinefleisch erkalten lassen, in Scheiben schneiden, auf einer Platte anrichten, mit
Petersilie	
Tomatenachteln	garnieren

für die Sauce

1 Eigelb	mit
1 TL Senf	
1 TL Essig	
1 gestrichenen TL	
Salz	
Pfeffer	zu einer dicklichen Masse schlagen
	nach und nach
125 ml (¹/₈ l) Salatöl	unterschlagen

2 EL Joghurt	unterrühren
2 mittelgroße Tomaten	waschen, abtrocknen, halbieren, entkernen, die Stengelansätze entfernen
1—2 hartgekochte Eier	pellen
1 Gewürzgurke	
	die drei Zutaten in Würfel schneiden, mit
1 EL gemischten, gehackten Kräutern	unter die Sauce rühren, mit Salz, Pfeffer abschmecken.
Beigabe:	Toast, grüner Salat.

Schweinekotelett, paniert

4 Schweinekoteletts (jeweils etwa 200 g)	waschen, abtrocknen, leicht klopfen, mit
Salz	
Pfeffer	bestreuen die Koteletts zunächst in
1—2 EL Weizenmehl	dann in
1 verschlagenen Ei	zuletzt in
40 g Semmelmehl	wenden
50 g Pflanzenfett	erhitzen, das Fleisch von beiden Seiten unter mehrmaligem Wenden etwa 15 Minuten darin braten, auf einer Platte anrichten, warm oder kalt servieren.
Beigabe:	Kartoffelsalat.

Schinken mit pikanter Honigkruste

(15—20 Portionen)

Etwa 3½ kg gepökelter Schinken (Ober- und Unterschale mit Schwarte, rund gebunden)

den Schinken etwa 1 Woche vor der Zubereitung beim Schlachter bestellen
die Schinkenschwarte vom Schlachter in Quadrate schneiden lassen
den Schinken waschen, abtrocknen

1½ l Wasser
mit

1 Flasche (¾ l) trockenem Weißwein
zum Kochen bringen

1 Zwiebel
1 Knoblauchzehe

beide Zutaten abziehen, mit dem Schinken,

5 Gewürznelken
2—3 Lorbeerblättern
Pfefferkörnern
Korianderkörnern

in die Flüssigkeit geben, zum Kochen bringen, bei schwacher Hitze in etwa 2 Stunden gar ziehen lassen
den Schinken während des Kochens ab und zu wenden
den garen Schinken in die Rostbratpfanne legen, in den vorgeheizten Backofen schieben
die Brühe durch ein Sieb gießen
sobald der Bratensatz zu bräunen beginnt, etwas von der Brühe hinzugießen

2 EL Heide- oder Tannenhonig
mit

2 EL Rôtisseur-Senf
1 Msp gemahlenen Nelken

1 Msp
gemahlenem
Koriander verrühren, den Schinken etwa 30 Minuten vor Beendigung der Bratzeit damit bestreichen, braten lassen
den Schinken nach weiteren 7—10 Minuten mit der restlichen Honig-Senf-Mischung bestreichen

Strom: 225—250
Gas: 5—6

Backzeit:	1³/₄—2 Stunden
	den garen Schinken erkalten lassen, mit
Rosmarinzweigen	garnieren, auf einer Platte anrichten
1 Bund Frühlings-	
zwiebeln	putzen, längs halbieren, waschen
	den Bratensatz in einen Topf geben, mit
250 ml (¹/₄ l) Rotwein	auffüllen, zum Kochen bringen
	die Frühlingszwiebeln hineinlegen, so
	lange darin dünsten lassen, bis die Flüs-
	sigkeit etwas eingekocht ist
7 frische blaue	
Feigen	waschen, halbieren, mit den abgetropf-
	ten Frühlingszwiebeln auf der Schinken-
	platte anrichten
	die Flüssigkeit über den Schinken gießen
	oder dazu reichen
	für das Apfel-Aprikosen-Chutney
250 g Äpfel	schälen, vierteln, entkernen, in kleine
	Würfel schneiden, mit
250 g getrockneten	
Aprikosen	
50 g Weinbeeren	
75 g Rohzucker	
4 EL Weißweinessig	
gemahlenen Nelken	
gemahlenem	
Koriander	in
kochendes Wasser	geben, zum Kochen bringen, etwa
	10 Minuten dünsten, erkalten lassen, zu
	dem Schinken reichen.

Schweinefiletzöpfe mit Madagaskarsauce

4 lange Schweine-	
filets (je 225—250 g)	waschen, abtrocknen, evtl. Haut und
	Sehnen entfernen
	jedes Filet vom dickeren Ende begin-

nend zweimal längs durchschneiden,
dabei am dickeren Ende einen 1—2 cm
breiten Rand stehenlassen
die Filets zu Zöpfen flechten, an den
Enden mit Holzstäbchen feststecken, mit

Salz	
Pfeffer	
Paprika edelsüß	würzen
2 EL Butterschmalz	erhitzen, die Filetzöpfe von allen Seiten etwa 30 Minuten darin braten, erkalten lassen, auf einer Platte anrichten, mit
Tomatenachteln	
Petersilie	garnieren

für die Madagaskarsauce

1 Becher (150 g)	
Crème fraîche	mit
3 EL Tomaten-	
Ketchup	
1 TL zerdrücktem	
grünen Pfeffer	verrühren, mit Salz,
Chilipulver	abschmecken.
Beigabe:	Chicorée-Orangen-Salat, Bauernbrot, Butter.

Mariniertes Lammfleisch, türkisch

1³/₄ kg Lammfleisch	
(aus der Keule,	
ohne Knochen)	waschen, abtrocknen, von Fett und Haut befreien, in knapp ¹/₂ cm dicke Scheiben schneiden

für die Marinade

3 Zwiebeln	abziehen, in feine Würfel schneiden
3 Knoblauchzehen	abziehen, durchpressen
	beide Zutaten mit
8 EL Olivenöl	
3 EL Zitronensaft	
2 TL gerebeltem	
Thymian	verrühren, mit
Salz, Pfeffer	abschmecken, die Fleischscheiben mit der Marinade bestreichen, in eine

	Schüssel schichten, mit Alufolie abdek-ken, über Nacht durchziehen lassen
	das Fleisch aus der Marinade nehmen, die Zwiebelmasse etwas abstreichen
Speiseöl	in einer Bratpfanne erhitzen
	einen Teil der Fleischscheiben neben-einander hineinlegen, von beiden Seiten 5—6 Minuten braten lassen, in eine Schüssel geben, mit Pfeffer bestreuen
	das restliche Fleisch auf die gleiche Weise zubereiten
	Marinade, Zwiebelmasse,
4 EL Wasser	
4 EL Weißwein	zu dem Bratensatz geben, durchdünsten lassen, mit
Zucker	abschmecken, über die Fleischscheiben geben, erkalten lassen
	die Fleischscheiben ab und zu mit der Flüssigkeit begießen
1 kg Fleischtomaten	waschen, abtrocknen, halbieren, entkernen, die Stengelansätze entfernen, die Tomaten in Würfel schneiden
2—3 Knoblauch-zehen	abziehen, durchpressen, über die Tomatenwürfel geben
2—3 EL Olivenöl	
2—3 EL Zitronen-saft	unterrühren, mit Salz, Pfeffer,
gerebeltem Estragon	abschmecken, durchziehen lassen, evtl. nochmals mit den Gewürzen abschmecken, evtl. etwas von der Flüssigkeit abgießen
	die Fleischscheiben aus der Marinade nehmen, auf einer tiefen Platte anrichten, etwas von der Marinade darüber-gießen
	die Tomatenwürfel als Kranz um das Fleisch legen

für die Sauce

1 Becher (150 g) Crème fraîche	mit
1 Becher (150 g) Joghurt	verrühren, mit Salz, Pfeffer, Zucker abschmecken, zu dem Fleisch reichen.

Kalbsfilet mit Walnußsahne

1 Kalbsfilet (etwa 600 g)	waschen, abtrocknen, Haut und Sehnen entfernen, das Filet mit
Salz Pfeffer	würzen, mit
etwa 1 EL Weizenmehl	bestäuben
1 Ei	verschlagen, das Filet damit bestreichen
100 g Walnußkerne	hacken, das Fleisch darin wenden, etwas andrücken
50 g Butterschmalz	erhitzen, das Fleisch von allen Seiten darin anbraten, dabei das Fleisch vorsichtig mit zwei Gabeln wenden das Fleisch zugedeckt 15—20 Minuten braten lassen das gare Fleisch erkalten lassen, in Scheiben schneiden, auf einer Platte anrichten

für die Walnußsahne

1 kleine Knoblauchzehe	abziehen, durchpressen, mit
1 Becher (150 g) Crème fraîche	verrühren, mit Salz, Pfeffer abschmecken
50 g Walnußkerne	hacken, unterrühren die Walnußsahne zu dem Fleisch reichen.
Beigabe:	Broccolisalat, Stangenweißbrot.

Fruchtig gefüllte Koteletts

**4 Koteletts mit einge-
schnittener Tasche
(je etwa 250 g)**   waschen, abtrocknen

**4 kleine Scheiben
Ananas (aus der
Dose)**   abtropfen lassen, mit

4 Scheiben rohem	
Schinken	umlegen
	in jede Kotelett-Tasche eine Schinken-Ananasscheibe geben, mit Holzstäbchen feststecken
1—2 EL Butter-	
schmalz	erhitzen, die Koteletts von beiden Seiten 15—18 Minuten darin braten
	die garen Koteletts auf einer Pfanne anrichten, mit
Petersilie	garnieren, warm oder kalt servieren.

Filetsteaks Feinschmecker

	Um
4 Filetsteaks	
(je etwa 150 g)	je 1 Scheibe von
4 Scheiben durch-	
wachsenem Speck	legen, mit Küchengarn umwickeln
3 EL Speiseöl	mit
1 TL Paprika	
edelsüß	
schwarzem Pfeffer	verrühren, die Steaks damit bestreichen, etwa 30 Minuten zugedeckt stehenlassen
2 EL Speiseöl	erhitzen, die Steaks von beiden Seiten 5—6 Minuten braten
	das Küchengarn entfernen, die Steaks mit
Salz	bestreuen
	auf
4 getoastete Weiß-	
brotscheiben	jeweils ein Steak legen
3—4 EL Senf-	
früchte	über die Steaks geben
	die Filetsteaks auf einer Platte oder Tellern anrichten, warm oder kalt servieren.

Italienischer Braten
(In der Bratfolie)

	Von
1½ kg magerem	
Schweinebauch mit	
eingeschnittener	
Tasche	die Schwarte rhombenartig einschneiden, das Fleisch waschen, abtrocknen
1 Packung (300 g)	
tiefgekühlten	
Broccoli	in

125 ml (⅛ l) kochen- des Salzwasser	geben, zum Kochen bringen, in 10—15 Minuten garen, abtropfen lassen den Broccoli mit einem elektrischen Handrührgerät pürieren oder durch ein Sieb streichen
75 g Schinkenspeck	in Würfel schneiden, mit
2 EL Semmelmehl Salz Pfeffer geriebener	unterrühren, die Füllung mit
Muskatnuß	abschmecken das Fleisch innen und außen mit Salz, Pfeffer
gerebeltem Thymian	einreiben die Füllung in die Tasche geben, zunähen das Fleisch auf ein genügend großes Stück Bratfolie legen, die Folie verschlie- ßen, auf dem Rost in den vorgeheizten Backofen schieben
Strom:	200
Gas:	Etwa 3½
Bratzeit:	2¼—2½ Stunden das gare Fleisch aus dem Backofen neh- men, kurze Zeit ruhen lassen, erst dann die Bratfolie öffnen, das Fleisch erkalten lassen, in Scheiben schneiden, auf einer Platte anrichten, mit
Rosmarin	garnieren.
Beigabe:	Bauernbrot, gemischter Salat.

Frühlingsplatte mit Avocadocreme
(In der Bratfolie — 4 bis 6 Portionen)

1 kg Schweinefleisch (Oberschale)	waschen, abtrocknen, evtl. Haut und Fett entfernen, mit

Salz	
Pfeffer	würzen, auf ein genügend großes Stück Bratfolie legen, die Folie verschließen, auf dem Rost in den vorgeheizten Backofen schieben
Strom:	200
Gas:	Etwa $3\frac{1}{2}$
Bratzeit:	Etwa $1\frac{1}{2}$ Stunden
4 Stangen Staudensellerie	putzen, waschen, in etwa 5 cm lange Stücke schneiden
2 mittelgroße Stangen Porree	putzen, längs halbieren, in etwa 5 cm lange Stücke schneiden, waschen von
2 Fenchelknollen	die schlechtesten Stellen abschneiden die Knollen waschen, vierteln oder achteln
2 große Möhren	putzen, schrappen, waschen, in etwa 5 cm lange ($\frac{1}{2}$ cm dicke) Stifte schneiden das Gemüse nacheinander in
kochendes Salzwasser	geben, zum Kochen bringen Staudensellerie 1—2 Minuten kochen lassen, Porree 2—3 Minuten, Fenchel etwa 8 Minuten, Möhren etwa 5 Minuten, zuletzt
4—6 kleine Tomaten	kurze Zeit hineingeben, in kaltem Wasser abschrecken, enthäuten, die Stengelansätze entfernen das Gemüse gut abtropfen lassen, in eine große, flache Schüssel legen
	für die Marinade
3 EL Salatöl	mit
3 EL Kräuteressig	
Salz	
Pfeffer	
Zucker	verrühren, über das Gemüse verteilen von Zeit zu Zeit die Marinade in einer

	Ecke der Schüssel zusammenfließen las-sen, erneut über das Gemüse geben, 2—3 Stunden durchziehen und abtrop-fen lassen
	das gare Fleisch erkalten lassen, in dün-ne Scheiben schneiden, mit dem Ge-müse auf einer großen Platte anrichten, mit
Petersilie	garnieren

für die Avocadocreme

1 reife Avocado	halbieren, entsteinen, dünn schälen, das Fruchtfleisch mit einem elektrischen Handrührgerät pürieren oder mit einer Gabel zerdrücken
1 EL Zitronensaft	unterrühren
1 Knoblauchzehe	abziehen, durchpressen, hinzufügen
125 ml ($\frac{1}{8}$ l) Speiseöl	eßlöffelweise unterrühren, mit Pfeffer,
Zwiebelsalz	
Zitronensaft	abschmecken, in die ausgehöhlten Avo-cadohälften spritzen, mit
Petersilie	garnieren, mit auf der Platte anrichten.
Beigabe:	Bauernbrot.
Tip:	Avocadocreme möglichst erst kurz vor dem Servieren zubereiten, da sich bei längerem Stehen das Öl evtl. von der Avocadomasse trennt.

Kräuter-Roastbeef

2 kg Roastbeef	waschen, abtrocknen, die Haut (Fett) leicht erhitzen, das Fleisch mit
Salz	
Pfeffer	einreiben
2 Knoblauchzehen	abziehen, zerdrücken
	das Fleisch mit
2 EL Senf	und den zerdrückten Knoblauchzehen einreiben, reichlich mit

Kräutern der Provence bestreuen, auf den Rost auf eine mit Wasser ausgespülte Rostbratpfanne legen, in den vorgeheizten Backofen schieben

das Roastbeef ab und zu wenden

Strom: 225—250

Gas: 6—7

Bratzeit: 35—40 Minuten

das gare Fleisch erkalten lassen, in Scheiben schneiden, auf einer Platte anrichten.

Beigabe: Remouladensauce (S. 185), Stangenweißbrot

Fleischklößchen auf syrische Art

750 g Lammfleisch   waschen, abtrocknen, Fett entfernen, mit

250 g gekochten Möhren   durch die feine Scheibe des Fleischwolfs drehen

1—2 Knoblauchzehen   abziehen, zerdrücken, mit

150 g gekochtem Reis (50 g Rohware)

2 Eiern	zu der Fleischmasse geben, gut vermengen, mit
Salz	
Pfeffer	
Currypulver	abschmecken
	aus dem Fleischteig etwa 50 walnußgroße Klößchen formen, die Hälfte in
etwa 10 EL	
Sesam	wälzen, die Klößchen in siedendem
Ausbackfett	portionsweise jeweils etwa 5 Minuten ausbacken, auf Haushaltspapier abtropfen lassen, heiß oder kalt servieren

für die Sauce

1 Becher (150 g)	
Crème fraîche	mit
1 Becher (150 g)	
Joghurt	verrühren, mit Salz, Pfeffer abschmekken, dazu reichen.

Zwiebelkoteletts mit Senfcreme

4 Schweinekoteletts	
(je 175—200 g)	waschen, abtrocknen, mit
Salz	
Pfeffer	bestreuen, dünn mit
Dijon-Senf	bestreichen
4 Zwiebeln	
2 Knoblauchzehen	
	beide Zutaten abziehen, in kleine Würfel schneiden, auf die Koteletts verteilen, etwas andrücken, auf ein mit
4 EL Speiseöl	bestrichenes Backblech legen, in den vorgeheizten Backofen schieben
Strom:	225—250
Gas:	4—5
Bratzeit:	30—35 Minuten
	die garen Koteletts auf einer Platte an-

| | richten, mit |
| **Petersilie** | garnieren, warm oder kalt servieren |

für die Senfcreme

1 Becher (150 g)	
Crème fraîche	mit
1½—2 TL	
Dijon-Senf	verrühren, mit Salz,
Currypulver	abschmecken, zu den Koteletts reichen.
Tip:	Koteletts im Backofen zu braten ist besonders bei großen Mengen empfehlenswert.

Mandelmedaillons
(4—5 Portionen)

800 g Schweinefilet	waschen, abtrocknen, Haut und Sehnen entfernen, das Filet in $1\frac{1}{2}$—2 cm dicke Scheiben schneiden, mit
Salz	
Pfeffer	würzen
	die Filetscheiben zunächst in
1 verschlagenen Ei	dann in
75—100 g abgezogenen, gehobelten Mandeln	wenden, die Mandeln gut andrücken
40 g Butterschmalz	erhitzen, die Filetscheiben darin von beiden Seiten 5—7 Minuten braten
	die Medaillons erkalten lassen, auf einer Platte anrichten, mit
Brunnenkresse	garnieren

für die Sauce

3 EL Salat-
mayonnaise   mit
2 EL Crème fraîche
2 EL Joghurt   verrühren
2 enthäutete
Tomaten
1 Gewürzgurke

beide Zutaten in Würfel schneiden
(Stengelansätze der Tomaten entfernen)

1 TL zerdrückter
grüner Pfeffer
1 EL gehackter Dill

die vier Zutaten unterrühren, die Sauce
mit Pfeffer abschmecken, zu den Medaillons reichen.

Beigabe: Toast.

Wild und Geflügel

Ganz wild auf Wild und Gans.

Geräucherte Gänsebrust, garniert

250 g Sauerkirschen	waschen, evtl. entstielen, entsteinen, mit
75 g Zucker	
3 Msp gemahlenem Ingwer	bestreuen sobald die Früchte Saft gezogen haben, sie weich dünsten das Kompott erkalten lassen
125 g in Scheiben geschnittene geräucherte Gänsebrust	auf
gewaschenen Eichblattsalatblättern	anrichten, mit dem Kompott garnieren.
Beigabe:	Toast, Butter.

Wildschwein- oder Frischlings-
koteletts auf italienische Art

4 Wildschwein- oder Frischlingskoteletts (etwa 600 g)	waschen, abtrocknen, mit
Salz Pfeffer gemahlenem Rosmarin 8 zerdrückten Wacholderbeeren	einreiben
2 EL Olivenöl	erhitzen, das Fleisch von beiden Seiten etwa 5 Minuten darin braten (Fleisch soll innen rosa bleiben), erkalten lassen
2 Zwiebeln	abziehen, in Scheiben schneiden, in dem Bratensatz glasig dünsten lassen
250 g Zucchini	waschen, in Scheiben schneiden, zu den Zwiebeln geben, mitdünsten lassen
2 Fleischtomaten	kurze Zeit in kochendes Wasser legen

(nicht kochen lassen), in kaltem Wasser abschrecken, enthäuten, die Stengelansätze entfernen, die Tomaten in Würfel schneiden, zu dem Gemüse geben, kurz miterhitzen (Gemüse soll noch knackig sein), mit

1 EL gehacktem Basilikum
1 Msp gerebeltem Oregano würzen, von der Kochstelle nehmen, mit Salz, Pfeffer,

1—2 EL Weinessig abschmecken

Dünstzeit: 6—7 Minuten
die erkaltete Gemüsemischung auf einem Teller anrichten, die Koteletts darauflegen, mit

Tomatenröschen
Kräutern garnieren.

Beigabe: Knoblauchbrot.

Hasenfilets in Blätterteighülle

Für die Füllung
von

1 Hasenrücken (etwa 600 g) das Rückenfleisch und die Filets auslösen, sorgfältig enthäuten, waschen, trockentupfen, in eine Schüssel legen, mit

½ TL gerebeltem Thymian
½ TL gerebeltem Rosmarin bestreuen, mit

1 EL Zitronensaft
2 EL Speiseöl beträufeln, zugedeckt etwa 24 Stunden an einem kühlen Ort stehenlassen, das Fleisch ab und zu wenden
das Fleisch aus der Marinade nehmen, abtropfen lassen, mit

Salz	
Pfeffer	würzen
30 g Butterschmalz	erhitzen, das Fleisch von allen Seiten kurz darin anbraten, erkalten lassen
10 entsteinte Back-	
pflaumen	waschen, abtropfen lassen, in feine Würfel schneiden
10 Champignons	putzen, waschen, fein hacken (6 Stück zurücklassen)
	beide Zutaten mit
250 g feiner	
Bratwurstmasse	
2 EL Weinbrand	
1 EL gehackten	
Pistazienkernen	vermengen

für den Teig

1 Packung (300 g)	
tiefgekühlten	
Blätterteig	nach der Vorschrift auf der Packung auftauen lassen, zu einer länglichen Platte in der dreifachen Größe des Flei- sches ausrollen (nach Belieben etwas Teig zum Garnieren zurücklassen), die Hälfte der gemischten Bratwurstmasse in der Länge der großen Fleischstücke in die Mitte des Teiges geben, zunächst die großen und darauf die kleinen Fleischstücke legen, zwischen die Filets als »Rückengratknochen« die zurückge- lassenen Champignonköpfe setzen, mit der restlichen Bratwurstmasse bedecken den Teig um das Fleisch schlagen, auf ein mit Wasser abgespültes Backblech legen (glatte Teigseite nach oben), mit dem zurückgelassenen Teig garnieren über die Teigoberseite verteilt 2—3 et- wa pfenniggroße Löcher ausstechen
½ Eigelb	mit
½ TL Milch	verschlagen, die Teigoberfläche damit bestreichen, das Backblech in den vor-

Hasenfilet in Blätterteighülle

geheizten Backofen schieben

Strom:	200—225
Gas:	3—4
Backzeit:	Etwa 35 Minuten

das gare Fleisch aus dem Backofen nehmen, erkalten lassen, in nicht zu dünne Scheiben schneiden, auf einer Platte anrichten, nach Belieben mit

Backpflaumen	
Pistazienkernen	garnieren.
Beigabe:	Fenchelsalat.

Gespickte Hirschkeule
(4—6 Portionen)

2 kg Hirschkeule	waschen, abtrocknen, enthäuten
150 g fetten Speck	in Streifen schneiden, eine Zeitlang kalt stellen, anschließend in
Pfeffer	wenden, die Hirschkeule damit spicken das Fleisch mit Pfeffer,
Salz	
gerebeltem Salbei	einreiben
100 g fette Speckscheiber.	in eine mit Wasser ausgespülte Rostbratpfanne legen, die Hirschkeule darauflegen
1 Bund Suppengrün	putzen, waschen, zu dem Fleisch geben, die Rostbratpfanne in den vorgeheizten Backofen schieben sobald der Bratensatz bräunt, je nach Bedarf
heißes Wasser	hinzugießen
Strom:	200—225
Gas:	3—4
Bratzeit:	50—60 Minuten (Fleisch soll innen rosa sein)

die gare Hirschkeule erkalten lassen, in Scheiben schneiden, auf einer Platte anrichten, mit

Preiselbeeren (aus dem Glas)
Minze garnieren.
Beigabe: Toast, Butter, Cumberlandsauce (S. 186)
Tip: Fleisch von jungen Hirschen braucht vor dem Braten nicht gebeizt zu werden, nach Belieben kann es aber für 2 Tage in Milch eingelegt oder in ein Essigtuch eingewickelt werden.

Putenrollbraten, gegrillt

1 Putenrollbraten (etwa 1 kg)	waschen, abtrocknen, auf den Drehspieß schieben oder in einen Grillkorb geben
1 EL Speiseöl	mit
Salz	
Paprika edelsüß	verrühren, nach Belieben
mittelscharfen Senf	hinzufügen, das Fleisch damit bestreichen
	während des Grillens den Braten ab und zu mit dem herabgetropften Fett aus der Grillpfanne bestreichen
Grillzeit	
Strom:	Je nach Dicke des Bratens 45—60 Minuten
Gas:	Je nach Dicke des Bratens etwa 50 Minuten
	den garen Putenrollbraten erkalten lassen, in Scheiben schneiden.

Beigabe: Stangenweißbrot, Butter, Staudenselle-
riesalat mit Äpfeln (S. 60).

Poularde mit Pistazienfüllung
(4—6 Portionen)

1 küchenfertige Pou- **larde (etwa 1½ kg)**	waschen, abtrocknen
	für die Füllung
2 Scheiben Toastbrot	in kleine Würfel schneiden, mit
3 EL Portwein	beträufeln
150 g Geflügelleber	waschen, trockentupfen, mit einem elektrischen Handrührgerät pürieren
75 g abgezogene, **gemahlene Pistazien**	

	die Zutaten mit
75 g Rinderhackfleisch	
2 kleinen Eiern	vermengen, mit
Salz, Pfeffer	abschmecken

die Poularde mit der Masse füllen, die Öffnung mit Holzspießchen zustecken oder mit Küchengarn zunähen

2 EL Speiseöl mit Salz, Pfeffer,
½ TL Paprika edelsüß
1 Msp Currypulver verrühren, die Poularde damit bestreichen, in eine mit Wasser ausgespülte Rostbratpfanne legen, in den vorgeheizten Backofen schieben
sobald der Bratensatz bräunt, etwas von

125 ml (⅛ l) heißer Instant-Hühnerbrühe hinzugießen, verdampfte Flüssigkeit nach und nach ersetzen

Strom: 200—225
Gas: 3—4
Bratzeit: Etwa 50 Minuten
die gare Poularde erkalten lassen, Holzspießchen (Küchengarn) entfernen, die Poularde in Portionsstücke schneiden, auf einer Platte anrichten, mit

Pistazienkernen garnieren.

Entenconfit

1 küchenfertige Ente (etwa 1½ kg) waschen, abtrocknen, innen kräftig mit
gerebeltem Majoran einreiben, mit dem Rücken nach unten auf den Rost auf eine mit Wasser ausgespülte Rostbratpfanne legen, auf die untere Schiene in den vorgeheizten Backofen schieben
während des Bratens ab und zu unterhalb der Flügel und Keulen in die Ente

stechen, damit das Fett besser ausbraten kann

nach etwa 30 Minuten Bratzeit das sich angesammelte Fett abschöpfen

sobald der Bratensatz bräunt, etwas

heißes Wasser hinzugießen, die Ente ab und zu mit dem Bratensatz begießen, verdampfte Flüssigkeit nach und nach ersetzen

10 Minuten vor Beendigung der Bratzeit die Ente mit

kaltem Salzwasser bestreichen, die Hitze auf stark stellen, damit die Haut schön kroß wird

Strom: 200—225

Gas: 3—4

Bratzeit: Etwa $1^{3}/_{4}$ Stunden

die gare Ente in Portionsstücke schneiden, Knochen evtl. entfernen, das Fleisch erkalten lassen

den Bratensatz durch ein Sieb gießen, etwas entfetten

3 Lorbeerblätter
3 Gewürznelken
15 Wacholderbeeren
5 Pimentkörner
(Nelkenpfeffer)
1 TL Pfefferkörner in den Bratensatz geben, zum Kochen bringen, etwa 5 Minuten kochen lassen

1 Päckchen Gelatine
gemahlen, weiß mit
3 EL kaltem Wasser anrühren, 10 Minuten zum Quellen stehenlassen, in den von der Kochstelle genommenen Bratensatz geben, so lange rühren, bis sie gelöst ist

das Entenfleisch in eine Schüssel legen, den Gewürz-Bratensatz darüber gießen, erkalten lassen

das Entenconfit in der Schüssel servieren.

Beigabe: Grau- oder Vollkornbrot, Butter.

Ente mit Feigen

**1 küchenfertige Ente
(etwa 1½ kg)**
Salz   waschen, abtrocknen, innen mit
einreiben, mit dem Rücken nach unten
auf den Rost auf eine mit Wasser ausgespülte Rostbratpfanne legen, auf die untere Schiene in den vorgeheizten Backofen schieben
während des Bratens ab und zu unterhalb der Flügel und Keulen in die Ente
stechen, damit das Fett besser ausbraten kann
nach etwa 30 Minuten Bratzeit das sich
angesammelte Fett abschöpfen
sobald der Bratensatz bräunt, etwas

heißes Wasser   hinzugießen, die Ente ab und zu mit
dem Bratensatz begießen, verdampfte
Flüssigkeit nach und nach ersetzen
10 Minuten vor Beendigung der Bratzeit
die Ente mit

kaltem Salzwasser   bestreichen, die Hitze auf stark stellen,
damit die Haut schön kroß wird

Strom: 200—225
Gas: 3—4
Bratzeit: Etwa 1¾ Stunden
die gare Ente erkalten lassen
den Bratensatz durch ein Sieb gießen,
entfetten

**1 TL Gelatine
gemahlen, weiß**   mit
1 EL kaltem Wasser   anrühren, 10 Minuten zum Quellen stehenlassen, unter den noch heißen Bra-
tensatz rühren, so lange rühren, bis sie
gelöst ist
den Bratensatz mit Salz,

Pfeffer   abschmecken
1 EL Portwein   unterrühren, kalt stellen
das Brustfleisch der Ente vom Knochen
lösen, in Scheiben schneiden, wieder

	auf das Knochengerüst legen, auf einer Platte anrichten, mit
Zitronenmelisse	garnieren
4—6 frische Feigen	waschen, abtropfen lassen, kreuzweise einschneiden, etwas auseinanderbiegen, so daß sie wie Blüten aussehen, sie um die Ente herumsetzen
	den erkalteten, festgewordenen Bratensatz in Würfel schneiden, mit auf die Platte geben, mit
Zitronenmelisse	garnieren.
Beigabe:	Toast, Butter, Salate.

Hähnchenbrüstchen in Limettensauce

4 Hähnchenbrust-filets (etwa 600 g)	waschen, trockentupfen, mit
Salz	
Pfeffer	würzen
	die Hähnchenbrustfilets zunächst mit
Weizenmehl	dann in
1 verschlagenen Ei	zuletzt in
125 g abgezogenen, gehackten Mandeln	wenden
40 g Butterschmalz oder Margarine	erhitzen, das Fleisch von beiden Seiten etwa 8 Minuten darin braten, erkalten lassen

für die Sauce

2 Limetten (unbehandelt)	mit heißem Wasser abwaschen, etwas von der Schale abreiben, die Limetten halbieren, den Saft auspressen, 4 EL von dem Saft mit der abgeriebenen Schale,

Hähnchenbrüstchen in Limettensauce

2 Bechern (je 150 g) Crème fraîche **2 EL feingehackter Zitronenmelisse** **2 EL trockenem Wermut**	verrühren, mit Salz abschmecken die Hähnchenbrustfilets auf
gewaschenen, feinge- schnittenen Salat- blättern	anrichten, mit der Hälfte der Sauce übergießen
2 EL grünen Pfeffer	darüber streuen, mit
Zitronenmelisse	
Limettenscheiben	garnieren die restliche Sauce dazu reichen.
Beigabe:	Toast, Butter.

Gänsebrust, gefüllt

750 g Gänsebrust (ohne Knochen)	waschen, abtrocknen, die Innenseite mit
Salz	
Pfeffer	einreiben, mit
1 TL scharfem Senf	bestreichen
	für die Füllung
1 Zwiebel	abziehen, in feine Würfel schneiden
125 g Kalbsleber	evtl. enthäuten, waschen, abtrocknen, fein hacken
1—2 EL Butter oder Margarine	erhitzen beide Zutaten etwa 2 Minuten darin braten lassen, mit
2 EL Weinbrand	übergießen, erkalten lassen, mit
1 EL gehackten Pistazienkernen	
100 g feiner Bratwurstmasse	vermengen

die Masse auf die eine Hälfte der Gänsebrust geben, die andere Hälfte darüber klappen, die Seiten mit einem Holzspießchen zustecken

die Gänsebrust auf den Rost auf die mit Wasser angespülte Rostbratpfanne legen, auf die mittlere Schiene in den vorgeheizten Backofen schieben

heißes Wasser sobald der Bratenansatz bräunt, etwas hinzugießen, die Gänsebrust ab und zu mit dem Bratensatz begießen, verdampfte Flüssigkeit nach und nach ersetzen

10 Minuten vor Beendigung der Bratzeit die Gänsebrust mit

kaltem Salzwasser bestreichen, die Hitze auf stark stellen, damit die Haut schön kroß wird

Strom: 200—225

Gas: 4—5

Bratzeit: 2—2$\frac{1}{2}$ Stunden (je nach Alter des Tieres)

die gare Gänsebrust erkalten lassen, Holzspießchen entfernen, das erkaltete Fleisch in dünne Scheiben schneiden, auf einer Platte anrichten, mit

Apfelsinenscheiben
Petersilie garnieren.
Beigabe: Brot, Butter.

Hähnchenkeulen, garniert

4 Hähnchenkeulen
(je etwa 250 g) waschen, abtrocknen
2 EL Speiseöl
$\frac{1}{2}$ TL Paprika edelsüß
1 Msp Currypulver
Salz, Pfeffer verrühren, die Hähnchenkeulen rundherum damit bestreichen, auf den Rost

179

125 ml (⅛ l) heißem Wasser

auf eine mit Wasser ausgespülte Rost-bratpfanne legen, auf die mittlere Schiene in den vorgeheizten Backofen schieben, sobald der Bratensatz bräunt, etwas von

hinzugießen, die Hähnchenkeule ab und zu mit dem Bratensatz begießen, verdampfte Flüssigkeit nach und nach ersetzen

Strom: 200—225

Gas: 4—5

Bratzeit: 25—30 Minuten
die garen Hähnchenkeulen erkalten lassen, auf ein Gitterrost legen, auf ein Backblech stellen, nach Belieben mit

abgetropften halbierten Ananasscheiben (aus der Dose) abgetropften Mandarinenspalten (aus der Dose) abgetropften Pfirsichscheiben (aus der Dose) Kirschen

garnieren, abgetropften Fruchtsaft evtl. mit Wasser auf 250 ml (¼ l) auffüllen

1 Päckchen Gelatine gemahlen, weiß

mit

3 EL Weißwein

anrühren, 10 Minuten zum Quellen stehenlassen, unter Rühren erwärmen, bis sie gelöst ist, den Fruchtsaft erwärmen, mit der Gelatine verrühren, kalt stellen sobald die Gelatinelösung anfängt dicklich zu werden, die Hähnchenkeulen damit bestreichen, den Vorgang so oft wiederholen, bis die Hähnchenkeulen völlig mit Aspik überzogen sind die restliche Flüssigkeit erstarren lassen, in Würfel schneiden

Salatherzen die Hähnchenkeulen auf einer Platte anrichten, mit den Aspikwürfeln,
garnieren.

Saucen, Dips, Butter-Mischungen, Brotaufstriche

Leicht und locker — frisch aufs Brot.

Schinkenquark

250 g Magerquark	mit
4—5 EL Milch	verrühren
2 EL feingeschnittenes Basilikum	
1 kleine, feingeschnittene, grüne Chilischote	unter den Quark rühren
100 g rohen Schinken	in feine Würfel schneiden, hinzufügen den Schinkenquark mit
Salz	
Pfeffer	abschmecken.

Feiner Quark

1 mittelgroße Zwiebel	abziehen, in feine Würfel schneiden, mit
125 g Magerquark	
1—2 EL Crème fraîche	
1—2 EL Milch	
1—2 EL gemischten, gehackten Kräutern	
Paprika edelsüß	verrühren, mit
Salz	
Pfeffer	abschmecken
1 hartgekochtes Ei	pellen, in Scheiben schneiden den Quark auf
gewaschenen Salatblättern	anrichten, mit Eischeiben,
Radieschenscheiben	garnieren.
Beigabe:	Brot, Butter.

Kräuter-Dressing

1 Becher (150 g) Crème fraîche	mit
2 EL gemischten, gehackten Kräutern	
3 EL Tomaten-Ketchup	verrühren, mit
Salz	
Pfeffer	
Zucker	
Paprika edelsüß	abschmecken. Die Sauce zu Kopf-, Chicorée- und Gemüsesalaten, zu Salatgurken oder als Dip zu Fleisch-Fondue reichen.

Remouladensauce, Kräuter-Dressing, Meerrettichsahne

Remouladensauce

2 hartgekochte Eier	pellen, das Eigelb durch ein Sieb streichen (Eiweiß zurücklassen), mit
1 rohen Eigelb **Salz**	
1 TL Zucker	verrühren, dann tropfenweise unter Schlagen die Hälfte von
125 ml ($^1/_8$ l) Salatöl **2 EL Essig oder** **Zitronensaft**	hinzufügen, ist die Masse steif genug,
1 TL Senf	hinzufügen, dann erst den Rest des Öls hinzugeben
$^1/_2$—1 EL Kapern **(aus dem Glas)**	fein hacken
2 kleine **Gewürzgurken**	in feine Würfel schneiden nach Belieben
1—2 gewässerte **Sardellen**	fein hacken
1 TL grünen Pfeffer	mit einer Messerspitze zerdrücken
2 EL gemischte, **gehackte Kräuter**	
	die Zutaten zu der Mayonnaise geben das hartgekochte Eiweiß in kleine Würfel schneiden, mit in die Sauce geben. Remouladensauce zu gekochtem Fleisch und Fisch reichen.

Meerrettichsahne

250 ml ($^1/_4$ l) Sahne	steif schlagen, mit
2—3 EL geriebenem **Meerrettich** **(aus dem Glas)**	verrühren, mit
Salz, Zucker	
Zitronensaft	abschmecken. Meerrettichsahne zu Schinken, heißen Würstchen oder gekochtem Rindfleisch reichen.

Cumberlandsauce

Schale von 1 Apfelsine (unbehandelt) von der weißen Haut befreien, in sehr feine Streifen schneiden, in etwa 10 Minuten in

3 EL Rotwein weich kochen lassen, kalt stellen

250 g Johannisbeergelee mit

1—2 TL Senf gut verrühren, die erkalteten Apfelsinenstreifen mit dem Rotwein hinzufügen, die Sauce mit

Salz
Zitronensaft abschmecken.
Die Sauce zu Wildbraten, Pasteten oder kaltem Bratenfleisch reichen.

Walnußsauce
(Etwa 8 Portionen)

1 Becher (150 g) Crème fraîche mit

125 ml ($\frac{1}{8}$ l) Sahne verrühren, mit

Salz
frisch gemahlenem Pfeffer würzen

50 g Walnußkerne grob hacken

1 Apfelsine (unbehandelt) mit heißem Wasser abwaschen, abtrocknen, hauchdünn etwas von der Schale abschälen, die Schale in sehr feine Streifen schneiden, die restliche Schale fein abreiben, die Apfelsine auspressen
Walnußkerne, Apfelsinensaft und -schale,

1 EL Zitronensaft unter die Sauce rühren, kalt stellen, vor dem Servieren noch einmal durch-

rühren, mit den Gewürzen abschmekken.
Diese Sauce zu gegrilltem Fleisch reichen.

Aioli

4—5 Knoblauchzehen	abziehen, sehr fein zerdrücken, mit
125 g Salat-	
mayonnaise	verrühren, mit
Salz	
Pfeffer	
Cayennepfeffer	
Zitronensaft	abschmecken.

Diese Sauce zu gegrilltem Fleisch reichen.

Pikante Senfsauce
(Etwa 8 Portionen)

2 Eigelb	mit
2 EL Dijon-Senf	
Salz	
frisch gemahlenem Pfeffer	
1 EL Zitronensaft	verschlagen
125 ml ($\frac{1}{8}$ l) Speiseöl	unter ständigem Schlagen zuerst tropfenweise hinzufügen, dann den Rest in größeren Mengen dazugeben
4 EL Sahne	unterrühren die Sauce mit den Gewürzen abschmecken
2 Bund gehackte Petersilie	unterrühren. Diese Sauce zu gegrilltem Fleisch reichen.

Basilikumsauce
(Etwa 8 Portionen)

4 Tomaten (etwa 250 g)	kurze Zeit in kochendes Wasser legen (nicht kochen lassen), in kaltem Wasser abschrecken, enthäuten, vierteln, entkernen, pürieren
2 Gläser (je 200 g) Joghurt-Salatcreme	
3 Bund gehacktes Basilikum	mit Tomatenpüree
125 ml ($\frac{1}{8}$ l) Sahne	verrühren, mit
frisch gemahlenem Pfeffer	würzen die Sauce in einer Schüssel anrichten, mit
Basilikum	garnieren. Diese Sauce zu gegrilltem Fleisch reichen.

Basilikumsauce, Walnußsauce, Pikante Senfsauce

Vinaigrette, pikant

3 EL Salatöl	mit
2—3 EL Weinessig	
1 TL mittel-scharfem Senf	
1 kleinen abgezoge-nen, gewürfelten Zwiebel	
2 hartgekochten, gehackten Eiern	
4 feingewürfelten Cornichons	
1—2 Bund gehackter Petersilie	

einigen gehackten	
Kapern	verrühren, mit
Salz	
Pfeffer	abschmecken.

Cocktailsauce

1 Becher (150 g)	
Crème fraîche	mit
3 EL Tomaten-	
Ketchup	
3 EL Weißwein	
1 EL Weinbrand	
1 TL geriebenem	
Meerrettich	
(aus dem Glas)	
gemischten,	
gehackten Kräutern	verrühren, mit
Salz	

**frisch gemahlenem
Pfeffer
Cayennepfeffer** abschmecken.
Diese Sauce zu Fisch-, Gemüse- und
Eisbergsalat, allen exotischen Salaten
oder als Dip zu Fleisch-Fondue rei-
chen.

Aprikosensauce mit Curry

**100 g Aprikosen-
marmelade** glattrühren, mit
**100 g Salat-
mayonnaise
1—2 TL Currypulver** verrühren.

Senf-Rahm mit Dill

1—2 EL Senf mit
**1 Becher (150 g)
saurer Sahne
4 EL feingehacktem
Dill** verrühren, mit
**Salz
Pfeffer** abschmecken
**1 TL Korn
oder Gin** unterrühren.

Himbeer-Essig-Sauce

**3 EL Himbeer-
Konfitüre** mit
**5 EL Tomatensaft
2 EL Kräuteressig** verrühren.
Diese Sauce zu kaltem Schweinebraten
reichen.

Ingwer-Curry-Dressing

1 Becher (150 g) Joghurt	zum Abtropfen auf ein Sieb geben
15 g frische Ingwerwurzel	schälen, reiben, mit
1 TL Currypulver	
½ TL gemahlenem Koriander	
1 TL Honig	
1 TL Dijon-Senf	
1 EL Ingwerkonfitüre	
gemahlenem Zimt	
Salz	verrühren, das Joghurt unterrühren. Diese Sauce zu Salaten, gegrilltem Fleisch und Fondue reichen.
Veränderung:	Anstelle von frischem Ingwer 2 TL Ingwerpulver verwenden.

Kräuter-Joghurt-Dressing
(4—6 Portionen)

2 Becher (je 150 g) Joghurt	zum Abtropfen auf ein Sieb geben
2 große Schalotten oder Zwiebeln (etwa 50 g)	abziehen, in sehr feine Würfel schneiden
1 mittelgroße Knoblauchzehe	abziehen, sehr fein zerdrücken
1 Bund gehackter Dill	
1 Bund gehackte glatte Petersilie	
1 Bund gehacktes Basilikum	
	die Kräuter mit
3 EL Zitronensaft	
3 EL Olivenöl	
Salz	

*Mandel-Joghurt-Dressing, Kräuter-Joghurt-Dressing,
Ingwer-Curry-Dressing*

**frisch gemahlenem
Pfeffer
Zucker** verrühren, nach und nach alle Zutaten
unterrühren.
Diese Sauce zu Salaten, gegrilltem
Fleisch und Fondue reichen.

Mandel-Joghurt-Dressing

(6—8 Portionen)

3 Becher (je 150 g) Joghurt	zum Abtropfen auf ein Sieb geben
3 hartgekochte Eier	pellen, fein hacken
60 g abgezogene, gemahlene, leicht geröstete Mandeln	
2 TL Dijon-Senf	das Joghurt mit verrühren, Eier, Mandeln,
2 EL Olivenöl	unterrühren, mit
Salz	
frisch gemahlenem Pfeffer	
Zucker	abschmecken.

Mayonnaise

1 Eigelb	mit
2 schwach gehäuften TL Senf	
1 EL Essig oder Zitronensaft	
Salz	
1 gestrichenen TL Zucker	in einer Rührschüssel mit einem Schneebesen oder mit einem elektrischen Handrührgerät mit Rührbesen zu einer dicklichen Masse schlagen, darunter
125 ml ($\frac{1}{8}$ l) Salatöl	schlagen (bei dieser Zubereitung ist es nicht notwendig, das Öl tropfenweise zuzusetzen, es wird in Mengen von 1—2 EL untergeschlagen, die an das Eigelb gegebenen Gewürze verhindern eine Gerinnung).
Veränderung:	Unter die Mayonnaise Joghurt nach Geschmack rühren.

Grüne Sauce

1 Bund Petersilie
1 Bund Schnittlauch
1 Bund Kerbel
1 Bund Dill
1 Bund Borretsch
1 Bund Estragon
1 Bund Basilikum
$\frac{1}{2}$ Kästchen Kresse

die Kräuter waschen

1 kleine Zwiebel abziehen
alle Zutaten grob zerkleinern, mit

1 Becher (150 g)
Crème fraîche
125 g Magerquark in einem elektrischen Mixbecher 1—2
Minuten schlagen lassen
die Sauce mit

Salz
Pfeffer
Zucker abschmecken.
Diese Sauce zu gekochten Eiern oder
zu gekochtem Rindfleisch reichen.

Roquefort-Sahne-Sauce

30 g Edelpilzkäse,
z.B. Roquefort mit einer Gabel zerdrücken, nach und
nach mit einem elektrischen Handrührgerät mit Rührbesen
125 ml ($\frac{1}{8}$ l) unterrühren, mit
Salz
frisch gemahlenem
Pfeffer
etwa 1 EL Zitronensaft abschmecken.
Diese Sauce zu allen herben Blattsa-
laten, wie Radicchio, Feldsalat, Spinat
oder Endivien reichen.

Senf-Sahne-Sauce

125 ml (⅛ l) Sahne	½ Minute schlagen
2 TL Senf	unterrühren, mit
Salz	
Pfeffer	abschmecken
1 EL Zitronensaft	unter Rühren hinzufügen.

Diese Sauce zu grünem Salat, Feld-, Radicchio- und Endiviensalat oder zu Rohkost-Salaten mit Fleisch reichen.

Sherry-Sahne-Sauce

1 Eigelb	mit
1 schwach gehäuften EL Zucker	cremig rühren
2 EL trockenen Sherry	
1 EL Zitronensaft	hinzufügen
2 EL steifgeschlagene Sahne	unterheben
1 EL abgezogene, gehobelte, gebräunte Mandeln	vor dem Servieren über die Sauce streuen.

Die Sauce erst kurz vor dem Servieren zubereiten, zu allen Obstsalaten aus säuerlichen Früchten reichen.

Quark-Dip mit Preiselbeeren

200 g Magerquark	mit
5 EL Milch	verrühren
2 EL Preiselbeeren (aus dem Glas)	
2 TL Senf	
	beide Zutaten unter den Quark rühren, mit

Senf-Sahne-Sauce, Roquefort-Sahne-Sauce,
Sherry-Sahne-Sauce

Salz
Zucker　abschmecken.
Diesen Dip zu kaltem Rindfleisch oder
Geflügel reichen.

Quark-Dip mit Schinken

100 g Magerquark	mit
4 EL Buttermilch	verrühren
100 g Lachsschinken	in kleine Stücke schneiden
1 EL gemischte, gehackte Kräuter	
	beide Zutaten unter den Quark rühren, mit
frisch gemahlenem Pfeffer	
Knoblauchsalz	abschmecken.

Bunter Quark-Dip

150 g Magerquark	mit
4 EL Buttermilch	verrühren
1 kleine Tomate	kurze Zeit in kochendes Wasser legen, in kaltem Wasser abschrecken, enthäuten, halbieren, entkernen
1 Sardelle	
2 Oliven	
	die drei Zutaten sehr fein schneiden, mit
2 TL Zwiebelwürfeln	vermengen, unter den Quark rühren, mit
Salz	
frisch gemahlenem Pfeffer	
Thymian	abschmecken.

Quark-Dip mit Preiselbeeren, Bunter Quark-Dip, Quark-Dip mit Schinken

Dip Bombay

1 mittelgroßen Apfel	schälen, vierteln, entkernen, in kleine Würfel schneiden, mit
1 Becher (150 g) Crème fraîche	
2 EL Milch	
1 TL Currypulver	verrühren, mit
Salz	
Pfeffer	abschmecken.

Dip Milano

1 mittelgroße Zwiebel	abziehen
5 Scheiben (etwa 50 g) Salami	
	beide Zutaten in feine Würfel schneiden, mit
1 Becher (150 g) Crème fraîche	verrühren, mit
Salz	
Paprika edelsüß	abschmecken.

Dip Gourmet

1 Becher (150 g)	
Crème fraîche	mit
1 EL Tomaten-	
Ketchup	
1 EL feingeschnittenem	
Schnittlauch	verrühren
¹/₂ Camembert	
(etwa 100 g)	in feine Würfel schneiden, unterrühren, mit
Salz	
Pfeffer	abschmecken.

Kräuter-Dip

3—4 EL gemischte,	
gehackte Kräuter	
3 Sardellenfilets	
1 EL Kapern	
(aus dem Glas)	
10 spanische Oliven,	
mit Paprika gefüllt	die Zutaten sehr fein hacken, mit
3 Eigelb	
1 TL scharfem Senf	
1—2 EL Obstessig	verrühren, mit
Salz	
frisch gemahlenem	
Pfeffer	abschmecken
5 EL Salatöl	unterrühren
2 enthäutete	
Tomaten	halbieren, entkernen, die Stengelansätze entfernen, die Tomaten in Würfel schneiden, mit den gehackten Zutaten,
3—4 EL gemischten,	
gehackten Kräutern	unter die Eigelbmasse rühren. Diesen Dip auf in Alufolie gegarte Kartoffeln füllen.

Kräuterbutter

125 g Butter geschmeidig rühren
2 TL feingehackte Petersilie
1 TL feingehackte Zwiebelwürfel
4 feingehackte Estragonblätter
1 abgezogene, zerdrückte Knoblauchzehe
1 TL Zitronensaft Weißwein
4 Spritzer Worcestersauce hinzufügen, mit der Butter verrühren, mit
Salz abschmecken

die Butter in die Mitte eines Stücks Pergamentpapier legen, eine Hälfte des Papiers überschlagen, das untere Papier festhalten, mit einem Messer das obere Papier der Länge nach gegen die Butter streichen und drücken, bis eine Rolle entstanden ist, kalt stellen
die hartgewordene Butterrolle aus dem Papier lösen, mit einem in heißes Wasser getauchten Messer in bleistiftdicke Scheiben schneiden.
Diese Butter zu allen Grillgerichten, Käsebroten oder Weinbergschnecken reichen.

Currybutter

125 g Butter geschmeidig rühren
1 EL Currypulver hinzufügen, mit der Butter verrühren, mit
Salz abschmecken.

Paprikabutter

125 g Butter	geschmeidig rühren
1 EL Paprika edelsüß	hinzufügen, mit der Butter verrühren, mit
Salz	abschmecken.

Eigelbbutter

125 g Butter	geschmeidig rühren
4 hartgekochte Eier	pellen, das Eigelb durch ein Sieb streichen
1 kleine Zwiebel	abziehen, in feine Würfel schneiden
gehackte Petersilie	
	die Zutaten zu der Butter geben, verrühren, mit
Salz	abschmecken.
	Diese Butter eignet sich als Brotaufstrich (ohne Beilage).

Currybutter, Paprikabutter

Zitronenbutter

125 g Butter	geschmeidig rühren
1—2 Zitronen	
(unbehandelt)	mit heißem Wasser abwaschen, abtrocknen, dünn schälen, die Schale in sehr kleine Würfel schneiden, hinzufügen, mit der Butter verrühren. Zitronenbutter zu Broten mit Frischkäse, Honig und Konfitüren reichen.

Senfbutter

125 g Butter	geschmeidig rühren
2 TL Senf	
Saft von ½ Zitrone	hinzufügen, mit der Butter verrühren, mit
Salz	abschmecken.

Dillbutter

125 g Butter	geschmeidig rühren
6 EL gehackten Dill	hinzufügen, mit der Butter verrühren, mit
Salz	
weißem Pfeffer	
Thymian	abschmecken.

Anchovis- oder Sardellenbutter

125 g Butter	geschmeidig rühren
5 kleingehackte Sardellenfilets	
10 g Sardellenpaste (aus der Tube)	
2 TL Zwiebelwürfel	hinzufügen, mit der Butter verrühren.

Schnittlauchbutter

125 g Butter	geschmeidig rühren
6 EL feingeschnitte-	
nen Schnittlauch	hinzufügen, mit der Butter verrühren, mit
Salz	
weißem Pfeffer	abschmecken.

Zwiebelbutter

125 g Butter	geschmeidig rühren
4 EL rote Zwiebel-	
würfel	hinzufügen, mit der Butter verrühren, mit
Salz	
weißem Pfeffer	abschmecken.

Meerrettichbutter

125 g Butter	geschmeidig rühren
3 EL geriebenen Meerrettich (aus dem Glas)	hinzufügen, mit der Butter verrühren, mit
Salz	abschmecken.

Grieben- und Apfelschmalz

Für das Griebenschmalz

750 g fetten Speck (möglichst eine flache Speckseite verwenden, da sie besser durchgeräuchert ist)	in kleine Würfel schneiden, in einer großen Bratpfanne oder im Bratentopf auslassen
3 Zwiebeln	abziehen, in feine Würfel schneiden, zu dem Speck geben, braten lassen, bis die Grieben kroß sind
	das Schmalz in kleine Steinguttöpfe füllen, bei Zimmertemperatur erkalten lassen (nicht in den Kühlschrank stellen, da das Schmalz dann leicht krümelig wird)

für das Apfelschmalz

250—275 g säuerliche Äpfel	schälen, vierteln, entkernen, in kleine Würfel schneiden, mit den Zwiebelwürfeln (s. Griebenschmalz) zu dem Speck geben
	bevor das Schmalz (Zubereitung wie Griebenschmalz) in Töpfchen gefüllt wird,
1—2 TL gerebelten Majoran	unterrühren.

Pikante Hühnercreme

**100 g durch-
wachsenen Speck** in Würfel schneiden, ausbraten
die Speckwürfel (Grieben) aus dem Fett
nehmen
das Fett mit

**200 g streichfähiger
Leberpastete
(aus der Dose)** verrühren

200 g gekochtes Hühnerfleisch	enthäuten, durch den Fleischwolf geben oder sehr fein hacken
1—2 Knoblauchzehen	abziehen, zerdrücken, mit dem zerkleinerten Hühnerfleisch, den Speckwürfeln,
1 EL gehackter Petersilie	zu der Leberpastete geben, gut verrühren, mit
Salz	
Pfeffer	würzen, die Masse in eine kleine Terrine füllen, kalt stellen.
Beigabe:	Toastbrot.

Schnittchen, Sandwiches, Canapés

Die Schlemmer-Happen zum Verwöhnen.

Lachs auf Weißbrot

$\frac{1}{2}$ **Stange Meerrettich**	putzen, schrappen, waschen einige Streifen Meerrettich abschrappen, zum Garnieren zurücklassen, den restlichen Meerrettich fein reiben
200 ml ($\frac{1}{5}$ l) Sahne	$\frac{1}{2}$ Minute schlagen
1 Päckchen Sahnesteif	einstreuen, die Sahne steif schlagen, den Meerrettich unterrühren, mit
Salz	
Zucker	abschmecken die Sahne in einen Spritzbeutel mit großer Sterntülle füllen, gleichmäßig auf
8 große Scheiben Räucherlachs	spritzen, aufrollen

209

4 Scheiben Weißbrot	mit
Dillbutter (S. 204)	bestreichen, jeweils 2 Lachsröllchen darauf legen, mit den Meerrettich-Streifen,
Keta-Kaviar (Lachskaviar aus dem Glas) Dillzweigen	
Brunnenkresse	garnieren.

Börsenhäppchen

4 Scheiben Weißbrot	toasten, mit
etwas Weinbrand	beträufeln, mit
Knoblauchpulver	bestreuen
8 Salatblätter	waschen, trockentupfen, jeweils 2 Salatblätter auf jede Brotscheibe legen, mit
Salz	bestreuen
4 kleine Tomaten	waschen, abtrocknen, Stengelansätze entfernen, die Tomaten in sehr dünne Scheiben schneiden, mit Salz bestreuen
2 Scheiben Ananas (aus der Dose)	abtropfen lassen, halbieren jede halbierte Ananasscheibe mit einer von
4 Scheiben durchwachsenem Speck	umwickeln, mit Holzstäbchen feststecken
Butter	zerlassen, die umwickelten Ananasscheiben darin von beiden Seiten etwas anbraten auf jede Brotscheibe 1 Speck-Ananasscheibe legen, jeweils mit 1 EL von
4 EL Weinbrand	beträufeln auf die Enden der Holzstäbchen
spanische Oliven, mit Paprika gefüllt	stecken.

Börsenhäppchen

Frühlingsbrot

2—3 Möhren
(etwa 200 g) putzen, schrappen, waschen
1 kleinen Apfel schälen, vierteln, entkernen
beide Zutaten grob raspeln,
miteinander vermengen, mit

Frühlingsbrot, Buntes Brot, Quarkbrot mit Radieschen

Zitronensaft	
Apfelsaft	abschmecken
1 Scheibe Brot	mit
Butter	bestreichen
100 g Hüttenkäse	darauf verteilen
	den Möhren-Apfel-Salat darauf anrichten
	das Brot mit
1 Zitronenscheibe	
Kresse	garnieren.

Buntes Brot

1 Scheibe Brot	mit
Butter	bestreichen, mit
gewaschenen,	
trockengetupften	
Salatblättern	bedecken

1 Scheibe	
gekochten Schinken	darauf legen
1 hartgekochtes Ei	pellen
1 Tomate	waschen, abtrocknen
3 Radieschen	putzen, waschen
	die drei Zutaten in Scheiben schneiden
	(Stengelansatz der Tomate entfernen),
	mit
4 Gurkenscheiben	auf dem Schinken anrichten
	das Brot mit
Dill	
Schnittlauch	garnieren.

Quarkbrot mit Radieschen

1 Bund Radieschen	putzen, waschen
	die eine Hälfte fein hacken, die andere
	in dünne Scheiben schneiden
125 g Sahnequark	mit
1 EL Dosenmilch	
1 EL feingeschnittenem	
Schnittlauch	verrühren, mit
Salz	
Pfeffer	abschmecken
	die gehackten Radieschen und $2/3$ der
	Radieschenscheiben unterheben
1 Scheibe Brot	mit
Butter	bestreichen
	den Radieschen-Quark darauf verteilen
	das Brot mit den restlichen Radieschen,
feingeschnittenem	
Schnittlauch	garnieren.

Gepfefferte Schwedenhappen

2 Scheiben	
Vollkornbrot	mit
Butter	bestreichen, in

1—2 Bund fein-geschnittenen Schnittlauch	drücken, vierteln
etwa 125 g Schwedenhappen	abtropfen lassen, auf den Brotstücken anrichten
2 Zwiebeln	abziehen, in Ringe schneiden, die Schwedenhappen damit garnieren, mit
frisch gemahlenem grünen Pfeffer	bestreuen.

Finkenwerder Schlemmerbrote
(8 Portionen)
(Abb. S. 216/217)

8 Scheiben Graubrot	mit
Butter	bestreichen
8 Eier	mit

8 EL Milch	
Salz	verschlagen
Butter oder	
Margarine	in einer Stielpfanne erhitzen, die Eier-
	milch hineingeben
	sobald die Masse zu stocken beginnt,
	sie mit einem Löffel strichweise vom
	Boden der Pfanne losrühren, so lange
	weiter erhitzen, bis keine Flüssigkeit
	mehr vorhanden ist
	das Rührei erkalten lassen, auf die Brot-
	scheiben verteilen
1 geräucherten Aal	enthäuten, filetieren, in 16 Stücke
	(4—5 cm) schneiden
	von
8 Scheiben	
Räucherlachs	jeweils 1 Scheibe auf jeder Brotscheibe
	anrichten, rechts und links daneben je-
	weils 1 Stück Aal legen
2—3 Zwiebeln	abziehen, in Ringe schneiden
	auf jede Brotscheibe 3 Zwiebelringe le-
	gen
	jeweils die mittleren Zwiebelringe mit
30 g Keta-Kaviar	
(Lachskaviar, aus	
dem Glas)	
	die beiden äußeren Zwiebelringe mit
50 g Kaviar	
(aus der Dose)	auffüllen
	die Brote mit
Kerbel	garnieren.

Feinschmeckerbrote

4 Scheiben Weißbrot	toasten, die Brotränder abschneiden
4 Salatblätter	waschen, trockentupfen, jeweils
	1 Salatblatt auf jede Brotscheibe legen
125 ml ($\frac{1}{8}$ l) Sahne	steif schlagen, mit

Finkenwerder Schlemmerbrote

3—4 EL geriebenem Meerrettich (aus dem Glas) Zitronensaft Salz	abschmecken, dick auf
8 Scheiben Räucherlachs	verteilen, aufrollen

auf jede Brotscheibe 2 Lachsröllchen legen

**100 g Palmenherzen
(aus der Dose)** abtropfen lassen, in 8 Scheiben schneiden

**4 Artischockenböden
(aus der Dose)** abtropfen lassen
auf jeder Brotscheibe 2 Palmenherzen-Scheiben und 1 Artischockenboden anrichten

| etwas Keta-Kaviar
(Lachskaviar, aus
dem Glas) | auf die Artischockenböden geben
die Brote jeweils mit einer von |
| 4 Zitronenscheiben
spanischen,
Olivenscheiben,
mit Paprika gefüllt
Kresse | garnieren
die restliche Meerrettich-Sahne dazu-
reichen. |

Krabbenbrote mit Dill

4 Scheiben Vollkornbrot	mit
Butter	bestreichen
4 Salatblätter	waschen, trockentupfen in die Mitte jeder Brotscheibe 1 Salat- blatt legen

200 g frische gepulte	
Nordseekrabben	auf den Salatblättern verteilen
$\frac{1}{2}$ **Salatgurke**	waschen, in Scheiben schneiden
4 Radieschen	putzen, waschen, in Scheiben schneiden
	Gurken- und Radieschenscheiben rechts
	und links neben jeder Krabbenportion
	im Wechsel schuppenförmig anrichten
	die Krabben mit
gehacktem Dill	bestreuen.

Schinken-Kiwi-Brote

4 Scheiben	
Vollkornbrot	mit
Butter	bestreichen
4 Salatblätter	waschen, trockentupfen
	jeweils 1 Salatblatt auf jede Brotscheibe
	legen
2 Kiwis	schälen, in Scheiben schneiden
200 g Lachsschinken	
(als Aufschnitt	
ohne Fettrand)	
	Kiwi- und Lachsschinkenscheiben auf
	den Salatblättern anrichten.

Kaviarbrote mit Eigelb

4 Scheiben	
Vollkornbrot	mit
Butter	bestreichen
etwa 80 g Feldsalat	waschen, gut abtropfen lassen, auf den
	Brotscheiben verteilen
etwa 100 g Kaviar	
(aus dem Glas)	auf den Salatblättern anrichten
	von
4 Eigelb	jeweils 1 Eigelb in einer halben Eischale
	auf jede Kaviarportion setzen
1 rote Zwiebel	abziehen, achteln, auf den Kaviarbroten
	anrichten.

Pikante Avocadobrote

1 reife Avocado	halbieren, schälen, entsteinen, in kleine Stücke schneiden
80 g Roquefort-Käse **80 g weiche Butter**	hinzufügen, mit einem elektrischen Mixer pürieren, mit
Zitronensaft **weißem Pfeffer** **4 Scheiben** **Vollkornbrot**	abschmecken
	mit etwas von der Avocadocreme bestreichen

1 Kästchen Kresse	putzen, waschen, rundherum auf dem Rand der Brote anordnen
4—6 Tomaten	waschen, abtrocknen, die Stengelansätze entfernen, die Tomaten in Scheiben schneiden, innerhalb des Kressekranzes schuppenförmig auf die Brote legen die restliche Avocadocreme in einen Spritzbeutel mit gezackter Tülle füllen, auf die Tomatenscheiben spritzen die Brote nach Belieben mit
Zitronenscheiben	garnieren.

Aalhäppchen

3 Scheiben Vollkornbrot	mit
Butter	bestreichen, vierteln

| 1 mittelgroßen geräucherten Aal | enthäuten, filetieren, in 12 Stücke schneiden auf jedes Brotviertel 1 Stück Aal legen die Aalhäppchen mit |
| Zitronenstücken Petersilie | garnieren. |

Roastbeefhäppchen

4 Scheiben Graubrot	mit
Butter	bestreichen, vierteln
8 Scheiben Roastbeef (aus Aufschnitt)	halbieren, etwas zusammenfalten, die Brotstücke damit belegen, mit
Kapern	garnieren.

Apfelsinen-Käse-Häppchen

1—2 große Apfelsinen schälen, in dünne Scheiben schneiden

8 kleine Scheiben Vollkornbrot in der Größe der Apfelsinenscheiben schneiden, mit

Butter bestreichen, jeweils mit 1 Apfelsinenscheibe belegen, mit jeweils einem von

8 Stück Roquefort-Käse bedecken

1 Apfelsine (unbehandelt) dünn schälen, die Schale in feine Steifen schneiden
die Apfelsinen-Käse-Häppchen damit garnieren.

Delikateßhäppchen

2 Scheiben Vollkornbrot	mit
Butter	bestreichen, vierteln
1 Stück Salatgurke	waschen, abtrocknen, in 8 Scheiben schneiden
	auf jedes Brotstück jeweils 1 Gurken- scheibe legen, mit
feingehacktem Dill	bestreuen
etwa 150 g Shrimps oder Scampi	auf den Gurkenscheiben anrichten, mit
Dillzweigen	garnieren.

Schmalzschnitten

2 große Zwiebeln	abziehen, in Ringe schneiden
1 EL Gänse- oder Griebenschmalz	zerlassen, die Zwiebelringe darin gold-

gelb braten, erkalten lassen

4 Scheiben
Vollkornbrot mit
40 g Gänse- oder
Griebenschmalz bestreichen, die erkalteten Zwiebelringe
darauf verteilen
300 g Harzer Käse in dicke Scheiben schneiden, auf den
Zwiebelringen anrichten
die Schnitten mit
Petersilie garnieren.

Riesensandwich

1 Brötchen	halbieren, die Schnittflächen mit
Butter	bestreichen
1 Salatblatt	waschen, trockentupfen, auf die untere Brötchenhälfte legen
1 gestrichenen EL Salatmayonnaise	darauf verteilen
3 Scheiben Bierschinken	aufrollen, darauf legen

3 Radieschen	putzen, waschen, in dünne Scheiben schneiden, schuppenförmig auf die Wurstscheiben legen, mit
Salz, Pfeffer	
2 EL gehackten Kräutern	bestreuen, mit
1 Scheibe Emmentaler Käse	bedecken
1 hartgekochtes Ei	pellen, in Scheiben schneiden, darauf legen, mit der oberen Brötchenhälfte bedecken.

Canapés mit Camembert
(Abb. S. 228)

200 g Camembert	in Scheiben schneiden, zunächst in
1 EL Weizenmehl	dann in
1 verschlagenen Ei	zuletzt in
75 g abgezogenen, gehobelten Mandeln	wenden
40 g Butter	in einer Pfanne zerlassen, die Camembertscheiben kurz darin anbraten, herausnehmen, kalt stellen
8 Scheiben Stangenweißbrot	mit
Butter	bestreichen, die erkalteten Camembertscheiben auf den Weißbrotscheiben anrichten, nach Belieben mit
Ananasstücken	
Mandarinenspalten	
Kiwischeiben	garnieren.

Canapés mit Lachs

	Aus
Weizenmischbrotscheiben	mit einer runden Ausstechform (Durch-

Canapés mit Camembert

	messer etwa 4 cm) 10 Taler ausstechen
1 EL Butter	mit
¹⁄₂—1 EL Zitronensaft **abgeriebener** **Zitronenschale** **(unbehandelt)** **Salz**	geschmeidig rühren, mit
Pfeffer	abschmecken, die Brottaler damit bestreichen, kühl stellen
5 dünne Scheiben **Räucherlachs**	längs halbieren, in der Größe der Brottaler zu Röllchen formen, auf die Brottaler verteilen, darauf jeweils
etwas geriebenen **Meerrettich** **(aus dem Glas)**	geben die Canapés auf
gewaschenen **Salatblättern** **halbierten Zitronen-** **scheiben**	anrichten, mit
Dill	garnieren.

◁ Canapés mit Bündner Fleisch

Aus

**Weizenmischbrot-
scheiben** mit einer runden Ausstechform (Durchmesser etwa 4 cm) 10 Taler ausstechen

Butter in einer Pfanne zerlassen, die Brottaler
von beiden Seiten darin goldbraun
braten, auf Küchenpapier geben,
abkühlen lassen

**10 Scheiben
Bündner Fleisch** etwas zusammenfalten, die Brottaler
damit belegen

1 hartgekochtes Ei pellen, halbieren, das Eigelb herauslösen, durch eine Knoblauchpresse auf
die belegten Canapés drücken.

◁ Canapés mit Parmaschinken und Melonenkugeln

Aus

**Weizenmischbrot-
scheiben** mit einer runden Ausstechform (Durchmesser etwa 4 cm) 10 Taler ausstechen

Butter in einer Pfanne zerlassen, die Brottaler
von beiden Seiten darin goldbraun bra-
ten, auf Küchenpapier geben,
abkühlen lassen

**5 dünne Scheiben
Parmaschinken** längs halbieren, die Scheiben etwas zusammenfalten, die Brottaler damit be-
legen

$\frac{1}{2}$ kleine Ogenmelone entkernen, 10 Kugeln aus dem Fruchtfleisch stechen, jeweils 1 Melonenkugel
auf jede Schinkenscheibe legen, mit

**frisch gemahlenem
Pfeffer** bestreuen.

Canapés mit Käsecreme und Kiwis
(Abb. S. 230)

Aus

Weizenmischbrot-
scheiben   mit einer runden Ausstechform (Durchmesser etwa 4 cm) 10 Taler ausstechen

Butter   in einer Pfanne zerlassen, die Brottaler
von beiden Seiten darin goldbraun bra-
ten, auf Küchenpapier geben,
abkühlen lassen

150 g Doppelrahm-
Frischkäse   mit
1 EL Sahne   geschmeidig rühren, mit
abgeriebener
Zitronenschale
(unbehandelt)   abschmecken, die Masse kalt stellen, in
einen Spritzbeutel mit Lochtülle füllen,
auf die Brottaler spritzen

1 Kiwi   dünn schälen, längs halbieren, die Hälften in Scheiben schneiden, je eine hal-
be Scheibe in die Käsecreme drücken.

Canapés mit Leberpastete
und Trüffelstreifen

Aus

Weizenmischbrot-
scheiben   mit einer runden Ausstechform (Durchmesser etwa 4 cm) 10 Taler ausstechen

Butter   in einer Pfanne zerlassen, die Brottaler
von beiden Seiten darin goldbraun bra-
ten, auf Küchenpapier geben, abkühlen
lassen

etwa 80 g getrüffelte
Leberpastete (aus der
Dose)   gut verrühren, kalt stellen, in einen
Spritzbeutel mit gezackter Tülle füllen

| 10 sehr kleine Salatblätter | waschen, trockentupfen, auf die Brottaler legen, die Leberpastete darauf spritzen |
| 1 schwarze Trüffel (aus der Dose) | in sehr feine Streifen schneiden die Canapés damit garnieren. |

Canapés mit Quarkcreme und Radieschen

	Aus
Weizenmischbrotscheiben	mit einer runden Ausstechform (Durchmesser etwa 4 cm) 10 Taler ausstechen
Butter	in einer Pfanne zerlassen, die Brottaler von beiden Seiten darin goldbraun braten, auf Küchenpapier geben, abkühlen lassen
150 g Speisequark	mit
2 EL Sahne	verrühren
1 Schalotte	abziehen, in sehr feine Würfel schneiden, unter den Sahnequark rühren, mit
Salz frisch gemahlenem Pfeffer	abschmecken, kurze Zeit kalt stellen die Quarkcreme in einen Spritzbeutel mit Lochtülle füllen, auf die Brottaler spritzen
6 kleine Radieschen	putzen, waschen, in Scheiben schneiden, diese halbieren jeweils 4 halbe Scheiben in die Quarkcreme drücken die Canapés mit
Zitronenmelisse	garnieren.

Kleine
Schlemmereien

… die ganz groß ankommen.

Kaviar
(1 Portion)

Etwa 50 g Kaviar (aus dem Glas)	gut gekühlt in einem Schälchen anrichten, mit
Zitronenscheiben oder -achteln	
Eierscheiben	garnieren.
Beigabe:	Toast, Butter.

Gebackene Käseeier

Für den Teig

125 ml (⅛ l) Milch	mit
1 EL Butter	
Salz	am besten in einem Stieltopf zum Kochen bringen
50 g Weizenmehl	sieben, auf einmal in die von der Kochstelle genommene Milch schütten, zu einem glatten Kloß rühren, unter Rühren etwa 1 Minute erhitzen, den heißen Kloß sofort in eine Rührschüssel geben, nach und nach

2 Eier	unterrühren
50 g geriebenen Käse	
geriebene Muskatnuß	hinzufügen, gut verrühren
5 hartgekochte Eier	pellen, zuerst in dem Käseteig, dann in
3—4 EL Semmelmehl	wenden
	die Käseeier in siedendem
Ausbackfett	goldbraun backen, auf Haushaltspapier
	abtropfen lassen, quer halbieren, mit
gewaschener Kresse	auf einer großen Platte anrichten.
Beigabe:	Joghurt-Dressing (S. 192 und 194).

Marinierte Schafskäseröllchen

	Für die Füllung
375 g Schafskäse	zerbröckeln, mit
1 Becher (150 g)	
Crème fraîche	verrühren
1 Knoblauchzehe	abziehen, durchpressen
1 EL grünen Pfeffer	zerdrücken

einige frische gewaschene Basilikum- blättchen oder 1 TL gerebeltes Basilikum	
	die drei Zutaten mit der Käsecreme ver- rühren
15 große Mangold- blätter (etwa 500 g)	waschen, in
kochendes Salzwasser	geben, zum Kochen bringen, etwa 2 Minuten kochen lassen, auf ein Sieb geben, mit kaltem Wasser übergießen, gut abtropfen lassen auf jedes Mangoldblatt etwa 1 EL von der Käsecreme geben, die Mangold- blätter aufrollen, nebeneinander in eine flache Auflaufform leben
	für die Sauce
125 ml (¹/₈ l) Olivenöl	mit
125 ml (¹/₈ l) Weißwein 1 EL Zitronensaft	verrühren, mit
Salz Pfeffer Zucker	würzen, die Sauce über die Röllchen gießen, über Nacht durchziehen lassen
500—750 g reife Tomaten	in
kochendes Salzwasser	legen (nicht kochen lassen), in kaltem Wasser abschrecken, enthäuten, halbie- ren, entkernen, Stengelansätze entfer- nen, das Tomatenfleisch in Würfel schneiden, mit Salz, Pfeffer, Zucker,
gerebeltem Basilikum	würzen
1 Knoblauchzehe	abziehen, zerdrücken, mit
1—2 EL Olivenöl	unterrühren, kurz durchziehen lassen, in eine Schüssel geben, die Schafskäse- röllchen auf einer Platte anrichten, mit
Basilikumblättchen	garnieren, die Tomatenwürfel dazu rei- chen.
Beigabe:	Fladenbrot oder Stangenweißbrot.

Estragon-Gurken
mit Krabben und Dillcreme

1 Schmorgurke
(etwa 750 g) schälen, längs halbieren, die Kerne mit einem Löffel auskratzen
die Gurkenhälften quer in dünne Scheiben schneiden, mit

125 ml (⅛ l) Wasser
4 EL Estragonessig
1—2 EL Zucker
Salz
frisch gemahlenem
Pfeffer zum Kochen bringen, zugedeckt in 10—15 Minuten glasig kochen lassen
die Gurkenscheiben in der Flüssigkeit erkalten und abtropfen lassen, mit
2 TL Speiseöl vermengen
die Gurkenscheiben mit

250 g frischen gepulten Nordsee-Krabben oder Shrimps	auf einer Platte oder auf 4 Tellern anrichten

für die Dillcreme

1 Becher (150 g) Crème fraîche	mit
1—2 TL Zitronensaft	verrühren, mit Salz, Pfeffer abschmecken
2 Bund Dill	putzen, waschen, fein hacken, unterrühren die Dillcreme über die Estragon-Gurken und Krabben geben, nach Belieben mit
Nordsee-Krabben oder Shrimps Dillzweigen	garnieren.

Gebratenes Schweinefilet, chinesisch

2 Schweinfilets (je etwa 250 g)	waschen, abtrocknen, evtl. Haut und Sehnen entfernen
80 g Frühlingszwiebeln	putzen, waschen
1 Knoblauchzehe	abziehen beide Zutaten in feine Würfel schneiden, mit
6 EL Sojasauce 2 EL Sherry medium gemahlenem Ingwer Salz	verrühren das Fleisch in eine kleine Schüssel legen, die Marinade darüber gießen, mit Alufolie bedecken, über Nacht durchziehen lassen
2 EL Honig	mit

2 EL braunem Zucker	unter Rühren erwärmen, bis der Zucker gelöst ist
	das Fleisch aus der Marinade nehmen, trockentupfen, mit der Honigflüssigkeit bestreichen
2 EL Speiseöl	in einem Bratentopf erhitzen, die Filets von allen Seiten kurz darin anbraten, die Marinade über das Fleisch gießen, den Bratentopf auf dem Rost in den vorgeheizten Backofen schieben während des Bratens evtl.
3—4 EL Wasser	zu dem Fleisch geben
Strom:	225—250
Gas:	Etwa 5
Bratzeit:	Etwa 20 Minuten
	das gare Fleisch aus dem Backofen nehmen, den Bratensatz mit
2—3 EL Sherry medium	loskochen, über das Fleisch geben, das Fleisch erkalten lassen, in sehr dünne Scheiben schneiden, auf einer Platte anrichten, mit dem Bratensatz übergießen, mit
Kräutern	garnieren.
Beigabe:	Stangenweißbrot, Feldsalat.

Pochierte Eier, garniert

1 l Wasser	mit
2 EL Essig	zum Kochen bringen
4 Eier	nacheinander aufschlagen, einzeln in eine Kelle gleiten lassen, vorsichtig in das kochende Wasser geben (bei Gas die Flamme klein stellen — bei Strom die Kochplatte auf 0) die Eier mit einem Schaumlöffel nach etwa 5 Minuten herausnehmen, kurz in kaltes Wasser halten, erkalten lassen
4 Tomaten	waschen, abtrocknen, die Stengelansät-

	ze entfernen, die Tomaten in Scheiben schneiden
300 g Salatgurke	schälen, in Scheiben schneiden von
1 kleinen Fenchel- **knolle (etwa 175 g)**	evtl. braune Stellen entfernen, die Knolle waschen, vierteln, in Scheiben schneiden
100 g Champignons	putzen, waschen, in Scheiben schnei-den, mit
1 EL Zitronensaft	beträufeln, mit
Salz, Pfeffer	bestreuen, etwa 10 Minuten ziehen lassen das Gemüse kranzförmig auf 4 Tellern anrichten, mit
1—2 EL Zitronensaft	beträufeln, mit
Salz	
Pfeffer	
2 EL feingeschnittenem **Schnittlauch**	bestreuen

241

4 Scheiben gekochter Schinken	
	in jede Schinkenscheibe 1 Ei geben, den Schinken darüber zusammenschlagen, zu dem Gemüsekranz legen von
125 g Gorgonzola-Käse	die Rinde abschneiden, den Käse durch ein Sieb streichen
1 Becher (150 g) Crème fraîche	anschlagen, Gorgonzola-Käse,
2 EL gemischte, gehackte Kräuter	unterrühren die Gorgonzolacreme auf dem Schinken verteilen.
Beigabe:	Bauernbrot, Butter.

Schinkenrollen mit Quark-Meerrettich

Für den Quark-Meerrettich

1 TL Gelatine gemahlen, weiß	
2 EL kaltem Wasser	mit in einem kleinen Topf anrühren, 10 Minuten zum Quellen stehenlassen, unter Rühren anwärmen, bis sie gelöst ist
250 g Magerquark	mit
2—4 EL geriebenem Meerrettich (aus dem Glas)	
1 EL Zitronensaft	verrühren, mit
Salz	
Zucker	abschmecken
250 ml ($\frac{1}{4}$ l) Sahne	fast steif schlagen, die lauwarme Gelatinelösung hinzufügen, die Sahne vollkommen steif schlagen, vorsichtig unter den Quark heben, evtl. nochmals abschmecken, auf
8 großen Scheiben gekochtem Schinken	verteilen, aufrollen

die Schinkenrollen auf einer Platte mit

Tomatenvierteln	
Petersilie	anrichten.
Beigabe:	Toast.

Gefüllte Eier, französisch

8 Eier	vorsichtig waschen, die Eierspitze so weit abschneiden, daß jeweils $\frac{2}{3}$ von dem Unterteil der Eier erhalten bleiben
	für die Kerbel-Eier den Inhalt von 4 Eiern in eine Schüssel geben, mit
2 EL gehacktem Kerbel	
Salz	
Pfeffer	verschlagen
1 EL Butter	in einem kleinen Topf zerlassen

243

die verschlagene Eiermasse hineingeben das Gefäß in kochendes Wasser stellen, das Wasser wieder zum Kochen bringen, die Eiermasse unter Rühren langsam stocken lassen, noch warm in die 4 leeren Eierschalen füllen, erkalten lassen, mit

schwarzen Oliven-streifen
Liebstöckelblättern garnieren

für die Paprika-Eier
den Inhalt der restlichen 4 Eier in eine Schüssel geben, mit Salz, Pfeffer,

2 EL sehr fein geschnittenen roten Paprikastreifen	verschlagen
1 EL Butter	in einem kleinen Topf zerlassen, die verschlagene Eiermasse hineingeben, das Gefäß in kochendes Wasser stellen, das Wasser wieder zum Kochen bringen die Eiermasse unter Rühren langsam stocken lassen, noch warm in die restlichen 4 Eierschalen füllen, erkalten lassen, mit
geviertelten Limettenscheiben (unbehandelt) Olivenscheiben Keta-Kaviar (Lachskaviar (aus dem Glas)	garnieren die gefüllten 8 Eier nach Belieben auf
grobem Meersalz	anrichten
Garzeit	
für Kerbel-Eier:	5—6 Minuten
für Paprika-Eier:	5—6 Minuten.
Beigabe:	Toast oder Graubrot, Butter.

Mariniertes Kräuterfleisch

375 g Schweinefilet	waschen, abtrocknen, evtl. enthäuten, in etwa 3 mm dicke Scheiben schneiden
375 g Roastbeef	waschen, abtrocknen, evtl. entfetten, längs zur Faser in 3 Stücke schneiden, diese quer zur Faser in 3 mm dicke Scheiben schneiden
5 EL Speiseöl	erhitzen, in Fleischscheiben portionsweise von beiden Seiten etwa 3 Minuten darin braten, mit dem Bratensatz in eine Schüssel geben, mit
Salz Pfeffer	bestreuen

für die Marinade

4 EL Salatöl	mit
3—4 EL Rotweinessig	
1 TL Dijon-Senf	
2 TL rosa Pfeffer	verrühren, mit Salz, Pfeffer würzen
2 EL gehackte Petersilie	
1—2 EL gehackten Dill	
1—2 EL gehackten Kerbel	
2 EL feingeschnittenen Schnittlauch	hinzufügen, die Marinade mit dem Fleisch vermengen, gut durchziehen lassen, ab und zu wenden, das Kräuterfleisch evtl. nochmals mit Salz, Pfeffer,
Rotweinessig	abschmecken, mit der Marinade auf einer Platte anrichten, mit
Kräutersträußchen	garnieren.
Beigabe:	Stangenweißbrot oder Röstkartoffeln, Salat.

Scampi Americane
(Etwa 2 Portionen)

1 Zwiebel	abziehen, in feine Würfel schneiden
1 Knoblauchzehe	abziehen, zerdrücken
4 Tomaten	kurze Zeit in kochendes Wasser legen (nicht kochen lassen), in kaltem Wasser abschrecken, enthäuten, halbieren, entkernen, die Stengelansätze entfernen, das Tomatenfleisch in Würfel schneiden
1 EL Butter	zerlassen, Zwiebelwürfel, Knoblauch, Tomatenwürfel darin andünsten, mit
1 TL Weizenmehl	bestäuben
100 ml Weißwein	hinzugießen, unter Rühren zum Kochen bringen, etwa 10 Minuten kochen lassen
1 Becher (150 g) Crème fraîche 200 g möglichst große Scampi	unterrühren, aufkochen lassen, mit

Salz	
Pfeffer	
Cayennepfeffer	
Speisewürze	abschmecken
	die Scampi Americane in eine Schüssel
	geben, nach Belieben mit
Dill	garnieren.
Garzeit:	25—30 Minuten.
Beigabe:	Stangenweißbrot.

Kalbsmedaillons auf Toast mit Sauce hollandaise

	Aus
4 Scheiben Toastbrot	runde Platten (Durchmesser etwa 8 cm)
	ausstechen, in einer Grillpfanne
Butter	erhitzen, die Toastbrotplatten darin von
	beiden Seiten rösten
4 Scheiben Kalbsfilet	etwas flach drücken
Margarine	erhitzen, die Filetscheiben von jeder
	Seite darin etwa 5 Minuten grillen, da-
	bei ab und zu mit dem Bratensatz be-
	gießen, damit sie saftig bleiben
	die Medaillons mit
Salz	
Pfeffer	bestreuen, auf den Toastscheiben an-
	richten, mit
Kräutern	garnieren
	für die Sauce hollandaise
100 g Butter	zerlassen, etwas abkühlen lassen
2 Eigelb	mit
1 TL Estragonessig	
2 EL Wasser	im Wasserbad so lange schlagen, bis die
	Masse dicklich ist
	die Butter unterschlagen, die Sauce mit
Salz	
Pfeffer	
Zucker	
Zitronensaft	abschmecken, bis zum Verzehr im

Wasserbad warm halten, damit sie nicht
gerinnt
die Medaillons warm oder kalt mit der
Sauce servieren

Erhitzungszeit: Etwa 6 Minuten.
Beigabe: Grüner Salat.

Spargel kaiserliche Art

1 kg Spargel von oben nach unten schälen, darauf
achten, daß Schalen und holzige Stellen
völlig entfernt, die Köpfe aber nicht
verletzt werden, den Spargel in

etwa 1 l kochendes
Salzwasser geben
1 EL Butter
Zucker hinzufügen, den Spargel zum Kochen
bringen, in etwa 25 Minuten gar kochen, abtropfen und erkalten lassen

125 ml ($\frac{1}{8}$ l) Weißwein mit
2 Eigelb
1 gestrichenen TL
Speisestärke
z. B. Gustin
Salz
Zucker in einem Topf unter ständigem Schlagen
erhitzen, bis eine Kochblase auf-
steigt, von der Kochstelle nehmen,
unter Rühren erkalten lassen

1 Becher (150 g)
Crème fraîche anschlagen, die Weincreme unterheben, mit Salz,
Pfeffer abschmecken
den Spargel auf 4 Teller verteilen, mit

1 EL gehackter
Petersilie bestreuen
je 2 Scheiben von

8 Scheiben Parma-schinken (etwa 175 g) neben jeder Spargelportion anrichten einen Teil der Sauce über den Spargel geben, die restliche Sauce getrennt dazu reichen
die Portionen mit
Petersilie garnieren.
Beigabe: Stangenweißbrot.

Apfelhälften mit Speckriemchen

4 mittelgroße Äpfel schälen, halbieren, entkernen, ein Grillblech mit
Speiseöl bestreichen, die Apfelhälften mit der Öffnung nach unten darauf legen, im vorgeheizten Grill etwa 4 Minuten grillen, die Apfelhälften herausnehmen, umdrehen, in jede Apfelöffnung 1 EL von
8 EL Sherry geben, darauf jeweils 1 Scheibe von

8 dünnen Scheiben durchwachsenem Speck	legen, mit je 1 Scheibe von
8 Scheiben Gouda-Käse	bedecken, im vorgeheizten Grill etwa 5 Minuten überbacken, bis der Käse zu schmelzen beginnt die Apfelhälften nach Belieben auf
gewaschenen Salat-blättern	anrichten, mit
Paprika edelsüß	bestreuen, mit
Petersilie	garnieren.

Räucherlachs auf Zitronen-Bohnen mit Dillcreme

500 g Prinzeßbohnen	evtl. abfädeln, waschen, in
250—500 ml ($^1/_4$—$^1/_2$ l) kochendes Salzwasser	geben, zum Kochen bringen, etwa 15 Minuten kochen, abtropfen lassen
	für die Salatsauce
1 kleine Zwiebel	abziehen, in Würfel schneiden, mit
2 EL Salatöl	
2 EL Zitronensaft	verrühren, mit
Salz	
Pfeffer	
Zucker	abschmecken, mit den Bohnen vermengen, gut durchziehen lassen den Salat mit Salz, Pfeffer, Zucker,
Zitronensaft	abschmecken die Bohnen auf 4 Teller verteilen auf jede Portion $^1/_4$ von
200 g Räucherlachs-scheiben	anrichten, mit
Zitronenscheiben (unbehandelt)	garnieren
1 Becher (150 g) Crème fraîche	anschlagen

abgeriebene Schale von ½ Zitrone (unbehandelt) 1 EL gehackten Dill	unterrühren, mit Salz, Pfeffer abschmecken die Masse in einen Spritzbeutel mit Lochtülle füllen, auf die Zitronenscheiben spritzen, die Portionen mit
Dill	garnieren.
Beigabe:	Toast.

Hühnerfilet mit Austernpilzen

2 Hühnerbrüste in 4 Filets schneiden, Knorpel und Fett entfernen, die Hühnerbrüste waschen, trockentupfen, mit

Salz
Pfeffer
Paprika edelsüß würzen
1 EL Butterschmalz erhitzen, die Hühnerbrustfilets von beiden Seiten etwa 10 Minuten darin braten, warm stellen

500 g Austernpilze putzen, die Stielenden abschneiden, die Pilze waschen, in Streifen schneiden
1 Zwiebel abziehen, in feine Würfel schneiden
1—2 EL Butterschmalz zerlassen, die Zwiebelwürfel darin andünsten, die Pilze hinzufügen, mit Salz, Pfeffer würzen, zugedeckt etwa 5 Minuten dünsten lassen

1 Becher (150 g)
Crème fraîche unterrühren, weitere 5 Minuten dünsten lassen
die Austernpilze mit Salz, Pfeffer

Pilz-Sojasauce (aus
dem Reformhaus) abschmecken
2 EL gehackte
Petersilie unterrühren
die Hühnerbrustfilets mit den Pilzstreifen auf 4 Teller verteilen, mit

Tomatenachteln
Kresse oder Petersilie garnieren, sofort servieren.
Beigabe: Toast, gemischter Salat.

Sülzen, Aspik

Weil's einfach geht und köstlich schmeckt.

Gemüsesülze

250 g zerkleinerte Rinderknochen	unter fließendem kalten Wasser abspülen
500 g Rindfleisch (Beinscheibe)	waschen
	beide Zutaten in
1½ l kaltes Salzwasser	geben, zum Kochen bringen, abschäumen
2 Bund Petersilie	waschen, fein hacken, hinzufügen
	das Fleisch in etwa 2½ Stunden gar ziehen lassen, aus der Brühe nehmen
	die Brühe durch ein Sieb gießen, mit Salz,
Speisewürze	abschmecken, erkalten lassen, entfetten, klären (S. 256)
	1 l von der Brühe abmessen

1—2 geputzte Blumenkohlröschen
4—5 geputzte Porreeringe
3—4 geputzte Broccoliröschen
1 EL frische Erbsen

die Zutaten waschen, abtropfen lassen, in die Brühe geben, langsam zum Kochen bringen, kurz aufkochen

2 Päckchen Gelatine gemahlen, weiß
6—8 EL kaltem Wasser

mit

anrühren, 10 Minuten zum Quellen stehenlassen, unter die noch heiße Brühe rühren, so lange rühren, bis sie gelöst ist
die Flüssigkeit mit dem Gemüse in eine mit kaltem Wasser ausgespülte Form füllen, abkühlen lassen

1—2 frische Basilikumspitzen
Dillzweige

hinzufügen, im Kühlschrank erstarren lassen
wenn die Sülze schnittfest ist, sie mit einem Messer vorsichtig vom Rand der Form lösen (evtl. vorher kurz in heißes Wasser halten), auf eine Platte stürzen, zu kaltem Braten reichen.

Gelee (Aspik)

Regeln

1. Zum Gelieren von 500 ml ($\frac{1}{2}$ l) Flüssigkeit 1 Päckchen Gelatine gemahlen, weiß oder 6 Blatt weiße Gelatine verwenden.

2. Gemahlene Gelatine mit kaltem Wasser anrühren, 10 Minuten zum Quellen stehenlassen und — wenn im Rezept nicht anders angegeben — unter Rühren erwärmen, bis sie gelöst ist,

evtl. kühl stellen, unter die zu steifende
Speise rühren.
Blatt-Gelatine in kaltem Wasser einwei-
chen, in heißer Flüssigkeit auflösen.

3. Flüssigkeit mit gelöster Gelatine wird
erst dann fest, wenn sie genügend abge-
kühlt ist und lange genug gestanden hat.
Falls die Zimmertemperatur über 23° C
beträgt, erstarrt gelöste Gelatine nicht
mehr. Daraus ergibt sich folgendes:
Gelatine-Speisen einige Stunden vor
dem Verzehr — am besten am Abend
vorher — zubereiten und kalt stellen.

4. Sollen Gelatine-Speisen gestützt werden, sie in Formen füllen, die mit kaltem Wasser ausgespült sind. Damit sich
die Speisen gut stürzen lassen, die Form
einen Augenblick in heißes Wasser halten, die Speise mit einem Messer vom
Rand lösen.

5. Um eine klare Brühe zu erhalten, sie
folgendermaßen »klären«:
Die erkaltete Brühe entfetten, 1 Eier-
schale zerdrücken, mit 1 Eiweiß, 3 EL
kaltem Wasser verschlagen, in die Brühe geben, unter ständigem Schlagen bis
kurz vor dem Kochen erhitzen, dabei
gerinnt das Eiweiß und bindet die in der
Brühe enthaltenen Bestandteile. Die
Brühe kalt stellen, so lange ruhig stehenlassen, bis sie klar ist, abschäumen,
durch ein sauberes Tuch gießen.

Brühe für Aspik

500 g zerkleinerte Rindfleisch- oder Kalbsknochen
250 g Rindfleisch (Beinscheibe)
oder
500 g zerkleinerte Geflügelknochen
500 g Hühnerklein
oder
500 g zerkleinerte Wildknochen
250 g Wildfleisch
oder
500 g Fischgräten
250 g Fischfleisch

die Zutaten waschen, in

1½ l kaltes Salzwasser geben, zum Kochen bringen, abschäumen

1 Bund Suppengrün putzen, waschen, kleinschneiden, mit
1 kleinen Lorbeerblatt
einigen Gewürzkörnern in die Brühe geben, zum Kochen bringen, kochen lassen
Knochen (Gräten) und Fleisch aus der Brühe nehmen
die Brühe durch ein Sieb gießen, erkalten lassen, entfetten

Kochzeit
für Fleischbrühe: 2—2½ Stunden
für Geflügelbrühe: Etwa 1½ Stunden
für Wildbrühe: 2—2½ Stunden
für Fischbrühe: 1—1½ Stunden.
Veränderung: Für eine pikant-würzige Fleischbrühe 1 mittelgroße abgezogene, geröstete Zwiebel, einige Speckschwarten oder Kasseler Knochen mitkochen lassen
für eine dunkle Wildbrühe Knochen, Fleisch, 1 abgezogene Zwiebel in Butter

anbraten, dann erst mit Salzwasser auffüllen.

Madeira-, Wein- oder Sherryaspik

1 Päckchen Gelatine gemahlen, weiß	mit
5 EL kaltem Wasser	anrühren, 10 Minuten zum Quellen stehenlassen
375 ml (³/₈ l) Brühe für Aspik	abmessen, zum Kochen bringen, von der Kochstelle nehmen, die Gelatine hineingeben, so lange rühren, bis sie gelöst ist
4—8 EL Madeira oder 4—8 EL Weißwein oder 4—8 EL Sherry dry	unterrühren, erkalten lassen das Aspik kann zum Ausgießen von Pasteten, zum Übergießen von Terrinen und zum Glasieren von Aufschnitt, Braten, Geflügel oder Fleisch verwendet werden.

Schinken in Kräutergelee
(6—8 Portionen)

1½ kg gepökelten Schinken (Unter-schale, beim Schlachter vorbestellen)	waschen
750 ml (³/₄ l) Wasser	mit
250 ml (¹/₄ l) trocke-nem Weißwein	zum Kochen bringen
1 Möhre	putzen, schrappen, waschen, klein-schneiden

1 Zwiebel	abziehen, mit
2 Gewürznelken	spicken
1 Knoblauchzehe	abziehen
	die Zutaten mit

4 Korianderkörnern	
4 Pimentkörnern	
(Nelkenpfeffer)	
1 Lorbeerblatt	
3 Stengeln Petersilie	
einigen Rosmarin-	
nadeln	
2 Salbeiblättchen	
1 Stengel Thymian	in die Flüssigkeit geben, den Schinken hinzufügen, zum Kochen bringen, ab und zu wenden, in etwa 1 ¾ Stunden

gar kochen lassen, in der Brühe erkalten lassen; herausnehmen, in Würfel schneiden
die Brühe durch ein Tuch gießen, erkalten lassen, entfetten, 750 ml ($^{3}/_{4}$ l) davon abmessen

2 Päckchen Gelatine gemahlen, weiß   mit 6 EL von der Brühe anrühren, 10 Minuten zum Quellen stehenlassen
die Brühe zum Kochen bringen, von der Kochstelle nehmen, die Gelatine hineingeben, so lange rühren, bis sie gelöst ist

2 EL Weinbrand
5 EL Portwein   unterrühren, mit
Salz
Pfeffer   abschmecken
eine Terrine (etwa 1 l Inhalt) mit kaltem Wasser ausspülen

6—7 EL gehackte Petersilie   mit
2 EL gehacktem Kerbel   vermengen, abwechselnd mit den Schinkenwürfeln in die Terrine schichten, die Brühe darüber gießen, im Kühlschrank erstarren lassen.
Beigabe: Bratkartoffeln, Remouladensauce (S. 185) oder Bauernbrot und Butter.

Bulgarische Sülze mit Joghurtcreme

2 Päckchen (je 300 g) tiefgekühltes Balkangemüse (Erbsen, Paprikaschoten, Mais)   in
125 ml ($^{1}/_{8}$ l) kochendes Salzwasser   geben, zum Kochen bringen, etwa 5 Minuten kochen, abtropfen und erkalten lassen

| 2 Päckchen Gelatine gemahlen, weiß | |
| 6 EL kaltem Wasser | mit anrühren, 10 Minuten zum Quellen stehenlassen |

**2 Päckchen Gelatine
gemahlen, weiß
6 EL kaltem Wasser** mit
anrühren, 10 Minuten zum Quellen
stehenlassen

**500 ml (½ l) entfettete,
kräftige Fleischbrühe** zum Kochen bringen, von der Kochstelle nehmen, die Gelatine hinein-
geben, so lange rühren, bis sie gelöst ist

**250 ml (¼ l) Weißwein
6 EL Weißweinessig** unterrühren, mit
**Salz
Pfeffer
Worcestersauce** abschmecken
eine Kastenform (30 cm lang) mit kaltem Wasser ausspülen

so viel von der Brühe hineingeben, daß
der Boden bedeckt ist, im Kühlschrank
erstarren lassen

300 g bulgarischen
Schafskäse mit
50 g weicher Butter
3 EL Sahne
1 EL grünem Pfeffer verrühren
gerebeltes Basilikum unterrühren
aus der Masse mit nassen Händen auf
einem mit kaltem Wasser abgespülten
Brett eine Rolle in der Länge der Kastenform formen

10—12 große einge-
legte Weinblätter schuppenförmig in der Länge der
Kastenform übereinanderlegen
die Käserollen darin einwickeln
von

6 Scheiben gekochtem
Schinken jeweils 3 Scheiben schuppenförmig nebeneinanderlegen
die Weinblätter-Käserolle in die Schin-
kenscheiben wickeln, in die Mitte des
Aspikspiegels legen, das Gemüse ringsherum verteilen, die restliche Brühe
darüber gießen, im Kühlschrank erstarren lassen
vor dem Servieren die Form kurz in heißes Wasser halten, die Sülze mit einem
Messer vorsichtig vom Rand der Form
lösen, auf eine Platte stürzen

3—4 geviertelte
Zitronenscheiben
(unbehandelt) schuppenförmig auf der Sülze
anrichten, mit
Petersilie garnieren

für die Joghurtcreme
1 Becher (150 g)
Joghurt mit

1 Becher (150 g) Crème fraîche 3 EL gemischten, gehackten Kräutern 1 TL scharfem Senf Salz	verrühren, mit
Pfeffer	abschmecken.
Beigabe:	Roggenbrötchen oder Roggenbrot, Butter.

Pikante Orangensülze

1 küchenfertiges Hähnchen (etwa 1 kg) 2 l kochendes	waschen, in
Salzwasser	geben, zum Kochen bringen, abschäumen
1 Bund Suppengrün	putzen, waschen, hinzufügen, das Hähnchen in etwa 45 Minuten gar kochen, aus der Brühe nehmen, das Fleisch von den Knochen lösen, die Haut entfernen, das Fleisch in Würfel schneiden die Brühe durch ein Tuch gießen, erkalten lassen, entfetten, 500 ml ($\frac{1}{2}$ l) davon abmessen
1 Päckchen und 1 TL Gelatine gemahlen, weiß 5 EL kaltem Wasser	mit anrühren, 10 Minuten zum Quellen stehenlassen die abgemessene Brühe zum Kochen bringen, von der Kochstelle nehmen, die Gelatine hineingeben, so lange rühren, bis sie gelöst ist
200 ml ($\frac{1}{5}$ l) Orangensaft (von 3—4 Orangen)	hinzugießen, mit

Salz
Pfeffer
Zucker kräftig würzen
eine Form (etwa ¼ l Inhalt) mit kaltem
Wasser ausspülen
so viel von der Brühe hineingeben, daß

264

der Boden bedeckt ist, im Kühlschrank
erstarren lassen

200 g gekochte
Spargelstücke   abtropfen lassen
2 hartgekochte Eier   pellen, in Scheiben schneiden, den
Aspikspiegel mit Spargelstücken und
Eierscheiben garnieren
darauf abwechselnd Fleischwürfel, Spargelstücke und Eierscheiben verteilen,
die restliche Brühe darüber gießen, im
Kühlschrank erstarren lassen
vor dem Servieren die Form kurz in heißes Wasser halten, die Sülze mit einem
Messer vorsichtig vom Rand der Form
lösen, auf eine Platte stürzen, mit

halbierten
Orangenscheiben
Petersilie   garnieren.

Eier in Estragongelee
(6 Portionen)

1 Zwiebel   abziehen
2—3 Stiele Estragon   waschen
beide Zutaten mit

250 ml ($\frac{1}{4}$ l)
entfetteter,
kräftiger Fleisch-
brühe   zum Kochen bringen
1 kleine Möhre   putzen, schrappen, waschen,
hinzufügen, zum Kochen bringen,
7—10 Minuten kochen lassen
die Brühe durch ein Tuch gießen
die Möhre mit einem Buntmesser in
Scheiben schneiden

2 Päckchen Gelatine
gemahlen, weiß   mit
6 EL kaltem Wasser   anrühren, 10 Minuten zum Quellen
stehenlassen

die Brühe zum Kochen bringen, von der Kochstelle nehmen, die Gelatine hineingeben, so lange rühren, bis sie gelöst ist

500 ml (¹/₂ l) entfettete, kräftige Fleischbrühe
125 ml (¹/₈ l) Sherry dry

hinzugießen, mit

Salz
Pfeffer
Sherry

abschmecken
6 hohe Förmchen (etwa 200 ml — ¹/₅ l Inhalt) mit kaltem Wasser ausspülen
so viel von der Brühe hineingeben, daß der Boden bedeckt ist, im Kühlschrank erstarren lassen
den Aspikspiegel mit Möhrenscheiben,

grünen Oliven-scheiben,

mit Paprika gefüllt	
Kerbelblättchen	garnieren, etwas von der Brühe darüber gießen, im Kühlschrank erstarren lassen
3 Scheiben gekochten	
Schinken	halbieren, in jede Schinkenhälfte eins von
6 weichgekochten,	
gepellten Eiern	wickeln, die Schinkenröllchen in die Förmchen legen, die restliche Brühe darüber gießen, im Kühlschrank erstarren lassen
	vor dem Servieren die Förmchen kurz in heißes Wasser halten
	das Gelee mit einem Messer vorsichtig vom Rand der Förmchen lösen
	6 Dessertteller mit
gewaschenen Salat-	
blättern	belegen, das Gelee darauf stürzen, mit
Tomatenspalten	garnieren.
Beigabe:	Toast, Butter.

Tomatensülze

1 Päckchen und	
1 gestrichenen	
TL Gelatine	
gemahlen, weiß	mit
6 EL kaltem Wasser	anrühren, 10 Minuten zum Quellen stehenlassen
500 ml (½ l)	
Tomatensaft	zum Kochen bringen, von der Kochstelle nehmen, die Gelatine hineingeben, so lange rühren, bis sie gelöst ist
2—3 EL Zitronensaft	
6 EL Wodka	unterrühren
	die Tomatenflüssigkeit mit

Tabasco	
Selleriesalz	
Knoblauchsalz	
Salz, Pfeffer	abschmecken, eine Weile stehenlassen
	kurze Zeit in kochendes Wasser legen
	(nicht kochen lassen), in kaltem Wasser
	abschrecken, enthäuten, halbieren, ent-
	kernen, die Stengelansätze entfernen,
	das Tomatenfleisch in Würfel schneiden
1 kleine Zwiebel	abziehen, in feine Würfel schneiden,
	mit den Tomatenwürfeln,
2 EL feingeschnittenem	
Schnittlauch	unter die Tomatenflüssigkeit rühren
	eine runde Form mit kaltem Wasser
	ausspülen, die Tomatenflüssigkeit hin-
	eingeben, im Kühlschrank erstarren las-
	sen
	vor dem Servieren die Form kurz in hei-
	ßes Wasser halten, die Sülze mit einem
	Messer vorsichtig vom Rand der Form
	lösen, auf eine Platte stürzen, mit

Eierscheiben
Kresse garnieren
Tomatensülze als Beilage zu kaltem
Fleisch reichen.

Huhn in Sherryaspik

1 küchenfertige Pou-
larde (etwa $^1/_4$ kg) waschen, in
$1^1/_2$ l kochendes
Salzwasser geben, zum Kochen bringen, abschäumen, in etwa 45 Minuten gar kochen
lassen
1 Bund Suppengrün putzen, waschen, kleinschneiden, hinzufügen
etwa 20 Minuten vor Beendigung der
Garzeit
2 mittelgroße Möhren putzen, schrappen, waschen, hinzufügen
die gare Poularde aus der Brühe nehmen, erkalten lassen, von Haut und
Knochen befreien, das Fleisch in Würfel
schneiden
die Möhren mit einem Buntmesser in
Scheiben schneiden
die Brühe durch ein Tuch gießen,
erkalten lassen, entfetten, 750 ml ($^3/_4$ l)
davon abmessen
2 Päckchen Gelatine
gemahlen, weiß mit
6 EL kaltem Wasser anrühren, 10 Minuten zum Quellen stehenlassen
die abgemessene Brühe zum Kochen
bringen, von der Kochstelle nehmen,
die Gelatine hineingeben, so lange
rühren, bis sie gelöst ist
100 ml Sherry dry
3 EL Zitronensaft unterrühren, mit

Salz	
Pfeffer	
Worcestersauce	abschmecken
	eine Form oder Schüssel (etwa 1½ l Inhalt) mit kaltem Wasser ausspülen
	so viel von der Sherry-Brühe hineingeben, daß der Boden bedeckt, ist, im Kühlschrank erstarren lassen
2 Stangen Saudensellerie (etwa 150 g)	putzen, waschen, quer in Streifen schneiden, in
kochendes Salzwasser	geben, zum Kochen bringen, etwa 1 Minute kochen, kalt abspülen, abtropfen lassen
125 g Champignons	putzen, waschen, in das kochende Salzwasser geben, zum Kochen bringen, etwa 1 Minute kochen lassen, kalt abspülen, abtropfen lassen, vierteln
	den Aspikspiegel mit Möhrenscheiben,
Petersiliesträußchen	belegen, darauf abwechselnd etwas von dem Fleisch, den Möhren, dem Staudensellerie, den Champignons verteilen, so oft einschichten, bis alle Zutaten verbraucht sind, mit der restlichen Sherry-Brühe übergießen, im Kühlschrank erstarren lassen
	vor dem Servieren die Form kurz in heißes Wasser halten, die Sülze mit einem Messer vorsichtig vom Rand der Form lösen, auf eine Platte stürzen, mit
Petersilie Möhren Staudensellerie	garnieren.

Eisbeinsülze nach Bauernart (Rezept S. 272)

Eisbeinsülze nach Bauernart

(Abb. S. 271)

1 kg Eisbein,
Schweine-
schwänzchen und
Schweinepfoten   waschen, mit
3 Lorbeerblättern
1 TL Pimentkörnern
(Nelkenpfeffer)
1 TL Wacholderbeeren
2 abgezogenen,
geviertelten Zwiebeln
1 TL Salz   in einen hohen Kochtopf geben, mit so viel Wasser auffüllen, daß das Fleisch bedeckt ist
die Hälfte von

250 ml ($\frac{1}{4}$ l)
Weißweinessig   hinzugießen, zum Kochen bringen, abschäumen, kochen lassen
das gare Fleisch von den Knochen lösen, Schwarten und Fett abschneiden, zusammen mit den Knochen nochmals in die Brühe geben, aufkochen lassen, durch ein Tuch gießen, mit dem restlichen Essig,

Salz   kräftig abschmecken
das Fleisch in Würfel schneiden

4 Essiggurken   in Würfel schneiden, mit den Fleischwürfeln,

2 EL Perlzwiebeln
(aus dem Glas)
2 EL gehackter
Petersilie   vermengen, in eine Schüssel geben oder auf Portionsteller verteilen, die Brühe darüber gießen, im Kühlschrank erstarren lassen

Kochzeit: Etwa 2 Stunden
Beigabe: Bratkartoffeln, Kräuter-Joghurt-Dressing (S. 192).

Desserts

Feine Desserts und Eis zum Zaubern.

Frucht-Sorbet
(1 Portion)

Aus

**1 Packung Das Feine
Zitronen-Sorbet
1 Packung Das Feine
Cassis-Sorbet** mit einem Eisportionierer jeweils 1 Kugel formen, in ein gekühltes Dessertglas oder Glasschälchen geben, mit

**beliebigem geistigen
Beerenobst** anrichten.

Weintraubengelee

**500 g grüne oder
blaue Weintrauben** — waschen, halbieren, entkernen, auf
4 Dessertgläser verteilen
aus

**1 Päckchen
Götterspeise
Waldmeister-
Geschmack
500 ml (½ l)
Cidre, süß
(französischer
Apfelwein)
1 schwach
gehäufter EL
Zucker** — nach der Vorschrift auf dem Päckchen
(aber mit den hier angegebenen
Zutaten) ein Speise zubereiten, über die
Weintrauben geben, kalt stellen

für die Paradies-Sauce

**100 ml kalte Milch
1 Päckchen
Paradies-Sauce
Vanille-Geschmack** — nach der Vorschrift auf dem Päckchen
(aber nur mit 100 ml Milch) zubereiten

**½ Becher (75 g)
Crème fraîche** — unterschlagen
die Sauce zu dem Gelee reichen.

Wiener Beerenkaltschale
(4—6 Portionen)

**750 g Beerenobst
(z. B. Erdbeeren,
Johannisbeeren,
Himbeeren,**

Wiener Beerenkaltschale

Heidelbeeren, Brombeeren)	waschen (Himbeeren nur verlesen), gut abtropfen lassen, entstielen
	das Obst vorsichtig mit
150 g gesiebtem Puderzucker	
2 EL Zitronensaft	
1 EL Grand Marnier	
1 Msp gemahlenem Zimt	vermengen, zugedeckt 30 Minuten durchziehen lassen
1 l Dickmilch	unterrühren, die Kaltschale in Dessertgläser geben, mit
Vanilleeis	anrichten.

Melonensalat

1 Honigmelone (etwa 500 g)	vierteln, entkernen, schälen
2 Äpfel (etwa 150 g)	schälen, vierteln, entkernen
	beide Zutaten in feine Streifen schneiden
2 Bananen (etwa 150 g)	schälen, in Scheiben schneiden
etwa 150 g Mandarinenspalten	
	das Obst miteinander vermengen
2—3 EL Zitronensaft	
2 EL Honig	unterrühren, in eine Glasschale geben, mit
gehackten Haselnußkernen	bestreuen.

Macédoine des fruits

2 Äpfel	schälen, vierteln, entkernen
2 Apfelsinen	

1 Kiwi	
1 Banane	
	die drei Zutaten schälen
	das Obst in kleine Stücke schneiden
100 g Erdbeeren	waschen, abtropfen lassen, entstielen
200 g Weintrauben	waschen, halbieren, entkernen
	das Obst mit
2 gut gehäuften EL	
Zucker	mischen, in Dessertgläser füllen

für die Sauce

1 Becher (150 g)	
Crème fraîche	mit
2 EL Orangenlikör	verrühren, über das Obst geben
20 g Haselnußkerne	in Scheiben schneiden, die Portionen
	damit bestreuen.

Kleine Sherry-Charlotte

2 gehäufte TL Gelatine	
gemahlen, weiß	mit
3 EL kaltem Wasser	in einem kleinen Topf anrühren, 10 Minuten zum Quellen stehenlassen, unter Rühren erwärmen, bis sie gelöst ist
16 Löffelbiskuits	auf einen Teller legen, mit
4 EL Cream Sherry	beträufeln, zugedeckt stehenlassen
3 Eigelb	mit
125 g (5 gut gehäufte EL) Zucker	
1 Päckchen Vanillin-Zucker	
1 EL Apfelsinensaft	in eine Schüssel geben, über Wasserdampf schaumig schlagen, die Schüssel aus dem Wasserbad nehmen, die Masse kalt schlagen
375 ml ($\frac{3}{8}$ l) Sahne	steif schlagen (etwas zum Verzieren zurücklassen), mit
4 EL Cream Sherry	und der lauwarmen Gelatinelösung unter die Eigelbmasse rühren, kalt stellen

in 4 Dessertgläser jeweils 4 Löffelbiskuits stellen, die Creme hineinfüllen,
mit der zurückgelassenen Schlagsahne
verzieren

**4 Maraschino-
Kirschen**

die Portionen mit je 1 Kirsche
garnieren.

Heidelbeer-Bavarois

(Etwa 6 Portionen)

1 Päckchen Gelatine gemahlen, weiß	
1 Päckchen Gelatine gemahlen, rot	mit
8 EL kaltem Wasser	in einem kleinen Topf anrühren, 10 Minuten zum Quellen stehenlassen
750 g Heidelbeeren	verlesen, waschen, gut abtropfen lassen gut die Hälfte der Heidelbeeren mit der Hälfte von
200 g Puderzucker	und
etwas Zitronensaft	im Mixer pürieren die gequollene Gelatine unter Rühren bei schwacher Hitze erwärmen, bis sie gelöst ist, lauwarm unter die Heidelbeerpülpe rühren
6 Eigelb	mit
2 EL lauwarmem Wasser	schaumig schlagen, den restlichen

	Puderzucker nach und nach unterschlagen, unter die Heidelbeerpülpe rühren
500 ml ($^1/_2$ l) Sahne	steif schlagen sobald die Heidelbeerpülpe anfängt dicklich zu werden, die Schlagsahne unterheben die Speise in eine kalt ausgespülte Puddingform füllen, kalt stellen die vollkommen steife Speise auf eine Platte stürzen, nach Belieben mit
Schlagsahne	verzieren, mit den zurückgelassenen Heidelbeeren garnieren.

Mousse au chocolat ▷

150 g zartbittere Schokolade	in kleine Stücke brechen, in einem kleinen Topf im Wasserbad zu einer geschmeidigen Masse verrühren
3 Eigelb	mit
1 Ei	
50 g (2 gut gehäufte EL) Zucker	
2 EL Kaffeelikör	
1 TL Instant-Kaffeepulver	in eine Schüssel geben, mit einem elektrischen Handrührgerät mit Rührbesen über Wasserdampf in 5—7 Minuten schaumig schlagen die Schüssel aus dem Wasserbad nehmen, die Masse in etwa 5 Minuten kalt schlagen
3 Eiweiß	steif schlagen, mit der flüssigen Schokolade,
1 Becher (150 g) Crème fraîche	unter die Eigelbmasse rühren die Speise in Dessertgläser füllen, gut gekühlt servieren.

Birnen-Charlotte

1 Päckchen Gelatine gemahlen, weiß	mit
3 EL kaltem Wasser	anrühren, 10 Minuten zum Quellen stehenlassen
1 Päckchen Gala Pudding-Pulver für Schokoladen-pudding	mit

75 g (3 gut gehäufte EL) Zucker	mischen, mit 6 EL von
500 ml (½ l) kalter Milch	anrühren, die übrige Milch zum Kochen bringen, von der Kochstelle nehmen, das Pudding-Pulver unter Rühren hineingeben, kurz aufkochen lassen die gequollene Gelatine hinzufügen, so lange rühren, bis sie gelöst ist den Pudding kalt stellen, ab und zu durchrühren einen Springformrand (Durchmesser etwa 24 cm) innen einfetten, mit einem
Streifen Pergamentpapier	auslegen, auf eine Tortenplatte stellen
16 Löffelbiskuits	halbieren, mit der Zuckerseite zum Rand und mit der Wölbung nach oben an den Springformrand stellen
200 g Birnenhälften (aus der Dose)	abtropfen lassen, in Spalten schneiden
250 ml (¼ l) Sahne	steif schlagen wenn die Speise anfängt dicklich zu werden, die Sahne unterziehen die Creme in den Springformrand füllen, die Birnenspalten so hineindrükken, daß sie nicht mehr zu sehen sind die Speise kalt stellen sobald die Creme fest ist, den Springformrand vorsichtig lösen, das Pergamentpapier abziehen die Birnen-Charlotte mit
25 g geschabter Vollmilch- Schokolade	bestreuen.

Walnuß-Apfelsinen-Creme

1 Päckchen Gelatine gemahlen, weiß	
4 EL kaltem Wasser	in einem kleinen Topf mit anrühren, 10 Minuten zum Quellen stehenlassen, unter Rühren erwärmen, bis sie gelöst ist
2 Eigelb	mit
2 EL warmem Wasser	schaumig schlagen, nach und nach
75 g (3 gut gehäufte EL) Zucker	dazugeben, so lange schlagen, bis eine cremeartige Masse entstanden ist darunter
250 ml ($\frac{1}{4}$ l) Orangensaft	
125 ml ($\frac{1}{8}$ l) Milch	
2 EL Orangenlikör	und die lauwarme Gelatinelösung schlagen, kalt stellen
2 Eiweiß	steif schlagen
250 ml ($\frac{1}{4}$ l) Sahne	steif schlagen sobald die Speise anfängt dicklich zu werden, Eierschnee und Schlagsahne (von der Schlagsahne etwas zum Verzieren zurücklassen) unterheben
75 g Walnußkerne	sehr klein hacken (einige ganze Kerne zum Garnieren zurücklassen), unter die Creme rühren, nach Belieben mit
Orangenlikör	abschmecken die Creme in eine Glasschale oder in Dessertschälchen füllen, kalt stellen die Creme mit der zurückgelassenen Schlagsahne verzieren, mit den Walnußkernen garnieren.

Erdbeer-Quark-Speise

175—250 g Erdbeeren	waschen, gut abtropfen lassen, entstielen, mit einem elektrischen Handrühr-

	gerät oder im Mixer pürieren
500 g Speisequark **200 ml ($^1/_5$ l) Milch** **50 g (2 gut gehäufte** **EL) Zucker**	mit unterschlagen die Speise in Dessertgläser füllen.
Veränderung:	Anstelle von Erdbeeren 2 EL Erdbeer- sirup verwenden.

Krokantring

	Für den Krokant
1$^1/_2$ EL Butter **60 g (3 schwach** **gehäufte EL) Zucker**	mit unter Rühren so lange erhitzen, bis der Zucker schwach gebräunt ist
100 g abgezogene, **gehackte Mandeln**	unterrühren, unter ständigem Rühren erhitzen, bis der Krokant genug gebräunt ist, die Masse auf eine geölte Platte geben, erkalten lassen, evtl. in kleine Stücke stoßen
2 Päckchen **Pudding-Pulver** **Vanille-Geschmack** **80 g (4 schwach** **gehäufte EL) Zucker** **gut 125 ml ($^1/_8$ l)** **kalter Milch** **1 l kalter Milch**	mit anrühren, mit nach der Vorschrift auf den Päckchen einen Pudding zubereiten, in eine mit kaltem Wasser ausgespülte Kranzform füllen, kalt stellen den festgewordenen Pudding auf einen Teller stürzen, mit dem Krokant be- streuen
etwa 240 g Aprikosen **(aus der Dose)**	abtropfen lassen, den Saft auffangen, 250 ml ($^1/_4$ l) davon abmessen, die Aprikosen in die Mitte des Krokant-

| | ringes geben, mit |
| **Schlagsahne** | verzieren |

für die Aprikosensauce

| **¹⁄₂ Apfelsine (unbehandelt)** | waschen, abtrocknen, dünn schälen, die Schale in sehr feine Streifen schneiden, mit dem abgemessenen Aprikosensaft kurz aufkochen lassen |
| **1—2 EL Orangenlikör** | unterrühren, die Sauce erkalten lassen zu dem Krokantring reichen. |

Apfelsinencreme

2 große Apfelsinen	halbieren, den Saft auspressen, 10 EL davon abmessen, die Apfelsinen-körbchen (evtl. innen etwas säubern) in das Gefrierfach stellen
1 Päckchen Gelatine gemahlen, weiß	mit
6 EL kaltem Wasser	in einem kleinen Topf anrühren, 10 Minuten zum Quellen stehenlassen, unter Rühren erwärmen, bis sie gelöst ist
3 Eigelb	mit
4 EL warmem Wasser	schaumig schlagen, nach und nach ²/₃ von
100 g Zucker	hinzufügen, so lange schlagen, bis eine cremeartige Masse entstanden ist den abgemessenen Apfelsinensaft,
1 EL Zitronensaft	und die lauwarme Gelatinelösung unterschlagen, kalt stellen
3 Eiweiß	steif schlagen, unter ständigem Schla-

125 ml (¹/₈ l) Sahne gen den restlichen Zucker hinzufügen
steif schlagen
beide Zutaten unter die dickliche Ei-
gelbcreme heben, in einen Spritzbeutel
mit Lochtülle füllen, in die Apfelsinen-
körbchen spritzen, mit

**Mandelstiften
(nach Belieben
in flüssige
Schokolade
getaucht)** garnieren
die restliche Creme dazu reichen.

Schwarzwälder Kirschcreme

**2 schwach gehäufte
TL Gelatine
gemahlen, weiß** mit
4 EL kaltem Wasser anrühren, 10 Minuten zum Quellen
stehenlassen
750 ml (³/₄ l) Milch zum Kochen bringen
**1 Päckchen
Pudding-Pulver
Vanille-Geschmack
75 g (3 gut gehäufte
EL) Zucker** mischen, mit
6 EL kalter Milch anrühren, unter Rühren in die von der
Kochstelle genommene Milch geben,
kurz aufkochen lassen
die gequollene Gelatine hinzufügen, so
lange rühren, bis sie gelöst ist
den Pudding kalt stellen, ab und zu
durchrühren
unter den erkalteten, aber noch nicht
vollkommen fest gewordenen Pudding
**etwa 2 EL
Kirschwasser** rühren
250 ml (¹/₄ l) Sahne mit

1 Päckchen Vanillin-Zucker	verrühren, steif schlagen, unter den Pudding heben (etwas zum Verzieren zurücklassen)
375 g entsteinte Sauerkirschen (aus dem Glas)	gut abtropfen lassen (einige zum Garnieren zurücklassen), mit der Sahnecreme abwechselnd in Dessertschälchen schichten, die oberste Schicht muß aus Sahnecreme bestehen die Schwarzwälder Kirschcreme mit der zurückgelassenen Schlagsahne verzieren, mit den restlichen Kirschen,
geraspelter Schokolade	garnieren.

Obstsalat

750 g vorbereitetes Obst (z. B. Mango, Erdbeeren, Bananen, Weintrauben, Johannisbeeren, Apfelsinen)	in Stücke schneiden, mit
etwas Zucker	bestreuen, mit
Zitronensaft	beträufeln, in Dessertgläsern anrichten.

Geeiste Weintrauben

250 g grüne Weintrauben 250 g blaue Weintrauben	waschen, halbieren, entkernen, in eine Schüssel geben
75 g (3 gut gehäufte EL) Zucker	mit
1 Päckchen Vanillin-Zucker	mischen, über die Weintrauben streuen

Wassereis (aus dem Gefrierfach)	in sehr kleine Stücke zerstoßen, 4 Sektschalen zur Hälfte damit füllen die Weintrauben darauf geben, je 2 EL von
8 EL Himbeergeist	darüber verteilen, sofort servieren.

Westfälische Erdbeeren
(2—3 Portionen)

250 g Erdbeeren	waschen, gut abtropfen lassen, entstielen, in eine Glasschale geben, kühl stellen
1 Scheibe Pumpernickel	fein reiben (Semmelreibe) oder zerbrökkeln, in einer Pfanne rösten, erkalten lassen
	für die Sauce
1 Becher (150 g) Crème fraîche	mit
2 EL Milch	
1 EL klarem Korn	
1 EL Honig	verrühren, über die Erdbeeren geben, mit den Brotbröseln bestreuen.

Rote Grütze mit Himbeeren

1 Packung (300 g) tiefgekühlte Himbeeren	bei Zimmertemperatur auftauen lassen
	aus
1 Päckchen Rote Grütze Himbeer-Geschmack	

100 g (4 gut gehäufte EL) Zucker	
500 ml (½ l) Wasser	nach der Vorschrift auf dem Päckchen eine Grütze zubereiten, die Himbeeren unterheben die Speise in Dessertschälchen füllen, erkalten lassen die Rote Grütze gekühlt servieren.
Beigabe:	Angeschlagene Crème fraîche.

Herbstlicher Obstsalat

50 g Preiselbeeren	verlesen, waschen
200 g rotes Johannisbeergelee	zum Kochen bringen, die Preiselbeeren hinzufügen, in etwa 2 Minuten darin garen, mit dem Schaumlöffel herausnehmen, kalt stellen

	das Gelee sirupartig einkochen lassen, etwas abkühlen lassen
2 EL Slibowitz	hinzufügen, kalt stellen
500 g Zwetschen	waschen, halbieren, entsteinen
500 g Weintrauben	waschen, halbieren, entkernen
	das Obst mit
2 EL gesiebtem Puderzucker	vermengen, mit
gemahlenem Zimt	würzen
2 EL Slibowitz	unterrühren, kalt stellen

für die Salatsauce

2 Eigelb	mit
100 g gesiebtem Puderzucker	schaumig schlagen
1 Becher Sahnejoghurt	unterrühren
125 ml (⅛ l) Sahne	steif schlagen, unterziehen die Preiselbeeren mit dem Salat vermengen, mit
halbierten Walnußkernen	garnieren Sauce und Johannisbeersirup dazu reichen.

Eisbecher Erdbeer spezial
(Abb. S. 294)

375—500 g Erdbeeren	waschen, gut abtropfen lassen, entstielen, evtl. halbieren, mit
2—3 gut gehäuften EL Zucker	bestreuen, mit
3—4 EL Grand Marnier	beträufeln, zum Saftziehen stehenlassen, in 4 gekühlte Dessertgläser füllen aus
1 Packung Eiskrönung Erdbeer-Sorbet	mit einem Eisportionierer 12 Eiskugeln formen, auf die Gläser verteilen, mit
Schlagsahne	verzieren, mit
halbierten Erdbeeren Pistazienkernen Waffelröllchen	garnieren.

Eisbecher Erdbeer spezial

Birne Helene, einmal anders

Für die Schokoladensauce

100 g zartbittere
Schokolade in kleine Stücke brechen, in einem
kleinen Topf im Wasserbad zu einer

	geschmeidigen Masse verrühren, etwas abkühlen lassen
250 ml (¼ l) Sahne	dickflüssig schlagen, die Schokolade unterrühren die Sauce mit
Rum gehacktem Ingwer (aus dem Glas)	abschmecken
1 Packung Familien-Dessert Eis-Paradies	das Eis in Würfel schneiden, auf 4 gekühlte Glasteller verteilen
4 gedünstete Birnenhälften	darauf legen, die Sauce darüber gießen die Portionen nach Belieben mit
Schlagsahne	verzieren, mit
geraspelter Schokolade	garnieren.

Bananeneis mit Ingwerstreifen

3 Bananen	schälen, mit einer Gabel gut zerdrücken
2 Eigelb	
2 EL Honig	
5—6 EL Zitronensaft	schaumig schlagen
5 eingelegte Ingwerfrüchte	in Streifen schneiden, unterrühren
250 ml (¼ l) Sahne	steif schlagen, unter den Bananen- schaum heben die Masse in 2 Eisschalen füllen, gefrieren lassen das Eis in Würfel schneiden, in gekühlte Dessertgläser füllen, sofort servieren.
Beigabe:	Schokoladensauce.

Pfirsich Kardinals Art

	Aus
1 Packung Eiscreme	
Das Feine	
Mandel-Caramel	mit einem Eisportionierer 12 Kugeln formen oder schaben, in 4 gekühlten Dessertgläsern anrichten, mit
Schlagsahne	verzieren
4 Pfirsichhälften	
(aus der Dose)	abtropfen lassen, darauf legen
Himbeer-Sauce für	
Eis und Pudding	darüber verteilen, mit
gebräunten	
Mandelstiften	
Eiswaffeln	garnieren.

Aladins Zauberlampe
(6 Portionen)

**1 Packung Zartes
zum Zaubern
Erdbeer
(6 Eisrollen)**

die Eisrollen auf 6 kleinen Tellern in das
Gefrierfach stellen, damit sie anfrieren

für die Weinschaumcreme

1 Ei mit
1 gut gehäuften
EL Zucker
1 gestrichenen TL
Speisestärke,
z. B. Gustin
125 ml (⅛ l)
Weißwein in eine Schüssel geben, im Wasserbad
mit einem elektrischen Handrührgerät
mit Rührbesen so lange schlagen, bis
eine dicke Kochblase aufsteigt (nicht
kochen lassen)
die Eisrollen aus dem Gefrierfach
nehmen, mit der Weinschaumcreme
übergießen, mit
halbierten Erdbeeren garnieren.

Eisbecher Sweet Cherry ▷

Aus

1 Packung Eiscreme
Das Feine Kirsch mit einem Eisportionierer Kugeln for-
men, auf 4 gekühlte Dessertgläser ver-
teilen, mit
Schlagsahne verzieren, mit
Orangenscheiben
Kirschen
Pistazienkernen garnieren.

Eistraum Aphrodite

1 Mango waschen, abtrocknen, halbieren,
entkernen, das Fruchtfleisch aus der
Schale lösen, evtl. zerkleinern, mit
2 EL Grand Marnier beträufeln

**knapp ¹⁄₂ Packung
Eiscreme Das Feine
Pistazie**

das Eis in kleine Würfel schneiden, in
die Mangoschalen geben, das Fruchtfleisch darum verteilen, mit

Schlagsahne verzieren.

Eisschale Alexandra

**1 Packung Eiscreme
Das Feine Walnuß**

das Eis mit einem Eisportionierer zu
Kugeln formen, in einer gekühlten Glas-
schale anrichten.

4—6 EL Eierlikör als Kranz darauf geben, das Eis mit

Schlagsahne verzieren, mit

**halbierten
Walnußkernen
gehackten Pistazien-
kernen** garnieren.

Eisbecher Olympic

Aus

1 Packung Eiscreme
Das Feine Pistazie

mit einem Eisportionierer 12 Kugeln
formen, jeweils 3 Kugeln auf 4 gekühlte
Dessertgläser verteilen
von

12 gedünsteten
Aprikosenhälften

jeweils 1 Hälfte auf jede Eiskugel legen,
mit

Erdbeer-Sauce für Eis und Pudding	überziehen die Portionen mit
Schlagsahne abgezogenen, gehobelten, gebräunten Mandeln	verzieren, mit
Waffelröllchen	garnieren.

Eisbecher Hawaii

4 Scheiben Ananas (aus der Dose)	auf 4 gekühlte Dessertgläser verteilen
½ Packung Das Feine Zitronen-Sorbet	das Eis mit einem Eisportionierer zu Kugeln formen, auf den Ananasscheiben anrichten, mit
Schlagsahne	verzieren, mit
Eiswaffeln	garnieren.

Eisbecher Chateau Royal
(Abb. S. 302)

6—8 EL Schokosauce für Eis und Pudding	mit
1—2 EL Weinbrand	
2 EL Sahne	
1—2 EL gehacktem Ingwer	verrühren, in 4 gekühlte Dessertgläser geben
	aus
1 Packung Eis-Krönung Eierlikör-Nuß	mit einem Eisportionierer Kugeln formen, auf die Gläser verteilen, mit Schlagsahne verzieren, mit

Eisbecher Chateau Royal

gehackten Pistazien-
kernen
Bananenscheiben
Mandarinenspalten
Kirschen
Kleingebäck   garnieren.

Crêpes de Coco Rum
(6 Portionen)

75 g Weizenmehl	mit
1 gehäuften EL Zucker	mischen, nach und nach mit
2 Eiern	
125 ml (⅛ l) Milch	verrühren
1 EL Butter	zerlassen, unterrühren
	eine kleine Stielpfanne mit
Butter	ausstreichen, eine dünne Teiglage hin-
	eingeben, von beiden Seiten goldgelb
	backen (aus dem restlichen Teig dünne
	Crêpes auf die gleiche Weise zubereiten)
	die Crêpes warm stellen

1 Packung Zartes
zum Zaubern Vanille
(6 Eisrollen)

die Crêpes mit
Kokosraspeln bestreuen, je 1 Eisrolle darin einschlagen, mit
125 ml (⅛ l) Rum flambieren, sofort servieren.

Bananenschmaus

2—3 Bananen abziehen, in Scheiben schneiden, auf
4 Dessertteller verteilen, mit
Zitronensaft beträufeln
1 Packung Eis-Para-
dies Schoko-Malaga in 8 Scheiben schneiden, jeweils
2 Scheiben darauf legen
die Portionen mit
Schlagsahne verzieren, mit
geraspelter
Schokolade

Kirschen
Zitronenmelisse
Litschis
(nach Belieben)   garnieren.

Träumerei

1 Packung Eis-Para-
dies Pfirsich-Florida   das Eis in 8 Scheiben schneiden, jeweils
1 Scheibe auf 4 Dessertteller verteilen
4—6 Kiwis   schälen, in Scheiben schneiden, darauf
legen, mit
Honig   beträufeln, mit
Krokant
gehackten Haselnuß-
kernen   bestreuen, mit je 1 Eisscheibe bedecken
die Portionen mit
Schlagsahne   verzieren, mit
Waffelröllchen   garnieren.

Caprice

◁ Caprice

4 EL Schoko-Sauce für Eis und Pudding	auf 4 gekühlte Dessertgläser verteilen aus
1 Packung Eiscreme Das Feine Mandel-Caramel	mit einem Eisportionierer 12 Kugeln formen, jeweils 3 Kugeln auf die Gläser verteilen, mit
Schlagsahne	verzieren, mit
Mandeln	
Waffelröllchen	garnieren.

Eisbecher Mona Lisa

1 Packung Eiscreme Das Feine Mandel-Caramel	das Eis mit einem Eisportionierer zu 12 Kugeln formen, auf 4 gekühlte Dessert-schälchen verteilen
Schoko-Sauce für Eis und Pudding	um das Eis geben, mit
Schlagsahne	verzieren, mit
Borkenschokolade	garnieren.

Schwarzwald-Paradies

4 Scheiben Marmor-kuchen	auf 4 Dessertteller verteilen
1 Packung Eis-Para-dies Schwarzwälder Kirsch	in 8 Scheiben schneiden, jeweils 2 Schei-ben darauf legen die Portionen mit

Schlagsahne verzieren, mit
karamelisierten
Mandelstiften
Kirschen garnieren.
Beilage: Sauerkirschenkompott, gebunden mit Speisestärke, mit Amaretto-Likör angerührt.

Käse-Zubereitungen

Mal überbacken, mal als Happen.

Gebackener Camembert — Mandello

2 Camembert-Hälften (nicht zu reif, gut gekühlt)	zuerst in
1 verschlagenen Ei	dann in
abgezogenen, gehobelten Mandeln	wenden, gut festdrücken, nochmals in dem verschlagenen Ei und den Mandeln wenden, in siedendem
Ausbackfett	goldgelb backen, auf Haushaltspapier abtropfen lassen
1 Bund Petersilie	waschen, sehr gut trockentupfen, kurz in das Ausbackfett tauchen

309

250 g große Preisel- beeren (amerikanische Sorte)	verlesen, waschen, mit
125 ml ($\frac{1}{8}$ l) Wasser	
50 g Zucker	weich dünsten, erkalten lassen, nach Belieben mit
Zucker	abschmecken die Camembert-Hälften mit der Petersilie und den Preiselbeeren auf einer Platte anrichten.
Beigabe:	Toast.

Schafskäse, eingelegt ▷

300 g bulgarischen Schafskäse	in große Würfel schneiden
2 rote Zwiebeln 2 gelbe Zwiebeln	
	die Zwiebeln abziehen, in Ringe schneiden
1 Knoblauchzehe	abziehen
100 g schwarze Oliven 2 Lorbeerblätter 3 Chilischoten 1 TL gerebelter Oregano Salz Pfeffer Glutamat	
250 ml ($\frac{1}{4}$ l) Olivenöl	alle Zutaten in ein Gefäß geben darüber verteilen, zugedeckt etwa 7 Tage kühl stellen.

Schnittlauchbällchen

200 g Doppelrahm-Frischkäse	mit
250 g französischem Frischrahmkäse	
(70 %)	verrühren, mit
Salz	
Pfeffer	abschmecken

	aus der Masse etwa 12 Bällchen formen (am besten mit Hilfe eines Eisportionierers), in
2 Bund feingeschnittenem Schnittlauch	wenden die Schnittlauchbällchen auf einer Glasplatte anrichten, bis zum Verzehr kalt stellen.

Roquefortkugeln

50 g Butter	geschmeidig rühren
100 g Roquefort-Käse	mit einer Gabel zerdrücken, unter die Butter rühren
1 TL gewiegte Kapern	
1 TL Weinbrand	hinzufügen, mit
Pfeffer	abschmecken, kalt stellen mit nassen Händen aus der Masse kleine Kugeln formen, zunächst in
feingeriebenem Schwarzbrot	dann in
gehackter Petersilie	wenden die Kugeln bis zum Verzehr kalt stellen.

Harzer Käse, eingelegt

Etwa 500 g Harzer Käse	in dickere Scheiben schneiden, schuppenförmig in einem flachen Gefäß anordnen
2—3 Zwiebeln	abziehen, in Ringe schneiden, darüber verteilen
	für die Sauce
3 EL Salatöl	mit
3 EL Essig	
etwas Senf	verrühren, mit

Salz	
Pfeffer	
Zucker	abschmecken, über den Käse gießen
1 Bund feingeschnittenen Schnittlauch	darüber verteilen, zugedeckt etwa 1 Tag im Kühlschrank stehenlassen.

Käse-Obst-Spieße

200 g Gouda-Käse (im Stück)	in 1 cm große Würfel schneiden
4 Scheiben Ananas (aus der Dose)	abtropfen lassen, in kleine Stücke schneiden, Käsewürfel und Ananasstücke abwechselnd mit
2—3 EL Mandarinenspalten oder Sauerkirschen (aus der Dose)	auf 4 Grillspieße schieben, mit
etwas Eiweiß	bestreichen einen Grillrost mit Alufolie belegen, die Spieße darauf legen, unter den vorgeheizten Grill schieben, zunächst von der einen, dann von der anderen Seite grillen
Grillzeit	
Strom:	Jede Seite etwa $2\frac{1}{2}$ Minuten
Gas:	Jede Seite etwa 2 Minuten.

Camembert, gebacken

1 Packung Camembert (2 Hälften, nicht zu reif, gut gekühlt)	vierteln oder achteln, in
1 verschlagenen Ei	wenden, fest in
Semmelmehl	drücken, nochmals in dem restlichen Ei

wenden, in das restliche Semmelmehl drücken

die Käsestücke mit Hilfe eines Holzstäbchens in siedendes

Ausbackfett geben, goldgelb backen (Käse darf nicht auslaufen).

Beilage: Folienkartoffeln, Äpfel, Preiselbeeren.

Pikante Blätterteig-Käse-Torte

Für den Teig
die 3 Teigplatten aus

1 Packung (300 g) tiefgekühlten Blätterteig nebeneinanderlegen, mit einem Küchenhandtuch abgedeckt auftauen lassen

jede Platte einzeln ausrollen, Böden

(Durchmesser etwa 22 cm) ausschneiden
die Teigreste ausrollen, einen vierten
Boden (Durchmesser etwa 22 cm) ausschneiden
jeweils 2 Böden auf ein kalt abgespültes
Backblech legen, mehrmals mit einer
Gabel einstechen, etwa 15 Minuten stehenlassen, erst dann in den vorgeheizten
Backofen schieben

Strom:	200—225
Gas:	4—5
Backzeit:	Etwa 10 Minuten

die Böden sofort nach dem Backen mit
einem Messer vorsichtig vom Backblech
lösen, erkalten lassen

für die Füllung

**400 g Doppelrahm-
Frischkäse** mit
2 Eigelb verrühren, mit
Salz
**1 gestrichenen TL
mexikanischem
Pfeffer (gewürzter
Pfeffer)** würzen
125 ml ($\frac{1}{8}$ l) Sahne steif schlagen, unterheben
gut $\frac{1}{4}$ der Käsecreme in einen Spritzbeutel mit gezackter Tülle füllen
unter $\frac{1}{3}$ der restlichen Creme

**2 hartgekochte,
kleingeschnittene
Eier** rühren
unter die Hälfte der restlichen Creme

**2 EL gehackte
Kräuter** rühren
unter die restliche Creme

**75 g gekochten,
feingewürfelten
Schinken** rühren
die drei Füllungen mit

Salz, Pfeffer	abschmecken
	den unteren Blätterteigboden mit der Schinkenkäsecreme bestreichen, mit dem zweiten Boden bedecken, vorsichtig andrücken, mit der Kräutercreme bestreichen, mit dem dritten Boden bedecken, mit der Eiercreme bestreichen, mit dem vierten Boden bedecken
	die Torte mit der Creme aus dem Spritzbeutel verzieren, mit
Kräutern	garnieren.

Basilikumkäse
(etwa 6 Portionen)

200 g bulgarischen Schafskäse	durch ein Sieb streichen, mit
150 g weicher Butter	
25 g geriebenem Parmesan-Käse	
125 ml (⅛ l) Sahne	zu einer geschmeidigen Masse verrühren
2 Bund Basilikum	waschen, trockentupfen, die Blätter von den Stielen zupfen, grob hacken
25 g gemahlene Pinienkerne	
	beide Zutaten unter die Käsemasse rühren, in eine mit kaltem Wasser ausgespülte Schüssel drücken, glattstreichen, 3—4 Stunden in den Kühlschrank stellen
	den Basilikumkäse auf einen Teller stürzen (Form evtl. kurz in heißes Wasser stellen)
50 g Pinienkerne	in einer Pfanne goldgelb rösten, abkühlen lassen, den Basilikumkäse damit bestreuen.
Beigabe:	Bauernbrot, Schwarzbrot.

Käsecreme auf Kräckers

100 g Speisequark	mit
100 g Doppelrahm-Frischkäse	
½ TL Salz	
Selleriesalz	
1 TL Zitronensaft	
3 Tropfen Tabasco	verrühren
1 hartgekochtes Ei	pellen, halbieren, das Eigelb durch ein Sieb streichen, unter die Quark-Käse-Masse rühren
evtl. 1 EL Milch	unterrühren
	die Masse in einen Spritzbeutel mit gezackter Tülle füllen, auf

317

etwa 15 Kräckers	spritzen, mit
Möhrenscheiben	
Petersilie	
Oliven	
Kaviar	
Trüffelstreifen	
Cornichons	
(aus dem Glas)	
Cornichons	
Piri-Piri	
(aus dem Glas)	
kleingehackten	
Paprikaschoten	
(rot und grün)	garnieren.

Tomatenquark

250 g Speisequark	mit
4 EL Milch	
2 schwach gehäuften	
EL Tomatenmark	
(aus der Tube)	verrühren, mit
Salz	
Zucker	abschmecken, schaumig rühren
1 kleine Zwiebel	abziehen, in sehr feine Würfel schneiden, unterrühren.
Veränderung:	2 EL gehackte Kräuter (Petersilie, Schnittlauch, Pimpinelle, Estragon, Kresse, Zitronenmelisse) unterrühren.

Kräuterquark

250 g Speisequark	mit
2 EL Milch	
3 schwach gehäuften	
EL Crème fraîche	verrühren, mit
Salz	abschmecken, geschmeidig rühren

Tomatenquark, Kräuterquark, Kümmelquark

**2 EL feingeschnitte-
nen Schnittlauch
oder 2 EL gemischte,
gehackte Kräuter** unterrühren.

Kümmelquark

250 g Speisequark	mit
4 EL Sahne	
1 gehäuften TL	
Kümmel	verrühren, mit
Salz	abschmecken, geschmeidig rühren.
Veränderung:	Anstelle von Kümmel nach Geschmack geriebene Zwiebel, geriebene Rote Bete gehackte Krabben, feingewiegten Räucherfisch oder feingehackte Schinkenreste verwenden.

Käse-Paprika-Scheiben

2—4 grüne und gelbe	
Paprikaschoten	
(je nach Größe)	waschen, trockentupfen, den oberen Teil mit dem Stielansatz abschneiden Kerne und weiße Scheidewände mit einem Löffel herauskratzen (Schoten dürfen nicht beschädigt werden)
	für die Füllung
3 hartgekochte Eier	pellen, durch ein Sieb streichen
100 g Butter	geschmeidig rühren, mit
200 g Doppelrahm-	
Frischkäse	verrühren, die Eier,
1 Becher (150 g)	
Crème fraîche	unterrühren, mit
Salz	
Pfeffer	
Paprika edelsüß	
Senf	abschmecken die Füllung in die Paprikaschoten geben, kalt stellen (am besten über Nacht)

	die Paprikaschoten kurz vor dem Ver- zehr in etwa 1 cm dicke Scheiben schneiden.
Beigabe:	Schwarzbrot.

Sahnequark mit Beilagen

750 g Magerquark	evtl. abtropfen lassen, gut verrühren
250 ml (¼ l) Sahne	steif schlagen, vorsichtig unter den Quark heben, in eine Schüssel füllen
25 g Walnußkerne	
25 g Haselnußkerne	

25 g Paranußkerne
25 g Pinienkerne

die vier Zutaten grob hacken, mit

25 g verlesenen
Rosinen   vermengen

Honig
Orangen-Konfitüre
Kirsch-Konfitüre
Kümmel
abgezogene, fein-
gehackte Zwiebeln
feingewürfelte
Gewürzgurken
feingewürfelte grüne
Paprikaschote
feingewürfelte
Salatgurke
feingeschnittener
Schnittlauch
in Stifte geschnittene
Radieschen
Kapern

die Zutaten in Schälchen füllen, mit
dem Sahnequark anrichten.

Satziki
(Abb. S. 324)

100 g Speisequark	mit
1 Becher (150 g)	
Crème fraîche	verrühren
1—4 Knoblauch-	
zehen (nach	
Belieben)	abziehen, zerdrücken
1 Stück Salatgurke	
(etwa 200 g)	schälen, in sehr kleine Würfel schneiden
	beide Zutaten unter den Quark rühren, mit
Salz, Pfeffer	abschmecken, kalt stellen
	die Speise auf
gewaschenen Salat-	
blättern	anrichten, mit
schwarzen Oliven	garnieren, mit
Oliven- oder Salatöl	beträufeln.

Satziki

Käsekranz

**1 Ring (etwa 750 g)
Brie-Käse**   waagerecht einmal durchschneiden
die untere Hälfte mit

**2—3 EL Preiselbeeren
(aus dem Glas)**   bestreichen

200 g Doppelrahm-Frischkäse	verrühren
125 ml (⅛ l) Sahne	steif schlagen, unterheben, mit
Salz	
Pfeffer	abschmecken
	⅔ der Creme in einen Spritzbeutel mit gezackter Tülle füllen, die restliche Creme auf das Preiselbeerkompott streichen, mit
50 g Walnußkern-hälften	belegen (sollen am Rand zu sehen sein), mit der oberen Käsehälfte bedecken, gut andrücken den Käsekranz mit der Käsecreme aus dem Spritzbeutel verzieren, mit
Preiselbeeren (aus dem Glas)	garnieren.

Obatzter

75 g weiche Butter	geschmeidig rühren
250 g reifen Camembert	mit einer Gabel zerdrücken, unter die Butter rühren
1 kleine Zwiebel	abziehen, in kleine Würfel schneiden
etwa 1 TL Senf	
	beide Zutaten unter die Camembert-masse rühren, mit
Salz	
Pfeffer	
Paprika edelsüß	abschmecken.

Pfirsiche mit Käsecreme
(6 Portionen)

6 gedünstete Pfirsichhälften	abtropfen lassen

100 g Doppelrahm-Frischkäse	verrühren
125 ml (⅛ l) Sahne	steif schlagen, unterheben, mit
Salz, Pfeffer	
Zucker	und evtl. mit
Pfirsichsaft	abschmecken

die Creme in einen Spritzbeutel mit gezackter Tülle füllen, auf die Pfirsichhälften spritzen
von

6 TL Himbeersauce jeweils 1 TL über die Käsecreme verteilen.

Brot-Spezialitäten

Mal herrlich kroß, mal pikant gefüllt.

Schlemmerbaguette

1 Baguette (Weißbrot, etwa 25 cm lang)	längs halbieren, die Schnittflächen mit
Butter	bestreichen
	die untere Hälfte des Baguettes mit
gewaschenen Eisbergsalatblättern	belegen
2 Scheiben gekochten Schinken	
Tomatenscheiben	
Gurkenscheiben	
Radieschenscheiben	
grüne Paprikascheiben	
grüne Paprikastreifen	
Zwiebelringe	

hartgekochte Eierviertel	darauf legen, mit
gemischten, gehackten Kräutern	bestreuen die obere Hälfte des Baguettes darauf setzen, servieren.

Roggen-Schrotbrot

250 g Weizenmehl (Type 550) **125 g Weizen-Vollkornschrot (Type 1700)** **200 g Roggen-Back-schrot (Type 1800)**	in eine Rührschüssel geben, mit
1 Päckchen Trockenhefe	sorgfältig vermischen
1 TL Zucker **1—2 TL Salz** **300 ml lauwarmes Wasser**	hinzufügen die Zutaten mit einem elektrischen Handrührgerät mit Knethaken zunächst auf der niedrigsten, dann auf der höchsten Stufe verrühren
200 g Sauerteig (vom Bäcker)	hinzufügen, alles in etwa 5 Minuten zu einem glatten Teig verarbeiten, an einem warmen Ort so lange gehen lassen, bis er sich sichtbar vergrößert hat, aus der Schüssel nehmen, **gut** durchkneten aus dem Teig ein ovales Brot formen, auf ein gefettetes Backblech legen, nochmals an einem warmen Ort gehen lassen, mit Wasser bestreichen, in den vorgeheizten Backofen schieben den Teig während des Backens ab und zu

mit Wasser bestreichen, um eine schöne
Kruste zu erzielen

Strom: Etwa 200
Gas: 3—4
Backzeit: 50—60 Minuten.

Sauerkrautrolle

Für die Füllung
1 EL Margarine zerlassen
500 g Sauerkraut lockerzupfen, darin andünsten
1 Zwiebel abziehen, mit
1 Lorbeerblatt
5 Nelken spicken, hinzufügen, das Sauerkraut
etwa 15 Minuten dünsten lassen, die
Zwiebel herausnehmen, das Sauerkraut
kühl stellen

für den Teig
1 Packung (370 g)
Brotmischung mit
1—2 EL Kümmel
250 ml ($^1/_4$ l)
lauwarmem Wasser nach der Vorschrift auf der Packung
zubereiten, gegen Ende der Knetzeit

1 EL leicht erwärmte
Margarine unterkneten
den Teig gehen lassen, mit
Weizenmehl bestäuben, aus der Schüssel nehmen,
kurz durchkneten
den Teig auf der mit Mehl bestäubten
Tischplatte zu einem Rechteck (etwa
35 × 25 cm) ausrollen
die Hälfte des Sauerkrautes der Länge
nach in die Mitte auf den Teig geben
4 Brühwürstchen der Länge nach (jeweils 2 nebeneinander) darauf legen, das restliche Sauer-
kraut darüber verteilen
zunächst eine der Teigseiten darüber
klappen, mit Wasser bestreichen, dann

die andere Teigseite darauf klappen,
gut andrücken
die Teigenden der Rolle gut zusammen-
drücken
die Rolle auf ein gefettetes Backblech
legen, nochmals an einem warmen Ort
gehen lassen
die Rolle mit Wasser bestreichen, in
den vorgeheizten Backofen schieben

Strom:	200—225
Gas:	3—4
Backzeit:	Etwa 50 Minuten.

Schinkenhörnchen

1 Packung (370 g) Brotmischung	mit
250 ml (¼ l) lauwarmem Wasser	nach der Vorschrift auf der Packung zubereiten, gehen lassen den Teig mit
Weizenmehl	bestäuben, aus der Schüssel nehmen, **kurz** durchkneten den Teig auf der mit Mehl bestäubten Tischplatte zu einer runden Platte (Durchmesser etwa 40 cm) ausrollen, mit einem Kuchenrädchen wie eine Torte in 12 Stücke teilen auf jedes Stück etwas von
125 g feingeschnittenem rohen Schinken	geben die runde Seite jedes Stückes noch etwas breiter ziehen, zur Spitze hin aufrollen, als Hörnchen (Spitze nach unten) auf ein gefettetes Backblech legen, nochmals an einem warmen Ort gehen lassen die Hörnchen mit Wasser bestreichen, leicht mit Mehl bestäuben, in den vorgeheizten Backofen schieben
Strom:	200—225
Gas:	3—4
Backzeit:	Etwa 25 Minuten.

Brötchenkranz

1 Packung (370 g)
Brotmischung mit
250 ml (¼ l)
lauwarmem Wasser nach der Vorschrift auf der Packung
zubereiten, gehen lassen
den Teig mit
Weizenmehl bestäuben, aus der Schüssel nehmen,
kurz durchkneten
aus dem Teig 10 runde Brötchen formen, als Kranz auf ein gefettetes Backblech legen, nochmals an einem warmen Ort gehen lassen
die Brötchen mit Wasser bestreichen,
mit
Sesam
Kümmel
Mohn
kernigen Flocken
geraspeltem Käse bestreuen, in den vorgeheizten Backofen schieben
Strom: 175—200
Gas: 3—4
Backzeit: 30—35 Minuten.

Landbrot

125 g Weizenmehl
(Type 1050)
250 g Roggenmehl
(Type 1150)
125 g Weizen-Voll-
kornschrot
(Type 1700) in eine Rührschüssel geben, mit
1 Päckchen
Trockenhefe sorgfältig vermischen
1 TL Zucker
2 TL Salz

gemahlenen Pfeffer	
4 EL Speiseöl	
250 ml (¼ l)	
lauwarmes Wasser	hinzufügen
	die Zutaten mit einem elektrischen Handrührgerät mit Knethaken zunächst auf der niedrigsten, dann auf der höchsten Stufe verrühren
125 g Sauerteig	hinzufügen, alles in etwa 5 Minuten zu einem glatten Teig verarbeiten, an einem warmen Ort so lange gehen lassen, bis er sich sichtbar vergrößert hat, aus der Schüssel nehmen, **gut** durchkneten
	aus dem Teig ein rundes Brot formen, auf ein gefettetes Backblech legen, nochmals an einem warmen Ort gehen lassen, die obere Seite des Teiges kreuzweise etwa 1 cm tief einschneiden,
	mit Wasser bestreichen, mit
Weizenmehl	bestäuben, in den vorgeheizten Backofen schieben
Strom:	Etwa 200
Gas:	3—4
Backzeit:	Etwa 50 Minuten.

Gefülltes Stangenbrot Doris

1 Stangenweißbrot (etwa 50 cm lang, 8 cm breit)	quer halbieren, aushöhlen
	für die Füllung
250 g Butter	geschmeidig rühren
125 g gekochter Schinken	
125 g Corned Beef	beide Zutaten in Würfel schneiden

2 hartgekochte Eier   pellen, hacken
1 gehäufter TL
grüner Pfeffer
1—2 TL Kapern
einige Oliven, mit
Paprika gefüllt

die Zutaten unter die Butter rühren
das Brotinnere (Brotkrumen) zerpflükken, zu der Masse geben, kräftig mit

Salz
Pfeffer
Worcestersauce abschmecken
die Füllung in die Brotstangen geben, in
Alufolie verpackt kalt stellen, in Schei-
ben schneiden, mit

Oliven
Pfefferkörnern
Feldsalat garnieren.

Weizenvollkornbrot
(mit Kräutern der Provence)

175 g Weizen-
Vollkornschrot
(Type 1700)
250 g Weizenmehl
(Type 550) in eine Rührschüssel geben, mit
1 Päckchen
Trockenhefe sorgfältig vermischen
1 TL Farin-Zucker
knapp 2 gestrichene
TL Salz
3 EL Speiseöl
200 ml ($\frac{1}{5}$ l)
lauwarmes Wasser hinzufügen
die Zutaten mit einem elektrischen
Handrührgerät mit Knethaken zunächst
auf der niedrigsten, dann auf der höchsten Stufe in etwa 5 Minuten zu einem
glatten Teig verarbeiten, gegen Ende der
Knetzeit

2 EL Kräuter
der Provence unterkneten
den Teig an einem warmen Ort so lange gehen lassen, bis er sich sichtbar ver-
größert hat, aus der Schüssel nehmen,
gut durchkneten

aus dem Teig ein rundes Brot formen, auf ein gefettetes Backblech legen, nochmals an einem warmen Ort gehen lassen

die obere Seite des Teiges mehrere Male etwa 1 cm tief einschneiden (nicht drücken), mit Wasser bestreichen, in den vorgeheizten Backofen schieben

den Teig während des Backens ab und zu mit Wasser bestreichen, um eine schöne Kruste zu erzielen

Strom:	Etwa 200
Gas:	3—4
Backzeit:	Etwa 50 Minuten.

Kasseler im Brotteig

1 Packung (370 g) Brotmischung	
250 ml ($^1/_4$ l) lauwarmem Wasser	mit
	nach der Vorschrift auf der Packung zubereiten, gehen lassen
	den Teig mit
Weizenmehl	bestäuben, aus der Schüssel nehmen, **kurz** durchkneten
	den Teig (nach Belieben etwas zum Garnieren abnehmen) auf der mit Mehl bestäubten Tischplatte zu einer länglichen Platte in der doppelten Größe des Kasselers ausrollen
1 kg Kasseler (im Stück, ohne Knochen)	darauf legen, die Teigränder mit Wasser bestreichen, um das Kasseler schlagen
	den Teig (glatte Seite nach oben) auf ein gefettetes Backblech legen, mit dem zurückgelassenen Teig garnieren
	über die obere Seite des Teiges verteilt,

einige etwa pfenniggroße Löcher ausstechen oder -schneiden (nicht drük-
ken), nochmals an einem warmen Ort
gehen lassen
den Teig mit Wasser bestreichen, in den
vorgeheizten Backofen schieben

Strom:	Etwa 200
Gas:	3—4
Backzeit:	40—50 Minuten.

Schinken im Brotteig

1 Packung (370 g)
Brotmischung   mit
250 ml (¹⁄₄ l)
lauwarmem Wasser   nach der Vorschrift auf der Packung
zubereiten, gehen lassen, den Teig mit
Weizenmehl   bestäuben, aus der Schüssel nehmen,
kurz durchkneten
den Teig (nach Belieben etwas zum

Garnieren abnehmen) auf der mit Mehl
bestäubten Tischplatte zu einer Platte in
der doppelten Größe des Schinkens
ausrollen

**1 kg gekochten
Schinken (im Stück)** darauf legen, die Teigränder mit Wasser
bestreichen, um den Schinken schlagen
den Teig (glatte Seite nach oben) auf ein
gefettetes Backblech legen, mit dem zurückgelassenen Teig garnieren
über die obere Seite des Teiges verteilen, 2 oder 3 pfenniggroße Löcher ausstechen oder -schneiden (nicht drük-
ken), nochmals an einem warmen Ort
gehen lassen
den Teig mit Wasser bestreichen, in den
vorgeheizten Backofen schieben

Strom: Etwa 200
Gas: 3—4
Backzeit: 40—50 Minuten.

Käsebrot

**500 g Weizenmehl
(Type 550)** in eine Rührschüssel geben, mit
**1 Päckchen
Trockenhefe** sorgfältig vermischen
**1 TL Zucker
1 TL Salz
etwas Pfeffer
etwas Glutamat
3 EL Speiseöl
250 ml (¹⁄₄ l)
lauwarmes Wasser** hinzufügen
die Zutaten mit einem elektrischen
Handrührgerät mit Knethaken zunächst
auf der niedrigsten, dann auf der höchsten Stufe in etwa 5 Minuten zu einem
glatten Teig verarbeiten

den Teig an einem warmen Ort so lange gehen lassen, bis er etwa doppelt so hoch ist, aus der Schüssel nehmen

175 g Emmentaler Käse in nicht zu kleine Würfel schneiden, zu dem Teig geben, gut unterkneten
den Teig in eine gefettete Auflaufform (Durchmesser etwa 20 cm) geben

75 g Emmentaler Käse in kleine Keile schneiden, in den Teig stecken, nochmals an einem warmen Ort gehen lassen

1 Eigelb mit

1 EL Wasser verschlagen, den Teig damit bestreichen

die Auflaufform auf dem Rost in den
Backofen schieben

Strom: Etwa 200 (vorgeheizt)
Gas: 3—4
Backzeit: Etwa 50 Minuten
das Käsebrot aus der Form nehmen,
nach Belieben warm oder kalt servieren.

Sesambrot
(Abb. S. 342)

**500 g Weizenmehl
(Type 550)** in eine Rührschüssel geben, mit
**1 Päckchen
Trockenhefe** sorgfältig vermischen
**1 TL Zucker
gut 1 TL Salz
etwas Glutamat
250 ml ($\frac{1}{4}$ l)
lauwarmes Wasser** hinzufügen
die Zutaten mit einem elektrischen
Handrührgerät mit Knethaken zunächst
auf der niedrigsten, dann auf der höchsten Stufe in etwa 5 Minuten zu einem
glatten Teig verarbeiten, gegen Ende
der Knetzeit

**3 EL gerösteten
Sesam** unterkneten
den Teig an einen warmen Ort so lange
gehen lassen, bis er etwa doppelt so
hoch ist, aus der Schüssel nehmen, **gut**
durchkneten
den Teig in eine gefettete Kastenform
geben, nochmals an einem warmen Ort
gehen lassen, mit
Milch bestreichen, mit
Sesam bestreuen, in den Backofen schieben
Strom: Etwa 300 (vorgeheizt)
Gas: 3—4
Backzeit: Etwa 45 Minuten.

Sesambrot

Kräuter-Käse-Brot

Für den Teig

**250 g Weizenmehl
(Type 1050)
250 g Weizenmehl
(Type 550)** in eine Rührschüssel geben, mit

**1 Päckchen
Trockenhefe**   sorgfältig vermischen
**1 TL Zucker
1 TL Salz
frisch gemahlenen
Pfeffer
250 ml (¼ l)
lauwarmes Wasser**   hinzufügen
die Zutaten mit einem elektrischen
Handrührgerät mit Knethaken zunächst
auf der niedrigsten, dann auf der höchsten Stufe in etwa 5 Minuten zu einem
glatten Teig verarbeiten, an einem warmen Ort so lange gehen lassen, bis er
etwa doppelt so hoch ist

	für die Füllung
2—3 Zwiebeln	abziehen, in Würfel schneiden
1 EL Margarine	zerlassen, die Zwiebelwürfel darin andünsten
1 Ei	
100 g geriebenen Gouda-Käse	
5—6 EL gemischte gehackte Kräuter	unterrühren

den gegangenen Teig aus der Schüssel nehmen, **gut** durchkneten, auf der mit Mehl bestäubten Tischplatte zu einem Rechteck (30×40 cm) ausrollen, mit

1 EL weicher Margarine bestreichen, die Füllung gleichmäßig darauf verteilen

die längeren Seiten des Teiges etwas einschlagen

den Teig von den kürzeren Seiten her zur Mitte hin aufrollen

den Teig in eine gefettete Kastenform (30×11 cm) geben, nochmals an einem warmen Ort gehen lassen

den Teig auf der oberen Seite auf beiden Rollen zick-zackförmig etwa 1 cm tief einschneiden (nicht drücken)

1 Eigelb mit
1 EL Wasser verschlagen, den Teig damit bestreichen, in den Backofen schieben
Strom: 175—200 (vorgeheizt)
Gas: 3—4
Backzeit: 40—50 Minuten.

Käsebrötchen

250 g Weizenmehl (Typ 550)
175 g Weizenmehl (Typ 1050) in eine Rührschüssel geben, mit

1 Päckchen	
Trockenhefe	sorgfältig vermischen
1 TL Zucker	
1 TL Salz	
etwas Pfeffer	
250 ml ($^1/_4$ l)	
lauwarmes Wasser	hinzufügen

die Zutaten mit einem elektrischen Handrührgerät mit Knethaken zunächst auf der niedrigsten, dann auf der höchsten Stufe in etwa 5 Minuten zu einem glatten Teig verarbeiten, gegen Ende der Knetzeit

150 g grob geraspelten Gouda-Käse unterkneten

den Teig an einem warmen Ort so lange gehen lassen, bis er etwa doppelt so hoch ist, aus der Schüssel nehmen, **gut** durchkneten

aus dem Teig etwa 10 ovale glatte Bröt-

345

	chen formen, auf ein gefettetes Back-blech legen, nochmals an einem warmen Ort gehen lassen
1 Eigelb	
1 EL Wasser	mit
	verschlagen, die Brötchen damit bestreichen, mit
50 g grob geraspeltem Gouda-Käse	
	bestreuen, in den vorgeheizten Backofen schieben
Strom:	175—200
Gas:	3—4
Backzeit:	Etwa 25 Minuten.

Speckbrot

150 g durch-wachsenen Speck	in Würfel schneiden, auslassen, kühl stellen
1 Packung (370 g) Brotmischung Zwiebelbrot	mit
250 ml ($^1/_4$ l) lauwarmem Wasser	nach der Vorschrift auf der Packung zubereiten
	gegen Ende der Knetzeit den Speck hinzufügen, unterkneten
	den Teig gehen lassen, mit
Weizenmehl	bestreuen, aus der Schüssel nehmen, **kurz** durchkneten
	aus dem Teig ein rundes Brot formen, auf ein gefettetes Backblech legen, nochmals an einem warmen Ort gehen lassen
	die obere Seite des Teiges mehrere Male etwa 1 cm tief einschneiden (nicht drücken), mit Wasser bestreichen, mit

Mehl bestäuben, in den vorgeheizten
Backofen schieben

Strom: 200—225
Gas: 3—4
Backzeit: 40—50 Minuten.

Kräuterbrötchen

250 g Weizenmehl (Type 550)
250 g Weizenmehl (Type 1050) in eine Rührschüssel geben, mit

1 Päckchen Trockenhefe sorgfältig vermischen

1 TL Zucker
knapp 2 TL Salz
frisch gemahlenen Pfeffer
3 EL Speiseöl
250 ml (¼ l) lauwarmes Wasser hinzufügen
die Zutaten mit einem elektrischen Handrührgerät mit Knethaken zunächst auf der niedrigsten, dann auf der höchsten Stufe in etwa 5 Minuten zu einem glatten Teig verarbeiten, gegen Ende der Knetzeit

2 EL gehackte Petersilie
2 EL feingeschnittenen Schnittlauch
1 EL gehackten Dill unterkneten
den Teig an einem warmen Ort so lange gehen lassen, bis er etwa doppelt so hoch ist, aus der Schüssel nehmen, **gut** durchkneten
aus dem Teig etwa 12 runde Brötchen formen, auf ein gefettetes Backblech legen, nochmals an einem warmen Ort gehen lassen
die obere Seite der Brötchen kreuzweise etwa 1 cm tief einschneiden (nicht drücken)

1 Eigelb mit
1 EL Wasser verschlagen, die Brötchen damit bestreichen, in den vorgeheizten Backofen schieben

Strom: 175—200
Gas: 3—4
Backzeit: Etwa 25 Minuten.

Salzige Knabbereien

Fein zu Bier und Wein.

Knusper-Käsestangen

1 Packung (300 g) tiefgekühlten Blätterteig	nach der Vorschrift auf der Packung auftauen lassen, ausrollen, in etwa 2 cm breite und 12 cm lange Streifen rädern
1 Eigelb	mit
1 EL Dosenmilch	verschlagen, die Teigstreifen damit bestreichen, mit
geriebenem Parmesan- oder Schweizer Käse	bestreuen die Streifen spiralförmig drehen (das eine Ende nach rechts, das andere nach links herum drehen), auf ein mit kaltem

Wasser abgespültes Backblech legen, in den vorgeheizten Backofen schieben

Strom: 200—225
Gas: 4—5
Backzeit: Etwa 10 Minuten.

Knusper-Salzstangen

1 Packung (300 g)
tiefgekühlten
Blätterteig nach der Vorschrift auf der Packung auftauen lassen, ausrollen, in etwa 2 cm breite und 12 cm lange Streifen rädern

1 Eigelb mit
1 EL Dosenmilch verschlagen, die Teigstreifen damit bestreichen, mit
grobem Salz bestreuen
die Streifen spiralförmig drehen (das eine Ende nach rechts, das andere nach links herum drehen), auf ein mit kaltem Wasser abgespültes Backblech legen

Strom: 200—225
Gas: 4—5
Backzeit: Etwa 10 Minuten.

Kümmelkaros

1 Packung (300 g)
tiefgekühlten
Blätterteig nach Vorschrift auf der Packung auftauen lassen
1 Ei verschlagen, die 3 Teigplatten mit etwas davon bestreichen (Ei darf nicht am Rand herunterlaufen), eine Platte mit

Salz
Pfeffer
Paprika edelsüß

etwas Kümmel und mit ¹⁄₃ von
100 g geriebenem
Gouda-Käse bestreichen, die zweite Platte mit der
bestrichenen Seite darauf legen, mit
verschlagenem Ei bestreichen, mit Salz,
Pfeffer, Paprika, Kümmel, der Hälfte des
restlichen Käses bestreuen, die dritte
Platte mit der bestrichenen Seite darauf
legen
den Teig vorsichtig zu einem Quadrat

(32 × 32 cm) ausrollen, Quadrate
(4 × 4 cm) ausrädern, mit verschlagenem Ei bestreichen, mit dem restlichen
Kümmel und Käse bestreuen
die Teigplätzchen auf ein kalt abgespültes Backblech legen, in den vorgeheizten Backofen schieben

Strom: 200—225
Gas: 4—5
Backzeit: Etwa 20 Minuten.

Käseschnecken

150 g Weizenmehl mit
**3 g (1 gestrichener
TL) Backpulver
Backin** mischen, auf die Tischplatte sieben, in
die Mitte eine Vertiefung eindrücken

**100 g geriebenen
alten Schweizer oder
Holländer Käse
1 Eiweiß
$\frac{1}{2}$ Eigelb** hineingeben, mit einem Teil des Mehls
zu einem dicken Brei verarbeiten

**100 g kalte Butter
oder Margarine** in Stücke schneiden, mit
**50 g abgezogenen,
gemahlenen Mandeln** auf den Brei geben, mit Mehl bedek-
ken, von der Mitte aus alle Zutaten
schnell zu einem glatten Teig verkneten,
sollte er kleben, ihn eine Zeitlang kalt
stellen
den Teig in 2 gleich große Teile teilen,
2 Rechtecke in der Größe von
28 × 24 cm ausrollen

$\frac{1}{2}$ Eigelb mit
1 TL Milch verschlagen, die Teigplatten damit bestreichen, jede mit der Hälfte von

15 g geriebenem Parmesan-Käse	bestreuen, jede von der längeren Seite her fest aufrollen
	die Rollen so lange kalt stellen, bis sie schnittfest sind, in $\frac{1}{2}$ cm dicke Scheiben schneiden, auf ein gefettetes Backblech legen, in den vorgeheizten Backofen schieben
Strom:	175—200
Gas:	3—4
Backzeit:	Etwa 12 Minuten.

Kräuterkugeln

250 g Weizenmehl	in eine Schüssel sieben, mit
1 Päckchen Trockenhefe	sorgfältig vermischen
1 gestrichenen TL Zucker	
$\frac{1}{2}$ gestrichenen TL Salz	
50 g zerlassene, lauwarme Butter	
125 ml ($\frac{1}{8}$ l) lauwarme Milch	hinzufügen, alles mit einem elektrischen Handrührgerät mit Knethaken zuerst auf der niedrigsten, dann auf der höchsten Stufe in etwa 5 Minuten zu einem Teig verarbeiten
1 gehäuften TL Kräuter der Provence	unterkneten

den Teig an einem warmen Ort so lange stehenlassen, bis er etwa doppelt so hoch ist, ihn dann auf höchster Stufe nochmals gut durchkneten
aus dem Teig etwa 1 cm dicke Rollen formen, etwa 1$\frac{1}{2}$ cm dicke Scheiben davon abschneiden, zu Kugeln formen, auf ein gefettetes Backblech legen, an einem warmen Ort nochmals so lange stehenlassen, bis sie etwa doppelt so hoch sind
die Kugeln mit

Dosenmilch	bestreichen, mit
grobem Salz	bestreuen, in den vorgeheizten Backofen schieben
Strom:	175—200
Gas:	3—4
Backzeit:	Etwa 15 Minuten.

Sesam-Käse-Stangen

125 g Speisequark	mit
3 EL Milch	
1 Ei	
1 Eiweiß	
3 EL Speiseöl	
1 gestrichenen TL Salz	verrühren
250 g Weizenmehl	
1 Päckchen Backpulver Backin	mischen, sieben, die Hälfte davon unter den Quark rühren, den Rest des Mehls unterkneten
50 g gerösteten Sesam	
25 g geriebenen Parmesan-Käse	unter den Teig kneten den Teig knapp $\frac{1}{2}$ cm dick ausrollen

	1½ cm breite und 12 cm lange Streifen daraus schneiden oder rädern
1 Eigelb	mit
1 TL Milch	verschlagen, die Teigstreifen damit bestreichen, auf ein gefettetes Backblech legen, in den vorgeheizten Backofen schieben
Strom:	175—200
Gas:	3—4
Backzeit:	10—15 Minuten.

Käse-Ringe, -Windbeutel und -Eclairs

Für den Brandteig

125 ml (⅛ l) Wasser
Salz
30 g Butter oder Margarine mit

am besten in einem Stieltopf zum Kochen bringen, den Topf von der Kochstelle nehmen

25 g Speisestärke mit
75 g Weizenmehl mischen, sieben, auf einmal in das Wasser schütten, es zu einem glatten Kloß rühren, unter Rühren etwa 1 Minute erhitzen

den heißen Kloß sofort in eine Schüssel geben, nach und nach

2—3 Eier unterrühren, weitere Eizugabe erübrigt sich, wenn der Teig stark glänzt und so vom Löffel abreißt, daß lange Spitzen hängenbleiben, kurz bevor diese Beschaffenheit erreicht ist,

1½ g (½ gestrichener TL) Backpulver Backin in den erkalteten Teig geben, ⅓ davon abnehmen, da für Käse-Ringe, die schwimmend in Fett gebacken werden, der Teig etwas fester sein muß

unter den übrigen Teig noch so viel Ei rühren, wie erforderlich ist

für die Käse-Ringe
den etwas festeren Teig in einen Spritzbeutel (enge, gezackte Tülle) füllen, kleine Ringe (Durchmesser etwa 4 cm) auf ein gefettetes Pergamentpapier spritzen, sofort schwimmend in siedendem

Ausbackfett auf beiden Seiten hellbraun backen
die Ringe mit einem Hölzchen heraus-

nehmen, gut abtropfen lassen, durchschneiden

für die Windbeutel
die Hälfte des weicheren Teiges in einen Spritzbeutel (enge, gezackte Tülle)
füllen, Teighäufchen in der Größe einer
halben Walnuß auf ein gefettetes, mit
Mehl bestäubtes Backblech spritzen, in
den vorgeheizten Backofen schieben

Strom: 200—225
Gas: 4—5
Backzeit: Etwa 20 Minuten
sofort nach dem Backen von jedem
Windbeutel einen kleinen Deckel ab-
schneiden

für die Eclairs
den Rest des Teiges in einen Spritzbeutel (enge, gezackte Tülle) füllen, für
einen Eclair auf ein gefettetes, mit Mehl
bestäubtes Backblech zwei etwa 6 cm
lange Streifen dicht nebeneinander
spritzen, einen dritten darauf spritzen

Backzeit: Etwa 20 Minuten (Schaltereinstellung
s. Windbeutel)
sofort nach dem Backen die Eclairs aufschneiden

für die Füllung
125 g Butter geschmeidig rühren
100 g Roquefort-
Käse mit einer Gabel zerdrücken, unter die
Butter rühren
125 ml ($\frac{1}{8}$ l) Sahne knapp $\frac{1}{2}$ Minute schlagen
1 schwach gehäuften
TL Sahnesteif einstreuen, die Sahne steif schlagen,
unter die Butter-Käsemasse heben
Ringe, Windbeutel und Eclairs mit Käsecreme füllen, die Deckel dünn mit
Creme bestreichen, mit

gehackter Petersilie	
Kümmel	
Mohn	
Paprika edelsüß	bestreuen, auf die jeweils dazugehörigen Unterteile legen.

Wiener Speckplätzchen

150 g fetten Speck	in kleine Würfel schneiden, auslassen
1 kleine Zwiebel	abziehen, in feine Würfel schneiden, zu dem fast ausgelassenen Speck geben, goldgelb dünsten lassen, kalt stellen
250 g Weizenmehl	mit
50 g Speisestärke	
3 g (1 gestrichener TL) Backpulver	
Backin	mischen, auf die Tischplatte sieben, in die Mitte eine Vertiefung eindrücken
knapp 1 gestrichenen TL Salz	
1 Eiweiß	
3 EL Wasser	hineingeben, mit einem Teil des Mehls zu einem dicken Brei verarbeiten darauf das erkaltete Fett mit Grieben und Zwiebelwürfeln geben, mit Mehl bedecken, von der Mitte aus alle Zutaten schnell zu einem glatten Teig verkneten aus dem Teig etwa 3 cm dicke Rollen formen, so lange kalt stellen, bis sie hart geworden sind, in $\frac{1}{2}$ cm dicke Scheiben schneiden, auf ein Backblech legen
1 Eigelb	mit
1 EL Milch	verschlagen, die Teigplätzchen damit bestreichen, mit

Wiener Speckplätzchen

Kümmel	
grobem Salz	
geriebenem Käse	bestreuen, in den vorgeheizten Back-
	ofen schieben
Strom:	175—200
Gas:	3—4
Backzeit:	10—12 Minuten.

Getränke

Erfrischende Ideen zum Selbermixen.

Juanito's Drink

Wasser-Eiswürfel (aus dem Gefrierfach)	in ein Glas geben
1 Limonenscheibe (unbehandelt)	hinzufügen
6—8 EL Tequila	darüber gießen, mit
eisgekühltem klaren Zitronensprudel	auffüllen das Getränk mit Trinkhalmen servieren.

Aperitif Kir
(1 Portion)

100 ml trockenen Weißwein in ein Glas geben, mit
2 EL Crème de Cassis (schwarzer Johannisbeerlikör) verrühren, gut gekühlt servieren.

Blue Angel (Sekt-Mix)
(1 Portion)

1—2 EL blauen Curaçao in ein Sektglas geben, mit
gekühltem Sekt auffüllen, nach Belieben etwas verrühren.

Soft Blossom (Sekt-Mix)
(1 Portion)

1—2 EL Aprikosenlikör in ein Sektglas geben, mit
gekühltem Sekt auffüllen, nach Belieben
Angostura Bitter hinzufügen.

Black Velvet (Sekt-Mix)
(1 Portion)

100 ml ($^1/_{10}$ l, etwa $^1/_2$ Glas) dunkles Bier in ein Sektglas geben, mit
gekühltem Sekt auffüllen.
Anmerkung: Diese Mischung muß vorsichtig in das Glas gefüllt werden, da sie sehr schäumt. Kenner mischen Black Velvet, indem sie in jede Hand ein Getränk nehmen und gleichmäßig in das Glas füllen.

Türkenblut (Sekt-Mix)
(1 Portion)

2 EL Rotwein   in ein Sektglas geben, mit
gekühltem Sekt   auffüllen.

Melonencocktail mit weißem Rum
(6 Portionen)

1 Wassermelone
(etwa 750 g)   schälen, halbieren, aus der Mitte der
Fruchthälften mit einem Kugelausste-
cher einige kleine Kugeln herausste-
chen, das restliche Fruchtfleisch entkernen, in kleine Würfel schneiden, mit Mixer oder mit dem Pürierstab eines elektrischen Handrührgerätes pürieren, mit

Zitronensaft (von
etwa 1 Zitrone)   abschmecken, mit

125 ml ($\frac{1}{8}$ l) weißem Rum	verrühren, zugedeckt an einem kühlen Ort stehenlassen
1 Limone (unbehandelt)	mit heißem Wasser abwaschen, abtrocknen, in dünne Scheiben schneiden den Melonencocktail erst kurz vor dem Servieren in 6 Gläser füllen, mit den Fruchtkugeln und den Limonenscheiben garnieren, gut gekühlt servieren.
Veränderung:	Anstelle von Wassermelone Ogen- oder Honigmelone verwenden.

Southern Comfort Tonic

(2 Portionen)
(Abb. S. 368)

Wasser-Eiswürfel (aus dem Gefrierfach)	in zwei hohe Gläser geben
8 EL Cointreau	
Saft von $\frac{1}{2}$ Zitrone	darüber geben, mit
Tonic	auffüllen, umrühren, mit
Zitronensaft	garnieren.

Gin-Fizz

50 g Zucker	mit
3 EL Wasser	zum Kochen bringen, kurz aufkochen, erkalten lassen, mit
125 ml ($\frac{1}{8}$ l) Gin	
125 ml ($\frac{1}{8}$ l) Zitronensaft	verrühren die Ränder der Cocktailgläser mit
Zitronensaft	anfeuchten, die Gläser mit dem Rand in
Zucker	drücken, den Cocktail hineingeben
Wasser-Eiswürfel (aus dem Gefrierfach)	hinzufügen, mit
Mineralwasser	auffüllen, mit
Zitronenscheiben	garnieren.

Southern Comfort Tonic

Caribbean-Drink
(1 Portion)

3 EL Kokosmilch-Likör   mit
2 EL weißem Rum
5 EL Ananassaft

Caribbean-Drink

2 EL Orangensaft	
2—3 Wasser-	
Eiswürfeln (aus dem	
Gefrierfach)	in einen Mixbecher geben, gut schütteln
Eiswürfel	in ein Glas geben, die Flüssigkeit dar- über gießen, mit
Minze	garnieren.

369

Exotenbowle

½ **Honigmelone** **(etwa 450 g)**	entkernen, schälen
6—8 frische Datteln	waschen, abtrocknen, einschneiden, entkernen
	beide Zutaten in kleine Würfel schneiden, in ein Bowlengefäß geben
5 EL Weinbrand	darüber gießen, zugedeckt etwa 1 Stunde stehenlassen
2 Kiwis	schälen, in dünne Scheiben schneiden
1 Kiwi	waschen, abtrocknen, halbieren, in Scheiben oder Stücke schneiden (je nach Reifegrad)
	die Früchte in das Bowlengefäß geben
1 Flasche Weißwein	hinzugießen, nochmals zugedeckt 1 Stunde stehenlassen
	kurz vor dem Servieren mit
2 Flaschen gekühltem **Weißwein** **1 Flasche** **gekühltem Sekt**	auffüllen.

Rotweinbowle — spanische Art

2 Zitronen **(unbehandelt)** **3 mittelgroße Apfel-** **sinen (unbehandelt)**	
	beide Zutaten mit heißem Wasser abwaschen, in dünne Scheiben schneiden, in ein Bowlengefäß geben
100 g Zucker	darüber streuen, zugedeckt etwa 30 Minuten stehenlassen
1 Flasche Rotwein	darüber gießen, nochmals etwa 30 Minuten durchziehen lassen, kurz vor dem Servieren mit
1 Flasche gekühltem **Mineralwasser**	auffüllen.

Limonen-Drink

Limonen-Drink

(1 Portion)
(Abb. S. 371)

Wasser-Eiswürfel (aus dem Gefrierfach)	in ein Glas geben
4 EL trockenen Wermut	
1 EL Zitronensaft	hinzufügen, mit
Zitronenmelisse	garnieren.

Egg-Nog

(1 Portion)

2 Eigelb	
1 EL Zucker	mit einem elektrischen Handrührgerät mit Rührbesen schaumig schlagen
abgeriebene Zitronenschale (unbehandelt)	

1—2 EL erhitzten Brandy	
1—2 EL kochendes Wasser	hinzufügen, unterrühren das Schaumgetränk in Sekt- oder Champagnerschalen füllen, sofort servieren.

Gurken-Drink
(1 Portion)
(Abb. S. 374)

250 g Salatgurke	waschen, halbieren, entkernen, in Stücke schneiden, nach und nach in einen elektrischen Entsafter geben
1 EL Sahne	unter den Saft rühren, mit
Salz	
Pfeffer	abschmecken, mit
gehacktem Dill	bestreuen den Gurken-Drink mit
Wasser-Eiswürfeln (aus dem Gefrierfach)	servieren.

Tomaten-Drink
(1 Portion)
(Abb. S. 374)

250 g Tomaten	waschen, die Stengelansätze entfernen, die Tomaten in Stücke schneiden
75 g Honigmelone, geschält	in Stücke schneiden beide Zutaten nach und nach in einen elektrischen Entsafter geben
1 TL Zitronensaft	unter den Saft rühren, mit
Cayennepfeffer	
Worcestersauce	
Salz	abschmecken den Tomaten-Drink in ein Glas füllen, mit

Tomaten-Drink, Gurken-Drink

Schlagsahne	verzieren, mit
Paprika edelsüß	bestreuen, mit
Wasser-Eiswürfeln	
(aus dem Gefrierfach)	servieren.

Drei-Früchte-Cocktail
(5 Portionen)
(Abb. S. 376)

1 Limone	
(unbehandelt)	in 5 Scheiben schneiden, mit den restlichen Limonenstücken die Ränder von 5 Cocktailgläsern anfeuchten, die Gläser mit dem Rand in
Zucker	drücken
250 ml ($\frac{1}{4}$ l) ungesüßten Ananassaft	mit
125 ml ($\frac{1}{8}$ l) Maracujanektar	
125 ml ($\frac{1}{8}$ l) Grapefruitsaft	
125 ml ($\frac{1}{8}$ l) weißem Rum	verrühren
Wasser-Eiswürfel	
(aus dem Gefrierfach)	in jedes Glas geben, mit der Flüssigkeit auffüllen, mit den Limonenscheiben garnieren.

Orangen-Flip

250 ml ($\frac{1}{4}$ l) Orangensaft	mit
1 Becher (150 g) Crème fraîche	verschlagen, mit
Zucker	abschmecken.

Drei-Früchte-Cocktail

Autofahrerflip — Hallo Partner

1 Zitrone
(unbehandelt)
1 Apfelsine
(unbehandelt)

beide Zutaten mit heißem Wasser abwaschen, die Zitrone dünn schälen, in Streifen und die Apfelsinen in Scheiben schneiden, mit

8 Orangensaft-Eiswürfeln (aus dem Gefrierfach)
500 ml (½ l) rotem Traubensaft
1 EL Zitronensaft

in einen Mixer geben, gut durchschütteln, auf 4 Gläser verteilen, mit

250 ml (¼ l) Orangenlimonade

auffüllen, nach Belieben mit Zitronenstreifen und Apfelsinenscheiben garnieren.

Autofahrerflip — Gute Fahrt

4 Wasser-Eiswürfel
(aus dem Gefrierfach)   mit
2 Eiern
3 EL Puderzucker
Mark von $\frac{1}{2}$
Vanilleschote
250 ml ($\frac{1}{4}$ l) kalter
Milch   in einem elektrischen Mixer verschlagen, auf 4 Gläser verteilen, mit

375 ml ($\frac{3}{8}$ l) Mineralwasser   auffüllen, mit
geriebener
Muskatnuß   bestreuen.

Pikant Eingelegtes

Süßsaure Ideen im Glas.

Harzer Käse in Öl

500 ml (¹⁄₂ l) Speiseöl	mit
¹⁄₂ TL weißen Pfefferkörnern	
2 abgezogenen Knoblauchzehen	
Kapern	
¹⁄₄ TL Kümmel	
1 Lorbeerblatt	
1 kleinen Rosmarinzweig	
1 kleinen Thymianzweig	
1—2 roten Chilischoten	mischen
500 g Harzer Käse	in die vorgegebenen Einzelstücke (Rol-

len) teilen, in ein hohes Glasgefäß geben, mit der Marinade übergießen (Käse soll bedeckt sein), mindestens 4—5 Tage stehenlassen.

Beigabe: Grau-, Misch- oder Vollkornbrot.
Anmerkung: Die Marinade kann mehrmals verwendet werden.

Tomaten in Essig ▷

2 kg kleine, reife feste Tomaten waschen, abtrocknen, jede Tomate 15—20 mal mit einem Holzspießchen einstechen, in Gläser füllen

für die Essig-Lösung

4 Schalotten oder kleine Zwiebeln abziehen, in Ringe schneiden, mit
1 l Weinessig
250 ml (¼ l) Wasser
20 g Salz
20 g Zucker
2 Gewürznelken
20 g Pfefferkörnern
20 g Senfkörnern zum Kochen bringen, von der Kochstelle nehmen

1 Päckchen Einmach-Hilfe unterrühren, über die Tomaten gießen, erkalten lassen, die Gläser verschließen.

Birnen, süß-sauer

2 kg kleine Birnen schälen, waschen, von Blüte und Stiel befreien (nach Belieben Stiele an den Früchten lassen), in
Salzwasser legen, um zu verhindern, daß die Birnen braun werden

Tomaten in Essig

für die Essig-Zucker-Lösung

750 ml (¾ l) Wein-
essig (5 %)   mit
250 ml (¼ l) Wasser
1 kg weißem
Kandiszucker
4 Gewürznelken
1 Stück Stangenzimt
1 Stück Ingwer-
wurzel (getrocknet)
2—3 Sternanisblüten
(Gewürze in einem
Mullbeutel)   zum Kochen bringen
die Birnen nach und nach darin fast
weich kochen lassen, mit einem
Schaumlöffel herausnehmen, in Gläser
geben
den Saft noch etwas einkochen lassen,
über die Birnen gießen, zugedeckt kühl
stellen

den Saft nach 3 Tagen nochmals abgießen, dick einkochen lassen, von der
Kochstelle nehmen

**1 Päckchen
Einmach-Hilfe**   unterrühren, wieder auf die Birnen gießen, erkalten lassen, die Gläster verschließen.

Soleier, einmal anders
(Abb. S. 384)

10 Eier   hart kochen, ringsherum die Schale
leicht anknicken
die Eier in so stark
gesalzenes Wasser   legen, daß sie darin schwimmen
1—2 rote Zwiebeln   abziehen, in Ringe schneiden
**2—3 Stengel
Rosmarin
Dill
5—7 Lorbeerblätter
rote und grüne
Chilischoten**

die vier Zutaten mit in das Glas geben
die Eier mindestens 24 Stunden stehenlassen.

Fenchel, süß-sauer

**Etwa 1½ kg Fenchel-
knollen**   putzen, waschen, vierteln, in
**500 ml (½ l)
Salzwasser**   geben, zum Kochen bringen, etwa
10 Minuten kochen lassen, auf ein Sieb
geben, abtropfen lassen

**375 ml (³⁄₈ l) Wein-
essig (5 %)**   mit
**500 ml (½ l) Wasser
125 g Zucker**   zum Kochen bringen

Soleier, einmal anders

100 g Schalotten	
3 Knoblauchzehen	beide Zutaten abziehen, fein würfeln
1 Limone	
(unbehandelt)	heiß abwaschen, abtrocknen, in Scheiben schneiden
	die drei Zutaten mit
2 kleinen roten	
Chilischoten	
2 Sternanisblüten	
1 EL grünem Pfeffer	
Rosmarinnadeln	in die heiße Flüssigkeit geben, kurz aufkochen lassen, von der Kochstelle nehmen
1 Päckchen	
Einmach-Hilfe	unterrühren
	die Fenchelstücke in ein großes Glas geben, die Flüssigkeit darüber gießen, erkalten lassen, das Glas verschließen.

Essiggurken

4 kg nicht zu große,	
gerade gewachsene,	
Gurken	waschen, mit
Salzwasser (1 l Wasser	
und 75 g Salz)	bedecken, 12—24 Stunden an einem kühlen Ort stehenlassen, danach sorgfältig bürsten und abspülen
	die Gurken einzeln mit einem Tuch abtrocknen, schlechte Stellen entfernen
375 g Perlzwiebeln	abziehen
75 g Meerrettich	putzen, waschen, in Stücke schneiden
Dill	
Estragon	
	beide Zutaten waschen
	die Gurken abwechselnd mit den Zutaten in einen Steintopf schichten

für die Essig-Zucker-Lösung

1½ l Weinessig (5 %)
1½ l Wasser
300—375 g Zucker   zum Kochen bringen, von der Kochstelle nehmen

1 Päckchen
Einmach-Hilfe   unterrühren
so viel von der heißen Flüssigkeit über die Gurken gießen, daß sie gut bedeckt sind, erkalten lassen, den Topf verschließen.

Gewürzessig

½ **TL Senfkörner**	etwas zerdrücken
5 Gewürznelken	zerkleinern
1 große Knoblauch-	
zehe	abziehen
1 Msp geriebene	
Muskatnuß	
1 Msp gemahlener	
Ingwer	

**einige schwarze
Pfefferkörner
1 gestrichener TL Salz
2 Schalotten**

alle Zutaten in eine Flasche geben, mit

**1 Flasche Wein-
essig (5 %)**

auffüllen, die Flasche verschließen, etwa 14 Tage an einem sonnigen Ort
(Fenster) oder an einem warmen Ort
(Küche) stehenlassen, ab und zu durchschütteln
den Gewürzessig durch ein Mulltuch
gießen, wieder in die Flasche füllen, die
Flasche verschließen.

Tip: Gewürzessig eignet sich zum Würzen
von Fisch und pikanten Saucen.

Himbeeressig

**300 g Himbeeren
(frisch oder tiefgekühlt)**

frische Himbeeren verlesen
tiefgekühlte Himbeeren auftauen lassen
die Himbeeren in eine Flasche mit wei-
tem Hals geben, mit

**knapp 500 ml ($\frac{1}{2}$ l)
Weinessig (5 %)**

auffüllen, die Flasche verschließen,
etwa 14 Tage an einem sonnigen Platz
(Fenster) oder an einem warmen Ort
(Küche) stehenlassen
den Essig abgießen, einmal aufkochen,
abkühlen lassen, wieder über die Himbeeren gießen, die Flasche verschließen.

Tip: Himbeeressig eignet sich zum Würzen
feiner Salate und Saucen sowie von
Wild, Geflügel und Leber.

Himbeeressig

Leichte Küche

Schnell, vitaminreich und gesund.

Muntermacher-Müsli

75 g Erdbeeren	waschen, gut abtropfen lassen, entstielen, große Früchte halbieren
50 g Johannisbeer-trauben	waschen, gut abtropfen lassen, die Beeren mit einer Gabel von den Stielen streifen die Früchte in eine Schüssel geben, mit
2—3 gehäufte EL Haferflocken	
1—2 EL Hagelzucker	bestreuen, mit
etwas 250 ml (¹⁄₄ l) kalter Milch	übergießen.

Tropen-Müsli

1 EL Butter	in einer Pfanne zerlassen
8 EL Kernige Haferflocken	darin unter ständigem Rühren goldgelb rösten, mit
1 EL Zucker	bestreuen, noch etwa 1 Minute weiter rösten, erkalten lassen
1 Mango	schälen, entsteinen
2 Kiwis	
2 Bananen	
	beide Zutaten schälen
2 Nektarinen oder Pfirsiche	waschen, halbieren, entsteinen

das Obst in Scheiben schneiden, in eine Schale geben

1 EL Zitronensaft	
2 EL Zucker	unterrühren
200 g Dickmilch	darüber geben, mit den Röstflocken bestreuen.

Pampelmusen-Müsli
(2 Portionen)

1 Pampelmuse	waschen, abtrocknen, quer halbieren, mit einem spitzen scharfen Messer das Fruchtfleisch vorsichtig aus der Schale lösen, die weiße Haut entfernen
1 Pfirsich	waschen, halbieren, entsteinen beide Zutaten kleinschneiden, mit
1 Becher (150 g) Joghurt	
1—2 EL Zucker	vermengen

4 EL Kernige	
Haferflocken	unterheben, die Masse in die Pampel-
	musenhälften füllen, mit
Cocktailkirschen	garnieren.

Apfelsinenflocken
(1 Portion)

2 kleine Apfelsinen	schälen, in kleine Stücke schneiden, mit
1 EL Honig	vermengen, einige Minuten zum Saft-
	ziehen stehenlassen

4 gehäufte EL Kernige Haferflocken	mit den Apfelsinenstücken vermengen, in ein Schälchen geben, nach Belieben mit
1 Apfelsinenscheibe Minzeblättchen	garnieren.
Veränderung:	Gehackte Mandeln oder Nüsse unterrühren, mit flüssiger Sahne begießen.

Brunnenkresse-Salat

150 g Brunnenkresse	Von die gelben Blätter entfernen, die Brunnenkresse waschen, gut abtropfen lassen
	für die Salatsauce
5 Schalotten oder 1 kleine Zwiebel	abziehen, halbieren, in Scheiben schneiden, mit
2—3 EL Salatöl 2—3 EL Essig Salz Pfeffer	verrühren, mit
Zucker	abschmecken
2 EL gemischte, gehackte Kräuter	unterrühren, mit der Brunnenkresse vermengen
1—2 hartgekochte Eier	pellen, hacken, über den Salat streuen, sofort servieren.

Möhrensalat

500 g Möhren	putzen, schrappen, waschen, raspeln
	für die Salatsauce
2—3 EL Zitronensaft 1 TL Salatöl	mit verrühren, mit

1—2 EL Zucker
Salz abschmecken, mit den Möhren vermengen.

Gefüllte Gurken

1—2 Salatgurken schälen, in 5 cm lange Stücke schneiden, die Gurkenstücke aushöhlen, innen und außen mit

Salz
Pfeffer bestreuen, stehenlassen, damit die sich bildende Flüssigkeit entweichen kann

für die Füllung

150 g Thunfisch
(aus der Dose) abtropfen lassen, zerpflücken
2 hartgekochte Eier pellen, in Würfel schneiden, mit dem Thunfisch vermengen

2 Eigelb mit
1—2 TL Senf
1 EL Essig oder
Zitronensaft
Salz
Pfeffer
Zucker zu einer dicklichen Masse schlagen nach und nach

125 ml (¹⁄₈ l) Salatöl unterschlagen
die Mayonnaise mit der Thunfisch-Eiermasse vermengen, die Gurken damit füllen, mit

Zitronenscheiben
Tomatenachteln
Petersilie garnieren.

Marinierte Champignons

(6 Portionen)

Für die Marinade

etwa 5 EL Olivenöl	in eine große Bratpfanne geben
2 Knoblauchzehen	abziehen, durchpressen, mit
etwa 200 ml ($\frac{1}{5}$ l) Wasser	
etwa 4 EL Zitronensaft	
2 Lorbeerblättern	
Salz	
Pfeffer	zu dem Öl geben, zugedeckt zum Kochen bringen, etwa 5 Minuten kochen lassen
750 g kleine, feste Champignons	putzen, waschen, abtropfen lassen, in die Marinade geben, zugedeckt 7—10 Minuten dünsten lassen, mit Salz, Pfeffer abschmecken, in der Marinade erkalten lassen, mehrere Stunden oder über Nacht durchziehen lassen die Marinade kurz vor dem Servieren abgießen die Champignons mit
1—2 EL gehackter Petersilie	verrühren, auf 6 Glastellern anrichten, mit
Tomatenachteln	
Petersilie	garnieren.
Beigabe:	Stangenweißbrot, Butter.

Rührei mit Flocken

4 Eier	mit
4 EL Milch	
Salz	
4 EL Instant Haferflocken	verschlagen

1—2 EL Butter oder Margarine	in einer Pfanne zerlassen, die Eiermasse hineingeben sobald die Masse zu stocken beginnt, sie mit einem Löffel strichweise vom Boden der Pfanne losrühren, so lange weiter erhitzen, bis keine Flüssigkeit mehr vorhanden ist Rührei muß weich und großflockig, aber nicht trocken sein das Rührei auf
4 Graubrotscheiben	anrichten, mit
1 EL feingeschnittenem Schnittlauch	
100 g rohen Schinkenwürfeln	bestreuen
Gerinnungszeit:	Etwa 5 Minuten.

Chicorée-Rohkost
(Etwa 2 Portionen)

1—2 Chicorée	von den welken Blättern befreien, halbieren, den Strunk keilförmig herausschneiden, die Chicorée waschen, abtropfen lassen (3 äußere Blätter zum Anrichten zurücklassen)
1 mittelgroßen Apfel	waschen, vierteln, entkernen
1 mittelgroße Apfelsine	schälen die drei Zutaten kleinschneiden, mit
1 EL Zitronensaft	vermengen
2 EL Sahne	
1 TL Zucker	
Salz	hinzufügen, etwas durchziehen lassen, evtl. nochmals mit Salz, Zucker abschmecken
3—4 EL Blütenzarte Haferflocken	vorsichtig unterrühren

die Chicorée-Rohkost auf den zurückgelassenen Chicorée-Blättern anrichten,
mit

Petersilie garnieren.

Veränderung: Etwa 1 EL geriebene Haselnußkerne unterrühren.

Apfelrohkost
(2 Portionen)
(Abb. S. 400)

2 mittelgroße Äpfel waschen, abtrocknen, vierteln, entkernen, in kleine Stücke schneiden, mit

1 Becher (150 g)
Joghurt
1 EL Zucker vermengen

6 gehäufte EL Kernige
Haferflocken unterrühren.

Veränderung: Geriebene Haselnußkerne, verlesene
Rosinen oder etwas gemahlenen Zimt
untermischen.

Birnensalat

4 mittelgroße Birnen schälen, vierteln, entkernen, in dünne
Scheiben schneiden (3 Scheiben zum
Garnieren zurücklassen)

1 Becher (150 g)
Sahnejoghurt mit
1—2 EL Zucker
$\frac{1}{2}$ Päckchen Vanillin-
Zucker
etwas gemahlenem
Zimt verrühren, über die Birnenscheiben ge-
ben

6 gehäufte EL Kernige
Haferflocken
1—2 EL gehackte
Walnuß- oder
Haselnußkerne vorsichtig unterrühren

Apfelrohkost

	den Birnensalat in eine Schüssel füllen, mit den zurückgelassenen Birnenschei-ben,
Haselnußkernen	garnieren.
Veränderung:	Anstelle von frischen Birnen eingemach-tes Obst (z. B. Birnen, Kirschen, Stachel-beeren) verwenden.

Erdbeer-Milchmix

Erdbeer-Milchmix

(Abb. S. 401)

250 g Erdbeeren	waschen, abtropfen lassen, entstielen, mit einem elektrischen Handrührgerät oder im Mixer pürieren, nach und nach mit
500 ml (½ l) Dickmilch	
500 ml (½ l) Milch	verrühren, mit
etwa 3 EL Zucker	abschmecken
4 gehäufte EL Instant Haferflocken	unterrühren, in Gläser füllen, mit
gerösteten Haferflocken	
Erdbeerhälften	garnieren, gut gekühlt servieren.

Quarkspeise mit Himbeeren

1 Päckchen Gelatine gemahlen, weiß	in einem kleinen Topf mit
5 EL kaltem Wasser	anrühren, 10 Minuten zum Quellen stehenlassen, unter Rühren erwärmen, bis sie gelöst ist
250 g Sahnequark	mit
75 g Zucker	
Saft von 1 Zitrone	gut verrühren
40 g abgezogene, gehackte Mandeln	
4 EL Instant Haferflocken	mit der lauwarmen Gelatinelösung unter die Quarkmasse schlagen
etwa 300 g verlesene Himbeeren	vorsichtig unterheben die Quarkmasse in mit Wasser ausgespülte Förmchen füllen die Speise im Kühlschrank fest werden

Himbeeren
Schlagsahne

lassen, auf Dessertteller stürzen, mit
garnieren, nach Belieben mit
verzieren.

Weintrauben-Becher

◁ Weintrauben-Becher

(2—3 Portionen)

1 EL Butter	in einer Pfanne zerlassen
8 EL Kernige	
Haferflocken	unter ständigem Rühren darin goldgelb rösten, mit
1 EL Zucker	bestreuen, noch etwa 1 Minute weiter rösten
250 g grüne oder	
blaue Weintrauben	waschen, halbieren, entkernen
250 g Speisequark	mit
1 EL Zitronensaft	
2 EL Zucker	zu einer geschmeidigen Masse verrühren
	in Gläser schichtweise Weintraubenhälften, Quarkcreme, Röstflocken füllen.

Obstsalat mit Cream Sherry

3 Scheiben Ananas	
(aus der Dose)	abtropfen lassen, in Stücke schneiden
4 halbe entsteinte	
Pfirsiche	in Spalten schneiden
3 Kiwis	schälen
1 Banane	schälen
	beide Zutaten in Scheiben schneiden
200 g Erdbeeren	waschen, gut abtropfen lassen, entstielen
200 g grüne	
Weintrauben	waschen
	beide Zutaten halbieren, die Weintrauben entkernen
	die Früchte in eine Schale oder in ein großes Glas geben, vermengen, mit
1 EL Zucker	bestreuen
4 EL Cream Sherry	darüber geben, etwa $\frac{1}{2}$ Stunde bei Zim-

mertemperatur zugedeckt stehenlassen
kurz vor dem Servieren

**1 EL kleingeschnittene
Pistazienkerne** über den Obstsalat streuen.

Überbackene Ananas

Die Hälfte von

**8 Scheiben Ananas
(aus der Dose)** in eine gefettete Auflaufform legen, die
Scheiben mit

2 EL Apfelsinen-marmelade	bestreichen, die übrigen Ananasscheiben darauf legen
50 g Butter	zerlassen
100 g Blütenzarte Haferflocken	
50 g Zucker	
50 g abgezogene, gehackte Mandeln	dazugeben, miteinander vermengen die Masse über die gefüllten Ananasscheiben verteilen die Form auf dem Rost in den vorgeheizten Backofen schieben, warm oder kalt mit
Apfelsinenschalen-streifen (unbehandelt)	
Apfelsinenspalten	garniert servieren
Strom:	Etwa 200
Gas:	Etwa 4
Backzeit:	Etwa 10 Minuten.
Beigabe:	Schlagsahne.

Feine Spezialitäten

Ein bißchen Nouvelle Cuisine.

Gemischter Vorspeisenteller

**Etwa 1 kg Krebse
(etwa 8 Stück)** gründlich unter fließendem kalten Wasser bürsten

etwa 2 l Wasser mit
3 EL Salz
¼ TL Kümmel
**1 EL getrockneten
Dillspitzen** zum Kochen bringen, etwa 5 Minuten
kochen lassen, 2 Krebse mit dem Kopf
zuerst hineingeben, zum Kochen bringen (dabei färben sich die Krebse rot),
paarweise nach und nach die anderen
Krebse hinzufügen, bei jeder Partie das
Wasser immer wieder zum Kochen

bringen, den Vorgang so lange wiederholen, bis alle Krebse im Sud sind, etwa
10 Minuten kochen lassen
eine große Schüssel mit

**1 Bund gewaschenem
Dill** auslegen, die noch heißen Krebse darauf legen, den Sud durch ein Sieb gießen, über die Krebse geben, erkalten
lassen, mit Alufolie abdecken, 10—12
Stunden kalt stellen
die Krebse aus dem Sud nehmen, auf-
brechen, aus dem Schwanzteil das
Fleisch herauslösen, auf einem Teller
anrichten, mit 4 Krebsnasen (Krebsvor-
derteilen),

**geschälten, halbierten
Avocadoringen
Champignonscheiben
Brunnenkresse
Dillzweigen** garnieren
**2 küchenfertige
Forellen
(je 250—300 g)** unter fließendem kalten Wasser abspü-
len

125 ml ($\frac{1}{8}$ l) Weißwein mit
**125 ml ($\frac{1}{8}$ l) Wasser
10 Pfefferkörnern
1 EL Weinessig
1 schwach gehäuften
TL Salz** zum Kochen bringen, die Forellen hineingeben, den Topf mit einem Deckel
verschließen, zum Kochen bringen, die
Forellen in etwa 15 Minuten gar ziehen
lassen
die garen Forellen herausnehmen, erkalten lassen

für die Sauce
den Fischsud zum Kochen bringen
**1 Becher (150 g)
Crème fraîche** hinzufügen, unter Rühren kurz aufko-

Salz
Pfeffer
Zucker

chen lassen, die Sauce mit

abschmecken, durch ein feines Sieb gießen, während des Erkaltens ab und zu durchrühren
von den Forellen Kopf und Hut entfernen, die Filets vorsichtig entgräten, zu dem Krebsfleisch auf den Teller geben
die Forellenfilets mit einem Teil der Sauce übergießen, den Rest dazu reichen.

Beigabe: Toast, Butter.

Krebsschwänze in Schalotten-Sabayon

600—750 g (8—10
Stück) Krebse

gründlich unter fließendem kalten Wasser bürsten

3 l Wasser   mit
3—4 EL Salz
1 Msp Kümmel
1 EL gerebelten
Dillspitzen

zum Kochen bringen, etwa 5 Minuten kochen lassen
jeweils 2 Krebse mit dem Kopf zuerst hineingeben, zum Kochen bringen (dabei färben sich die Krebse rot)
paarweise nach und nach die anderen Krebse hinzufügen, bei jeder Partie das Wasser immer wieder zum Kochen bringen, den Vorgang so lange wiederholen, bis alle Krebse im Sud sind, etwa 5 Minuten kochen lassen
die Krebsschwänze aus der Schale lösen, erkalten lassen

für die Schalotten-Sabayon
den Krebssud durch ein Sieb gießen, 250 ml ($\frac{1}{4}$ l) davon abmessen

5 Schalotten	abziehen, in feine Würfel schneiden, mit dem abgemessenen Krebssud,
1 EL Schalotten-oder Estragonessig	zum Kochen bringen, auf 5—6 EL Flüssigkeit einkochen lassen
2 Eigelb **Salz** **Pfeffer**	unterrühren, die Masse bei schwacher Hitze im Wasserbad so lange mit einem Schneebesen schlagen, bis die Masse sich verdoppelt hat und von cremig-lockerer Konsistenz ist die Krebsschwänze auf einer Platte anrichten, mit
Dill	garnieren, die Schalotten-Sabayon in die Mitte der Platte geben oder dazu reichen.

Putensalat mit Kiwi

**Etwa 100 g geräu-
cherte Putenbrust**   in Streifen schneiden
1 Kiwi   schälen, in Streifen schneiden
**100 g Ananasscheiben
(aus der Dose)**   abtropfen lassen, halbieren
2 TL grünen Pfeffer   grob hacken

für die Salatsauce

1 EL Salatmayonnaise	mit
4 EL Joghurt	
1—2 TL Senf	verrühren, mit
Salz	abschmecken
1—2 Stangen Chicorée	von den welken Blättern befreien, die Blätter vom Strunk lösen, waschen, abtropfen lassen, eine Schüssel damit auslegen
	die Salatzutaten darauf geben, die Sauce darüber verteilen.

Salat von Zander und Austernpilzen
(2 Portionen)

Etwa 300 g Zanderfilet	halbieren, unter fließendem kalten Wasser abspülen, trockentupfen, mit
Zitronensaft	beträufeln, etwa 15 Minuten stehenlassen, in
knapp 125 ml ($\frac{1}{8}$ l) Weißwein	5—7 Minuten dünsten lassen, mit
Salz	
Pfeffer	würzen, erkalten und gut abtropfen lassen
250 g Austernpilze	putzen, die Stielenden abschneiden, die Pilze waschen, abtropfen lassen
2 EL Butter	zerlassen, die Austernpilze darin 3—4 Minuten dünsten, mit
1 EL Zitronensaft	beträufeln, mit Salz, Pfeffer würzen, auf
gewaschenen Salatblättern	anrichten, das Zanderfilet darauf geben, mit
Tomatenstreifen	
Kerbel	
Schnittlauch	garnieren

für die Salatsauce

1 EL Olivenöl	mit
knapp 1 EL Zitronensaft	
1 EL Sherry dry	
½ TL Senf	
3 EL Crème fraîche	verrühren
2 EL feingeschnittenen Schnittlauch	

unterrühren, mit Salz, Pfeffer abschmekken
die Salatzutaten mit etwas von der Sauce übergießen, die restliche Sauce dazureichen.

Spargelmousse mit Kaviar
(Etwa 2 Portionen)

500 g grünen Spargel	von oben nach unten schälen, die unteren Enden gerade und alle Stangen

möglichst gleich lang schneiden, den
Spargel waschen, die Spargelspitzen
abschneiden, beiseite legen
den restlichen Spargel in

500 ml (¹/₂ l) Wasser   legen
1 TL Butter
1 TL Salz
Zucker   hinzufügen, zum Kochen bringen,
20—30 Minuten kochen, abtropfen lassen, das Spargelwasser auffangen
den Spargel mit einem elektrischen
Handrührgerät pürieren

1 Päckchen Gelatine
gemahlen, weiß   mit
4 EL kaltem Wasser   anrühren, 10 Minuten zum Quellen stehenlassen, unter Rühren erwärmen, bis
sie gelöst ist
die lauwarme Gelatinelösung unter das
noch heiße Spargelpüree rühren, etwas
abkühlen lassen

1 EL Crème fraîche	
1 Eiweiß	unterrühren, kräftig durchschlagen, mit
Salz	abschmecken
	zwei kleine Formen mit
Butter oder	
Margarine	ausfetten, die Spargelmasse hineinfül-len, glattstreichen, im Kühlschrank fest werden lassen
	die Spargelspitzen in das kochende Spargelwasser geben, zum Kochen brin-gen, etwa 15 Minuten kochen, abtrop-fen lassen
	das Spargelmousse auf Teller stürzen
	in die Mitte jeder Portion jeweils einen von
2 EL Kaviar (aus dem Glas)	geben, mit
frischem Tomaten-püree oder Tomaten-Ketchup	garnieren, das Spargelmousse mit den Spargelspitzen umlegen
125 ml (⅛ l) Sahne	etwas anschlagen, mit
1 TL zähflüssigem Fleischextrakt (aus dem Glas)	verrühren, zu dem Spargelmousse rei-chen.

Krebssalat in seiner Schale

4 gekochte Taschen-krebse (je etwa 400 g)	aus der Schale lösen (S. 124)
	das ausgelöste Krebsfleisch in feine Scheiben schneiden
	die Krebspanzer mit Wasser ausspülen
1 Kopf Salat	von den welken Blättern befreien, die anderen vom Strunk lösen, abtropfen lassen, in feine Streifen schneiden

etwa 150 g Stauden- **sellerie**	putzen, waschen, in Streifen schneiden die Krebspanzer mit den beiden Salat- zutaten auslegen, das Krebsfleisch auf die vier Krebspanzer verteilen
	für die Salatsauce
1 Ei	etwa 3 Minuten kochen, abschrecken, erkalten lassen, aufschlagen, in eine Schüssel geben, mit
1—2 EL Essig **1 TL Senf** **1 TL Salz**	verrühren, mit
frisch gemahlenem **Pfeffer**	abschmecken
3—4 EL Salatöl **1 EL feingeschnittenen** **Schnittlauch**	unterrühren die Sauce über die Portionen verteilen, mit
Dillzweigen	garnieren.

Wildschweinschinken mit Artischockensalat

150 g Wildschwein- **schinken (in hauch-** **dünne Scheiben** **geschnitten)**	auf einer Platte anrichten
	für den Artischockensalat
4 gekochte **Artischocken**	entblättern, das Heu entfernen, die Ar- tischockenböden in etwa 2 cm dicke Streifen schneiden
3—4 EL Olivenöl	mit dem
Saft von ½ Zitrone **Salz**	verrühren, mit

geschrotetem schwarzen Pfeffer	abschmecken, mit den Artischocken-streifen vermengen, nach Belieben in
1 großen, geputzten, gewaschenen Artischocke	anrichten, mit
Zitronenscheiben	
Basilikumblättchen	garnieren, zu dem Schinken reichen.

Wildschweinterrine

| **400 g Wildschweinfilet** | waschen, trockentupfen, enthäuten, mit |
| **Salz, Pfeffer** | bestreuen |

1 EL Butterschmalz	erhitzen, das Filet rundherum darin anbraten, erkalten lassen
200 g Wildschwein-oder Schweineleber	waschen, trockentupfen
200 g durchwachsener Speck	
250 g fetter Speck	
	die drei Zutaten grob schneiden, durch die feine Scheibe des Fleischwolfs drehen
2 Äpfel	schälen, vierteln, entkernen, in Stücke schneiden, in
etwa 2 EL Weißwein	weich dünsten, erkalten lassen
1 Knoblauchzehe	abziehen, durchpressen, mit den Apfelstücken,
1 Ei	
6 Wacholderbeeren	zu der Fleischmasse geben, gut verrühren, mit Salz, Pfeffer,
Pastetengewürz	würzen
3 EL getrocknete Morcheln	in kaltem Wasser einweichen, ausdrükken, kleinschneiden, mit
2 EL Pistazienkernen	unter die Fleischmasse rühren
	den Boden einer Kastenform mit $3/4$ von
200 g dünnen frischen Speckscheiben	auslegen, die Hälfte der Fleischmasse hineingeben, glattstreichen
150 g gekochten Schinken im Stück	in dicke Streifen schneiden, mit dem angebratenen Wildschweinfilet auf die Fleischmasse legen, die restliche Fleischmasse darauf verteilen, mit dem restlichen Speck bedecken die Form mit Alufolie verschließen, in die Rostbratpfanne stellen, in den vorgeheizten Backofen schieben
1 l warmes Wasser	in die Rostbratpfanne gießen, nach der Hälfte der Garzeit nochmals
etwa 750 ml ($3/4$ l) warmes Wasser	hinzugießen
Strom:	200—225

Gas:	3—4
Garzeit:	Etwa 1$\frac{1}{2}$ Stunden
	von der garen Terrine das flüssige Fett abgießen
	die Terrine beschweren, mindestens 1 Tag kalt stellen
	die Terrine kurz vor dem Servieren stürzen, in Scheiben schneiden, mit
Madeiraaspik (S. 258)	anrichten, mit
Löwenzahnblättern	
Morcheln	garnieren.

Erdbeercreme mit Erdbeersauce

Für die Erdbeercreme

250 g Erdbeeren waschen, gut abtropfen lassen, entstielen, mit
40 g Zucker bestreuen, durch ein Sieb streichen oder im Mixer pürieren

2 Päckchen Gelatine gemahlen, weiß mit
6 EL kaltem Wasser anrühren, 10 Minuten zum Quellen stehenlassen, unter Rühren erwärmen, bis

sie gelöst ist, kühl stellen
die Erdbeerpülpe mit

4 Eigelb
4 cl (2 Gläschen)
Eierlikör im Wasserbad so lange schlagen, bis eine dickliche Creme entstanden ist, die lauwarme Gelatinelösung unterrühren, kalt stellen
sobald die Creme anfängt dicklich zu werden,

4 Eiweiß steif schlagen, vorsichtig unterheben
die Erdbeercreme in eine Schale füllen, kalt stellen

für die Erdbeersauce
250 g Erdbeeren waschen, gut abtropfen lassen, entstielen, durch ein Sieb streichen, mit

4 cl (2 Gläschen)
Erdbeerlikör verrühren
aus der Erdbeercreme mit einem Eisportionierer Kugeln formen, auf einer Platte anrichten, mit

Minzeblättern
halbierten Erdbeeren garnieren, die Erdbeersauce dazu reichen.

Traubensorbet mit Frankentrester

500 g grüne Weintrauben
200 g blaue Weintrauben waschen, entstielen, entsaften
1 Apfel (z. B. Boskop) schälen, halbieren, entkernen, fein raspeln, mit dem Traubensaft,

4 EL Zitronensaft
125 g Zucker verrühren, so lange erhitzen, bis sich der Zucker völlig gelöst hat, die Masse in eine Schüssel füllen, im Gefrierfach

des Kühlschranks etwa 2 Stunden ge-
frieren lassen
aus der Masse mit einem Eisportionierer
Kugeln formen, nach Belieben auf

gewaschenen
Weinblättern anrichten, mit
Weintrauben garnieren.

Früchteteller mit Sektpüree und Zimtrittern

1 reife Mango
1 reife Papaya
beide Früchte schälen, halbieren, entkernen, mit

2 EL Honig
3—4 EL Orangenlikör
(Grand Marnier) im Mixer pürieren, kalt stellen
etwa 750 g vorbereitete Früchte
(Mirabellen, Himbeeren, Heidelbeeren,
Kirschen, Erdbeeren,
Brombeeren, Johannisbeeren) auf 4 Teller verteilen, mit
etwas Zucker bestreuen
Rosinenbrot in etwa 2 cm dicke Scheiben schneiden, 8 runde Platten (Durchmesser etwa 3 cm) ausstechen, auf eine Platte legen

125 ml (¹⁄₈ l) Milch mit
1 Ei
25 g Zucker
1 Päckchen Vanillin-Zucker verschlagen, die Rosinenbrot-Platten damit übergießen, etwas darin weichen lassen (dürfen nicht zu weich werden), in
etwa 3 EL Semmelmehl wenden
Margarine in einer Stielpfanne erhitzen, die Brotplatten von beiden Seiten darin backen, mit
Zimt-Zucker bestreuen, auf den Früchten anrichten
das Früchtepüree mit so viel
trockenem Sekt verrühren, daß es dickflüssig wird, über die Früchte verteilen.

Garnierte Platten, Kalte Bufetts

Ein Reigen kalter Köstlichkeiten.

Garnierte Artischockenböden

8—10 Artischocken- böden (aus der Dose)	abtropfen lassen
etwa 150 g Geflügel- leberpastete (aus der Dose)	mit
2 EL Crème fraîche	
knapp 1 EL Weinbrand	zu einer geschmeidigen Masse verrüh- ren, in einen Spritzbeutel mit Sterntülle

füllen, auf die Artischockenböden spritzen, mit

**geviertelten
Kiwischeiben
geschnittenen
Estragonblättern** garnieren.
Beigabe: Stangenweißbrot, Butter.

Garnierte Eier

4 hartgekochte Eier pellen, längs halbieren, das Eigelb herauslösen, durch ein feines Sieb strei-
chen, mit

**100 g Doppelrahm-
Frischkäse
1 EL Crème fraîche** verrühren, mit
**Salz
Pfeffer
Paprika edelsüß
Currypulver** abschmecken
die Masse in einen Spritzbeutel mit
Sterntülle füllen, in die ausgehöhlten Ei-
erhälften spritzen, mit

**Shrimps
geviertelten
Zitronenscheiben
Dillzweigen** garnieren.

Garnierte Kalbsmedaillons

250 g Kalbsfilet waschen, abtrocknen, die Sehnen ent-
fernen, das Fleisch in 4 gleichmäßige
Scheiben schneiden, etwas zusammen-
drücken, mit
**Salz
Pfeffer** würzen

1 EL Butterschmalz oder Margarine	erhitzen, das Fleisch von beiden Seiten 5—6 Minuten braten, herausnehmen, auf einem Teller legen, mit
1 EL Weinbrand	beträufeln, erkalten lassen
80 g Kalbsleberpastete (aus der Dose)	mit
1 EL Crème fraîche	zu einer geschmeidigen Masse verrühren, in einen Spritzbeutel mit Sterntülle füllen, auf die Kalbsmedaillons spritzen, mit
Aspikwürfeln (S. 255) geviertelten Cocktailkirschen Mandarinenspalten (aus der Dose) Thymianblättern	garnieren.
Beigabe:	Salate, Toast, Butter.

Lammrücken im Teig

	Für den Quarkblätterteig
250 g Weizenmehl	auf die Tischplatte sieben, in die Mitte eine Vertiefung eindrücken
250 g Magerquark Salz	hineingeben, mit einem Teil des Mehls zu einem dicken Brei verarbeiten
250 g kalte Butter	in Stücke schneiden, auf den Brei geben, mit Mehl bedecken, von der Mitte aus alle Zutaten schnell zu einem glatten Teig verkneten, 2—3 Stunden oder über Nacht kalt stellen
2 Lammkotelettstücke (je etwa 1¼ kg)	jeweils vom Knochen lösen, das Fleisch vom Fett befreien das Fleisch waschen, abtrocknen

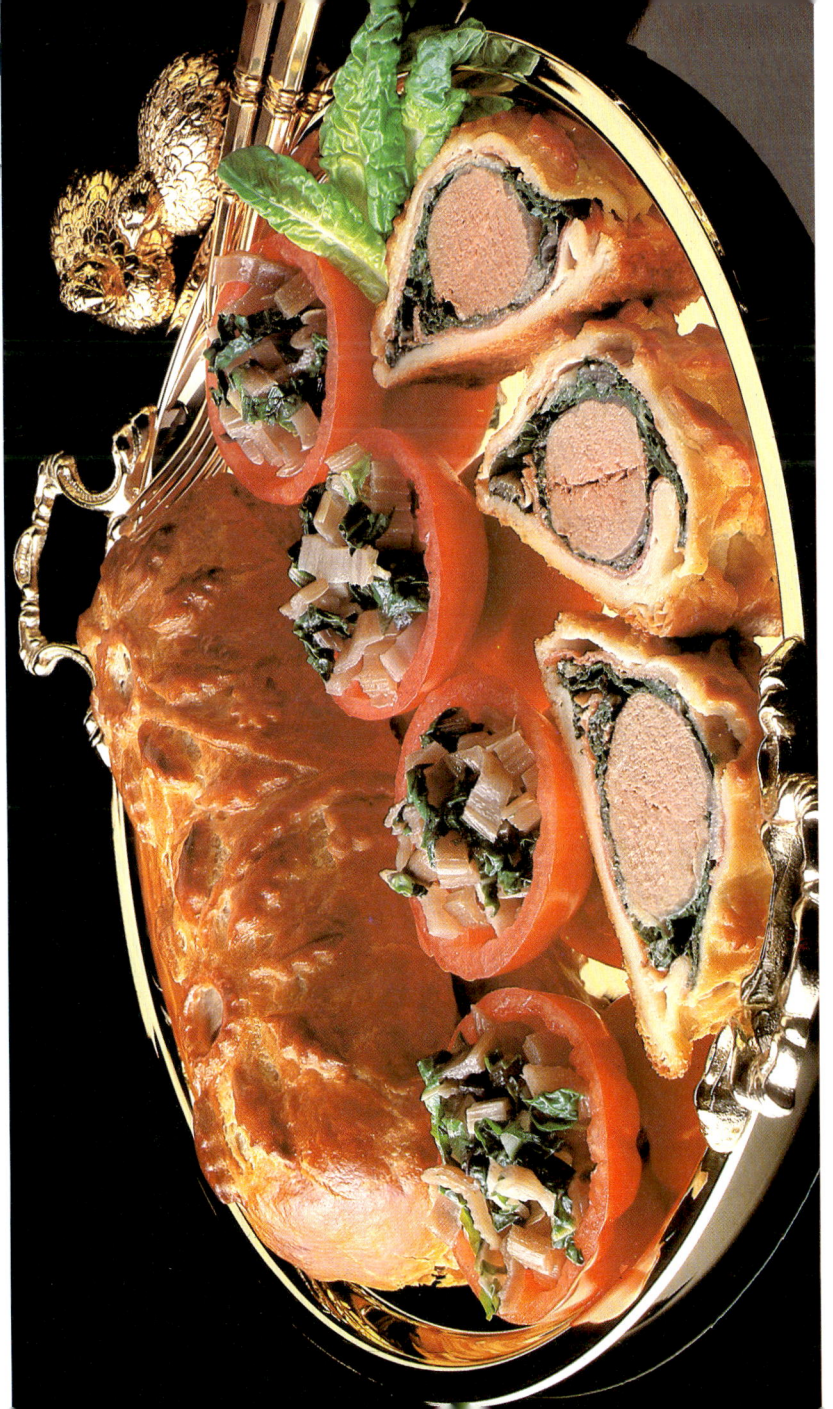

jeweils 2 Fleischstücke mit Küchengarn umwickeln, mit

Salz
Pfeffer
Kräutern der
Provence würzen
3—4 Knoblauchzehen abziehen, durchpressen, das Fleisch damit bestreichen
3 EL Speiseöl erhitzen, das Fleisch rundherum 5—6 Minuten darin anbraten, erkalten lassen, das Küchengarn entfernen
von
1 kg Mangold die Stiele abschneiden, die Blätter gründlich waschen, in
kochendes Salzwasser geben, zum Kochen bringen, 2—3 Minuten kochen lassen, auf ein Sieb geben, mit kaltem Wasser übergießen, abtropfen lassen
die Mangoldstiele waschen, in $\frac{1}{2}$ cm breite Streifen schneiden, in das kochende Salzwasser geben, zum Kochen bringen, 2—3 Minuten kochen, abtropfen lassen

für die Sauce
1—2 Knoblauchzehen abziehen, zerdrücken, mit
2 EL Olivenöl
2 EL Weißweinessig
1 TL Senf verrühren, mit Salz, Pfeffer abschmekken, mit den Mangoldstreifen vermengen, gut durchziehen lassen
die Hälfte des Teiges zu einem Quadrat von 35 × 35 cm ausrollen, an den Seiten einen 2—3 cm breiten Steifen abschneiden (zum Garnieren zurücklegen)
auf die Mitte des Teiges $\frac{1}{4}$ von

250 g durchwachsenen
Speckscheiben
(dünn geschnitten) geben, darauf etwa 4 Mangoldblätter legen, darauf 2 der 4 Fleischstücke legen, mit Mangoldblättern bedecken, mit $\frac{1}{4}$

der durchwachsenen Speckscheiben
belegen
die Teigränder mit etwas von

**1 verschlagenen
Eiweiß** bestreichen, den Teig über das Fleisch
klappen, mit der glatten Seite nach unten auf ein mit Wasser abgespültes
Backblech legen
mit einem kleinen Ausstecher 2 Löcher
in die Teigoberfläche stechen
die Teigreste durchkneten, ausrollen,
beliebige Figuren ausstechen, mit Eiweiß bestreichen, auf die Teigoberfläche kleben
die zweite Teighälfte mit den restlichen
Zutaten auf die gleiche Weise zubereiten

1 Eigelb mit
1 EL Milch verschlagen, die Teigpakete damit bestreichen, das Backblech in den vorgeheizten Backofen schieben

Strom: 200—225
Gas: Etwa 3$\frac{1}{2}$
Backzeit: Etwa 40 Minuten
den garen Lammrücken erkalten lassen,
im ganzen auf einer Platte anrichten,
mit

Mangold garnieren
die restlichen Mangoldblätter in Streifen
schneiden, zu den marinierten Man-
goldstielen geben

**4 mittelgroße
Fleischtomaten
(etwa 800 g)** waschen, abtrocknen, halbieren, aushöhlen, innen mit Pfeffer bestreuen
den Mangoldsalat mit Salz, Pfeffer,

Weißwein abschmecken, einen Teil davon in die
ausgehöhlten Tomaten füllen, auf die
Fleischplatte setzen
den restlichen Salat in eine Glasschüssel
geben, dazu reichen.

Schinkenplatte

**Etwa 1 kg westfäli-
schen Knochenschin-
ken oder verschiedene
Schinkensorten** in Scheiben schneiden, auf einem Holz-
brett anrichten

**etwa ½ kleine Salat-
gurke** waschen, mit einem Buntmesser in
Scheiben schneiden

1 Rettich schälen, waschen, mit einem Rettich-
schneider zur Spirale schneiden

Radieschen putzen, waschen, in gleichmäßigen Ab-
ständen viermal von oben nach unten
bis zur Mitte einschneiden, jedes Viertel
außen einmal halbrund einkerben, kurze Zeit in kaltes Wasser legen

Gewürzgurken mehrmals von oben nach unten einschneiden, fächerförmig auseinanderziehen

Tomaten waschen, abtrocknen, in Achtel schneiden, die Stengelansätze entfernen

Petersilie waschen, Stiele abschneiden
die Schinkenplatte mit den 6 Zutaten
garnieren.

Beigabe: Verschiedene Brotsorten, Butter.

Rinderfiletscheiben, fruchtig und pikant
(Etwa 20 Portionen)

**2 × 1 kg Rinderfilet
(jeweils aus der Mitte
geschnitten)** waschen, abtrocknen, evtl. Haut entfernen

4—5 EL Speiseöl in einer großen Bratpfanne erhitzen, die
Filets von allen Seiten etwa 5 Minuten
darin anbraten, mit

Salz
Pfeffer würzen, in eine feuerfeste Form legen,
das Bratfett darüber gießen, die Form
auf dem Rost in den vorgeheizten Backofen schieben

die Filets während des Bratens ab und zu wenden, mit dem Bratensatz begießen

Strom:	225—250
Gas:	6—7
Backzeit:	Etwa 30 Minuten

die garen Rinderfilets aus dem Backofen nehmen, erkalten lassen, jedes Filet in 14—16 Scheiben schneiden die Filetscheiben wie folgt garnieren

1. Vorschlag:

12 Aprikosenhälften (aus der Dose) abtropfen lassen, jede Aprikosenhälfte mit einer von

12 Cocktailkirschen füllen

jeweils 2 Aprikosenhälften auf 3 Filetscheiben anrichten, mit

Zitronenmelisse garnieren

2. Vorschlag:

200 g gekochte Erbsen mit einem elektrischen Handrührgerät pürieren, durch ein Sieb streichen

1 TL Gelatine gemahlen, weiß in einem kleinen Topf anrühren, 10 Minuten zum Quellen stehenlassen, unter Rühren erwärmen, bis sie gelöst ist, unter das Erbsenpüree rühren

1 Becher (150 g) Crème fraîche anschlagen, unterheben, die Erbsencreme mit

**Salz
Pfeffer
geriebener
Muskatnuß
Pilz-Sojasauce (aus dem Reformhaus)** abschmecken, die Creme in einen Spritzbeutel mit gezackter Tülle füllen, einen Ring auf den Rand von 6 Filetscheiben spritzen

1—2 Tomaten waschen, halbieren, entkernen, die

	Stengelansätze entfernen, das Tomaten-fleisch in kleine Würfel schneiden, auf Küchenpapier abtropfen lassen die gespritzten Ringe mit den Toma-tenwürfeln füllen, mit
Petersilienblättchen	garnieren
3. Vorschlag:	
$\frac{1}{2}$ **reife Mango**	schälen, entkernen, in 12 Spalten schneiden 6 Filetscheiben mit jeweils 2 Mango-spalten über Kreuz belegen, mit jeweils einer von
6 Walnußkernhälften	garnieren
4. Vorschlag:	
Etwa 80 g Gänse-leberpastete (aus der Dose)	kühl stellen, in 6 Scheiben schneiden, 6 Filetscheiben damit belegen
12 Mandarinen-spalten (aus der Dose)	abtropfen lassen, jeweils 2 Mandarinen-spalten auf jede Pastetenscheibe legen jede Filetscheibe mit
Pistazienkernen	garnieren
5. Vorschlag:	
200 g Geflügelleber	waschen, trockentupfen, evtl. Haut ent-fernen
1 EL Butterschmalz	erhitzen, die Leber etwa 3 Minuten von allen Seiten darin braten mit
Salz Pfeffer italienischen Kräutern	würzen, erkalten lassen, mit einem elektrischen Handrührgerät pürieren, mit
75 g weicher Butter	verrühren, nochmals mit Salz, Pfeffer,
Madeira oder Weinbrand	abschmecken die Masse in einen Spritzbeutel mit ge-

	zackter Tülle füllen, auf etwa 8 Filet-scheiben Rosetten spritzen
1 hartgekochtes Ei	pellen, in Scheiben schneiden, auf jede Rosette 1 Eischeibe legen
2—3 Oliven, mit Paprika gefüllt	in Scheiben schneiden, jeweils 1 Scheibe auf jede Eischeibe legen

6. Vorschlag:

3 EL Mandarinen-spalten (aus der Dose)	abtropfen lassen, auf 3 Filetscheiben verteilen, mit
gehackten Pistazienkernen	garnieren

für das Aspik

1 Päckchen Gelatine gemahlen, weiß	mit
4 EL kaltem Wasser	in einem kleinen Topf anrühren, 10 Minuten zum Quellen stehenlassen, unter Rühren erwärmen, bis sie gelöst ist
400 ml klare Schildkrötensuppe (aus der Dose)	zum Kochen bringen, von der Kochstelle nehmen, durch ein Sieb gießen
1—2 EL Madeira	unterrühren, die Gelatine hineingeben, so lange rühren, bis sie gelöst ist, kalt stellen sobald die Flüssigkeit dicklich zu werden beginnt, die Filetscheiben damit bestreichen die restliche Aspikflüssigkeit auf einen Teller gießen, im Kühlschrank erstarren lassen das erstarrte Aspik in kleine Würfel schneiden, mit den glasierten Filetscheiben auf einer großen Platte anrichten.
Beigabe:	Stangenweißbrot, Butter.

Kalbsschnitzel auf römische Art

Von

**8 Kalbsschnitzeln
(je 80—90 g)** evtl. die Haut entfernen
3 EL Olivenöl erhitzen, die Schnitzel darin von jeder
Seite etwa 2 Minuten braten, mit

Salz
Pfeffer bestreuen
**8 Scheiben Parma-
schinken (in der
Größe der Schnitzel)** in dem Bratfett von beiden Seiten anbraten

**16 frische Salbei-
blättchen** hinzufügen, miterhitzen
jedes Schnitzel mit 1 Salbeiblättchen
belegen, jeweils 1 Schinkenscheibe darauf legen
die Schnitzel zur Hälfte überklappen
jeweils 1 Salbeiblättchen mit einem
Holzstäbchen darauf feststecken
den Bratensatz mit
125 ml (¹/₈ l) Weißwein auffüllen, zum Kochen bringen, über
die Schnitzel gießen, warm oder kalt
servieren.
Beigabe: Stangenweißbrot, Tomatensalat.

Senfbraten
(In der Bratfolie)

**Etwa 1 kg Kotelett-
stück mit Filet
vom Schwein
(ohne Knochen)** waschen, abtrocknen, mit einem scharfen Messer längs tief einschneiden, mit

Salz
Pfeffer einreiben

2 EL extra-scharfen Senf mit

2 EL französischem Gewürzsenf verrühren

2 Zwiebeln abziehen, in feine Würfel schneiden

1 kleine Knoblauchzehe abziehen, zerdrücken

3 Bund gemischte, gehackte Kräuter

die drei Zutaten mit der Senfmischung verrühren
die Masse in den Fleischeinschnitt füllen, mit der restlichen Masse das Fleisch bestreichen, das Fleisch mit Küchengarn umwickeln, auf ein genügend großes Stück Bratfolie legen, die Folie verschließen, auf dem Rost in den vorgeheizten Backofen schieben

Strom: 200

Gas: Etwa $3\frac{1}{2}$

Backzeit: Etwa 1 Stunde

das gare Fleisch aus dem Backofen nehmen, kurze Zeit ruhen lassen, erst dann die Bratfolie öffnen, das Fleisch erkalten lassen, in Scheiben schneiden (Küchengarn entfernen), auf einer Platte anrichten, mit

Kerbel
Tomatenröschen
Maiskolben
Perlzwiebeln garnieren.

Beigabe: Dunkles Brot.

Fleischklößchen mit Roquefortfüllung

1 Brötchen (Semmel) in kaltem Wasser einweichen, gut ausdrücken, mit

Fleischklößchen mit Roquefortfüllung

500 g Rinder-gehacktem	in eine Schüssel geben
1 Zwiebel	
1 Knoblauchzehe	
	beide Zutaten abziehen, in feine Würfel schneiden
1 EL Speiseöl	erhitzen, Zwiebel- und Knoblauchwürfel darin glasig dünsten lassen, zu dem Gehackten geben
2 Eier	
2 EL gehackte Petersilie	
2 EL Tomaten-Ketchup	hinzufügen, alle Zutaten gut miteinander verkneten, die Masse mit
Salz	
Pfeffer	abschmecken
75—100 g Roquefort-Käse	in kleine Stücke schneiden aus dem Fleischteig 22—24 walnußgroße Klößchen formen, ein Loch in jedes Klößchen drücken, ein Stück Roquefort-Käse hineingeben, wieder zu Klößchen formen die Klößchen in
3 EL Semmelmehl	wenden, schwimmend in siedendem
Ausbackfett	in 2—3 Portionen jeweils etwa 5 Minuten ausbacken, auf Haushaltspapier abtropfen lassen, heiß oder kalt servieren.

Garnierter Damwildrücken

1 Damwildrücken (etwa 1½ kg)	waschen, abtrocknen, enthäuten
	für die Marinade
2 l Buttermilch	mit
1 EL zerdrückten Wacholderbeeren	
2 Lorbeerblättern	

| 1 EL zerdrückten Pfefferkörnern ½ EL zerdrückten Pimentkörnern (Nelkenpfeffer) | verrühren |

1 Zitrone (unbehandelt) — mit heißem Wasser abwaschen, in Scheiben schneiden, hinzufügen
den Damwildrücken in die Marinade legen, zugedeckt 2—3 Tage an einem kühlen Ort stehenlassen, das Fleisch ab und zu wenden
das marinierte Fleisch abtropfen lassen, trockentupfen, mit

Salz	
Pfeffer	einreiben, mit
40 g weicher Butter	
oder Margarine	bestreichen
150 g fetten Speck	in Scheiben schneiden, die Hälfte davon in eine mit Wasser ausgespülte Rostbratpfanne legen, das Fleisch darauf legen, mit den restlichen Speckscheiben bedecken, die Rostbratpfanne in den vorgeheizten Backofen schieben
	sobald der Bratensatz bräunt, die aus der Marinade genommenen Gewürze (ohne Zitrone),
1 abgezogene, geviertelte Zwiebel	
heißes Wasser	dazulegen, kurz mitbraten lassen, etwas hinzugießen, das Fleisch ab und zu mit dem Bratensatz begießen, verdampfte Flüssigkeit nach und nach ersetzen
Strom:	200—225
Gas:	4—5
Backzeit:	45—60 Minuten
	das gare Fleisch vom Knochen lösen, erkalten lassen, in Scheiben schneiden
150 g Geflügelleberpastete (aus der Dose)	mit
2 EL Crème fraîche	
1 EL feingehacktem Basilikum	geschmeidig rühren, in einen Spritzbeutel mit Lochtülle füllen, die Hälfte davon auf das Knochengerüst spritzen, die Fleischscheiben wieder darauf legen, mit der restlichen Geflügellebercreme,
gekochten Spargelspitzen	
blauen Weintrauben	
Kumquats	garnieren, das Fleisch mit
Madeira- oder Sherryaspik (S. 258)	bestreichen.
Beigabe:	Toast oder Stangenweißbrot, Butter.

Käse-Platte

Auf einer Platte oder einem Brett je
1 Stück

Emmentaler Käse
Ziegenkäse
Tilsiter Käse
Camembert
Parmesan-Käse
Roquefort-Käse
Gouda-Käse anrichten, mit
gewaschenen blauen
oder grünen Wein-
trauben garnieren.

Nach Belieben die einzelnen Käsesor-
ten auf Weinblättern mit Weintrauben
garniert anrichten.

443

Lachsmousse

500 g Lachs und Lachskopf	unter fließendem kalten Wasser abspülen, trockentupfen
1 l Salzwasser	mit
2 Lorbeerblättern	
Korianderkörnern	
gerebeltem Salbei	
5 EL Estragonessig	
4 Zitronenscheiben (unbehandelt)	zum Kochen bringen, den Lachskopf hineingeben, zum Kochen bringen, etwa 30 Minuten kochen lassen, aus der Fischbrühe nehmen, den Lachs in die Brühe geben, etwa 10 Minuten darin ziehen lassen (nicht kochen, da dann der Lachs trocken wird) den Lachs in der Fischbrühe erkalten

	lassen, herausnehmen, von Haut und Gräten befreien, mit einem elektrischen Handrührgerät pürieren
2 schwach gehäufte TL Gelatine gemahlen, weiß 3 EL kaltem Wasser	in einem kleinen Topf mit anrühren, 10 Minuten zum Quellen stehenlassen, unter Rühren erwärmen, bis sie gelöst ist
1 EL Zitronensaft	unterrühren, unter die Lachsmasse rühren
125 ml (1/8 l) Sahne	steif schlagen, mit
2 EL gehacktem Dill	unterheben, mit
Salz, Pfeffer	würzen, die Masse in 4 mit Wasser ausgespülte Förmchen füllen, glattstreichen, im Kühlschrank fest werden lassen, das Lachsmousse auf eine Platte stürzen, mit
Tomatenröschen Dillzweigen	garnieren, nach Belieben
gedünstete Lachsscheiben	mit auf der Platte anrichten.

Klassisches Büfett
(Für 20 Personen)

Gemischte Fischplatte	Rezept Seite 125
Schollenfilets im Knuspermantel	Rezept Seite 114
Marinierte Gemüseplatte mit Avocadocreme	Rezept Seite 41
Ente mit Feigen*	Rezept Seite 174
Kräuter-Roastbeef*	Rezept Seite 155
Remouladensauce*	Rezept Seite 185
Filet Gisela*	Rezept Seite 138

Feiner Champignon-salat	Rezept Seite 67 (doppelte Menge)
Getrüffelte Fasanenterrine*	Rezept Seite 102
Zitronenbutter*	Rezept Seite 204 (doppelte Menge)
Kastenweißbrot	vom Bäcker
Brötchenkranz*	Rezept Seite 332
Weizenvollkornbrot*	Rezept Seite 335
Mousse au chocolat	Rezept Seite 280 (doppelte Menge)
Käseauswahl	
Russische Suppe	Rezept Seite 48 (dreifache Menge)

Katerfrühstück
(Für 6—8 Personen)

8 Matjesfilets	zu Röllchen formen, hochkant in
Zwiebelringe	setzen
2 Bund Radieschen	putzen (das Grün nicht ganz abschneiden), waschen die Zutaten mit
1 geräucherten Bückling	auf einem Brett anrichten, die Matjesröllchen mit
Dill	garnieren.

---

* Die mit einem Stern gekennzeichneten Rezepte können bereits am Vortage vor- bzw. zubereitet werden, so daß diese Gerichte am Tage des Verzehrs nur nochmals abzuschmecken und anzurichten sind.
Garniervorschläge siehe Küchenratgeber Seite 474—482.

1 Stück Schweizer Käse	
1 Stück Roquefort-Käse	
	beide Käsesorten in Würfel schneiden, auf einem Teller mit
Tomatenachteln	anrichten.
100 g Keta-Kaviar (Lachskaviar, aus dem Glas)	in ein Schälchen geben, den Rand mit
1 EL Zwiebelwürfel	bestreuen, mit
gehacktem Dill	garnieren.
300 g geräucherte Lachsscheiben	auf
gewaschenen Salatblättern	
	anrichten, mit
Zitronenscheiben	garnieren.
Senf-Sahne-Sauce (S. 196)	in ein Schälchen geben.

Salat Dolores

375 g Pellkartoffeln	pellen, in Scheiben schneiden oder in Streifen schneiden
200 g frische gepulte Krabben	
1—2 hartgekochte Eier	pellen, in Würfel schneiden
	die Zutaten miteinander vermengen, in einer Salatschale anrichten
	für die Salatsauce
1 Becher (150 g) Crème fraîche	mit
2 EL Tomaten-Ketchup	
1 EL Portwein	
1 TL Essig-Essenz (25 %)	verrühren, mit

Salz
Pfeffer
Zucker abschmecken, über die Salatzutaten geben
den Salat mit
feingehacktem Dill bestreuen.

**Etwa 250 g verschie-
dene Salami-Sorten** mit
**1 Stück Leberwurst
(etwa 200 g)** auf einem Teller anrichten.
**Senf-Sahne-Sauce
(S. 196)** in ein Schälchen geben, mit
**feingeschnittenem
Schnittlauch** bestreuen.

Fisch richtig ausnehmen und filieren

Natürlich können Sie von Ihrem Fischhändler erwarten, daß er Ihnen ausgenommenen, portionierten Fisch und auch Fischfilets verkauft. Oder Ihnen die Seezunge oder die Schollen filiert, was ja gar nicht so ganz einfach ist. Aber nicht immer gelangt Ihnen der Fisch topf- oder pfannenfertig auf den Küchentisch. Zum Beispiel dann nicht, wenn Ihnen ein Angler seinen frischen Fang ins Haus bringt oder wenn Sie Salz- oder grüne Heringe kaufen. Diese Fische müssen vor der Zubereitung ausgenommen und — wenn für's Rezept nötig — auch filiert werden. Wie Fisch ausgenommen, geputzt und filiert wird, zeigen wir Ihnen in unserer Fotofolge. Daß Frischfisch, ob ganze Fische oder Fischportionen, noch fürs Kochen oder Braten vorbereitet werden muß, wissen Sie selbst. Zur Erinnerung nochmal: Fisch kurz unter fließendem kalten Wasser abspülen (nicht darin liegenlassen). Mit Haushaltspapier trockentupfen. Den Fisch säuern, entweder mit Essig oder mit Zitronensaft beträufeln, das macht das Fleisch fest. Gesalzen wird der Fisch erst, kurz bevor er in Topf oder Pfanne kommt. Fisch niemals gesalzen stehenlassen. Denn Salz entzieht dem Fisch Wasser, laugt ihn aus und macht ihn trocken und weniger schmackhaft.

Filieren einer Seezunge. Haut am Schwanzende waagerecht mit Messer einschneiden, etwas abheben. Schwanz mit Haushaltspapier belegen, festhalten. Haut zum Kopf hin abziehen.

Ebenso Haut von Fischunterseite abziehen. Fleisch mit scharfem Messer bis zu den Gräten am Rückgrat entlang sauber einschneiden.

Fleisch am Kopfende von den
Gräten lösen. Filet waagerecht
abschneiden.

Alle vier Filets vom Rücken —
und der Bauchseite je zwei —
vorsichtig ablösen.

Ausnehmen eines Herings.
Fisch mit einem Messer vom
Schwanzende zum Kopf hin
schuppen. Bauch aufschlitzen.
Flossen mit Schere abschnei-
den.

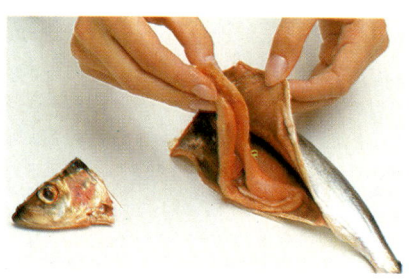

Fischkopf abschneiden. Inne-
reien entfernen. Milchner evtl.
zu Fischsaucen verwenden.

454

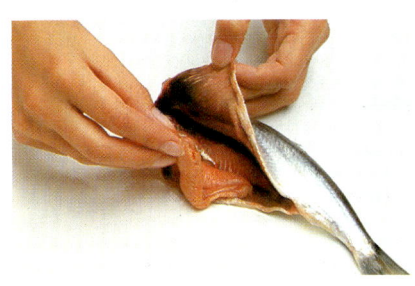

Schwarze Innenhaut herauslösen. Fisch unter kaltem Wasser abspülen.

Fisch am Rücken entlang bis auf die Rückengräte einschneiden.

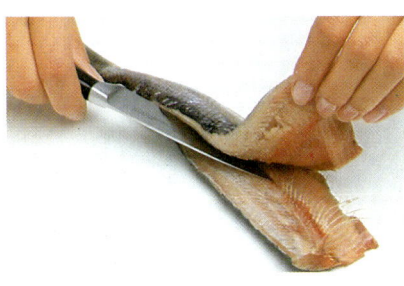

Filet mit scharfem Messer an den Gräten entlang vom Kopf- zum Schwanzende hin abschneiden. Restliche Gräten aus den Filets entfernen.

Enthäuten von Filets. Vor dem Filieren Haut am Schwanzende rundherum einschneiden, etwas anheben. Vom Schwanz zum Kopf hin vom Fleisch ziehen.

Hummer zerlegen

Hummer, daran besteht kein Zweifel, gehört zu den Starzutaten der Kalten Küche. Ganz gleich, ob er gekocht und kalt mit excellenten Saucen zu Weißbrot, Butter und Wein, ob als Vortischcocktail zubereitet oder ob er als Belag für besonders feine Schnittchen oder Canapés gereicht wird. Er hat immer diesen Hauch von Kostbarkeit, der vielen erstrebenswert erscheint und für den — leider — auch bezahlt werden muß. Hummer ist teuer. Dafür kann er aber auch dem Gaumen schmeicheln wie kaum ein anderer Meeresbewohner. Delikatessengeschäfte und Fischhandlungen führen meist lebendfrische Hummer. Gekochte natürlich auch. Erhältlich sind Hummer in Größen bis zu 50 cm Länge und bis zu 1500 g Gewicht. Feinschmecker sagen übrigens, die 500 g schweren seien die besten und hätten das zarteste Fleisch. Hummer gibt's auch tiefgekühlt und da glücklicherweise etwas preiswerter.

Lebende Hummer sind übrigens grau-braun bis grün-schwarz. Und da der Hummerpanzer eine zweifarbige Schicht hat, wird der Hummer beim Kochen kardinalrot. Die obere, dunkle Schicht kocht weg. Und dieses Kardinalrot hat dem Hummer auch einen feinen Zusatznamen eingebracht, nämlich Kardinal der Meere.

Hummer haben übrigens so kräftige Scheren, daß sie beim Zubeißen durchaus einen kleinen Finger knacken können. Also lassen Sie bitte so lange den Draht oder das kräftige Band dran, mit dem man die Scheren zusammenhält, bis er gekocht ist. Gekocht wird Hummer in gesalzenem Wasser. Er wird mit dem Kopf zuerst lebendig ins sprudelnd kochende Wasser gegeben und muß etwa $\frac{1}{2}$ Stunde darin garen. Tiefgekühlte Hummer brauchen nur 20 Minuten, wenn sie unaufgetaut ins Wasser gegeben werden. Selbstverständlich kann Hummer auch heiß serviert werden, er muß dann aber auch heiß tranchiert werden. Hummer für die Kalte Küche wird erkaltet tranchiert. Das geschieht am besten so, wie wir es auf den Fotos zeigen. Dazu wird ein kräftiges, scharfes Messer gebraucht oder die Spezial-Hummerschere, um die Scheren aufzuknacken. Hummerschere und Hummerspieß sind dann nötig, wenn Hummer aus der Schale gegessen wird.

Hummer auf den Rücken legen, nacheinander die Beinchen aus dem Panzer drehen.

Beide Scheren mit der Hand aus den Gelenken drehen, herausziehen, evtl. mit Messerspitze Gelenke durchtrennen. Unteres Scherengelenk ist noch dran.

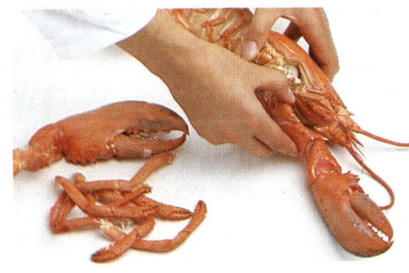

Hummer vom Schwanz zum Kopfende hin mit einem scharfen Messer aufschneiden, in zwei Hälften teilen.

Den Darm — meist ist er wie ein dunkler Faden — mit einer Pinzette aus dem Schwanzfleisch entfernen.

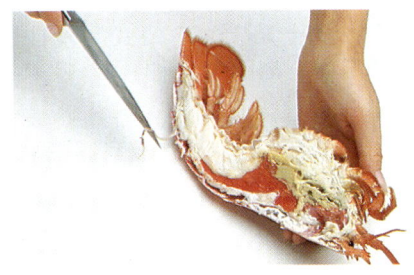

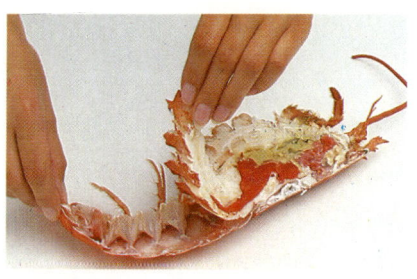

Hummerfleisch aus den Schalen lösen. Mit einer Hand den Panzer festhalten, mit der anderen das Fleisch herauslösen.

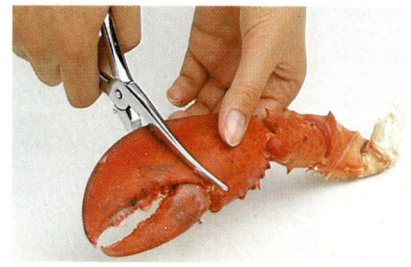

Die Scheren in der Mitte knakken, mit der Hummerschere oder einem starken Messerrücken oder einem kleinen Hammer.

Nun den oberen spitzen Teil abziehen und das zarte Scherenfleisch freilegen.

Vor dem Anrichten noch die unteren Scherengelenke abdrehen, Fleisch herausnehmen. Schwanzfleisch in Scheiben schneiden, anrichten.

458

Geflügel dressieren und tranchieren

Ob Sie nun — wie wir — eine Ente für den Kochtopf oder den Bräter vorbereiten oder ob es Hähnchen, Fasan, Täubchen, Puten oder Gans sein sollen, im Prinzip sind alle Vögel gleich zu behandeln. Tiefgekühlte Ware bekommen Sie, wie bekannt, küchenfertig. Was Ihnen an Vorbereitungsarbeiten bleibt: auftauen, waschen, wenn gewünscht auch füllen, dressieren und würzen. Bei Frischware ist es nicht viel anders. Gerät Ihnen aber mal ein Vogel im Federkleid — möglicherweise ein Fasan — in die Hände, dann müssen Sie ihn rupfen. Aber vorsichtig, damit die Haut nicht verletzt wird. Danach wird der stehengebliebene Federflaum über offener Flamme abgesengt (Gas- oder Spiritusflamme). Falls noch Federkielreste in der Haut stecken, werden sie mit der Pinzette herausgezogen. Dann wird das Tier ausgenommen, nachdem Kopf und ein Stückchen Hals und die Unterschenkel entfernt wurden. Jetzt geht's weiter wie bei küchenfertigem Geflügel: innen und außen waschen, abtrocknen, innen würzen und dann dressieren. Wie das gemacht wird, sehen Sie am Beispiel einer Ente auf unseren Fotos. Nach dem Dressieren wird das Geflügel außen gewürzt, Magergeflügel wie Fasan und Rebhühnchen evtl. noch mit Speckscheiben belegt.

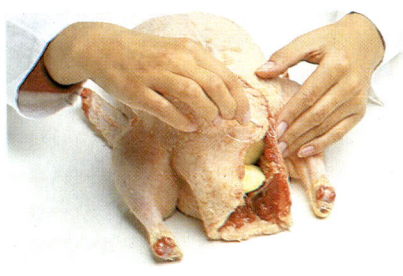

Dressieren einer Ente. Ente mit Rücken auf Arbeitsfläche legen. Öffnung zustecken oder zunähen.

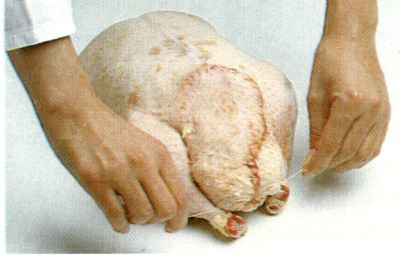

Flügel hinter die Rücken-Hautfalte stecken. Hautlappen vom Hals auf Brust legen. Flügel und Hautlappen festbinden.

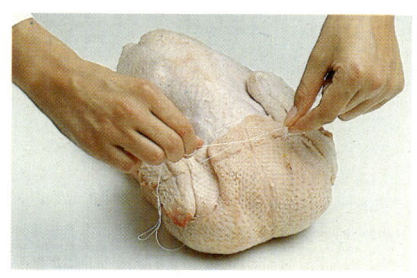

Küchengarn an zugenähter Öffnung fixieren. Keulen umwickeln und zusammenbinden, so daß sie sich eng an den Körper legen.

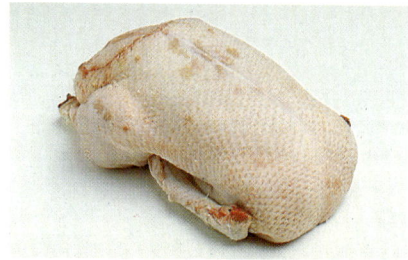

Bratfertige Ente nach Belieben mit Speckscheiben belegen, damit sie beim Braten saftig bleibt und nicht zu braun wird.

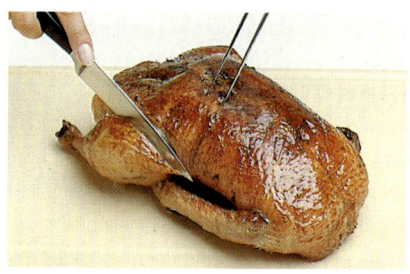

Tranchieren einer Ente. Ente auf den Rücken legen. Mit Tranchiergabel festhalten, mit Tranchiermesser Keulenfleisch durchschneiden. Knochen ein wenig drehen, mit Messer durchtrennen.

Mit den Flügeln genauso verfahren, d.h. mit dem Messer vom Rumpf trennen, evtl. mit der Geflügelschere nachhelfen.

Mit dem Tranchiermesser
Scheiben aus dem Brustfleisch
schneiden. Erst von oben gera-
de aufs Knochengerüst, dann
die Scheiben waagerecht vom
Knochengerüst schneiden.

Oder:
Brustfleisch mit dem Messer
auf beiden Seiten von den
Brustknochen lösen. Zum
Schneiden auf ein Küchenbrett
legen.

Ausgelöstes Brustfleisch mit
scharfem Messer in dicke
Scheiben schneiden. Restliches
Entenfleisch von den Knochen
lösen, in Stücke schneiden.

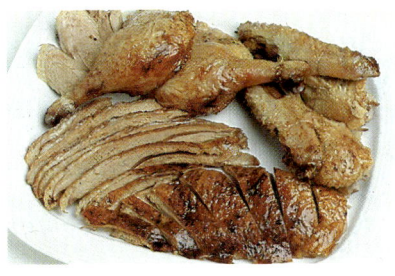

Angerichtete Fleischplatte.
Kleines Geflügel kann auch in
vier Teile tranchiert serviert
werden. Täubchen ganz servieren.

461

Tranchieren von Rehrücken und Hasen (Kaninchen)

Ob es um Reh-, Hirsch- oder Hasenrücken geht (oder auch um Lammrücken), tranchiert werden sie alle auf die gleiche Weise. Und das so sorgfältig, daß sie in Scheiben wieder aufs Knochengerüst gelegt — aussehen, als wäre der Rücken überhaupt nicht zerlegt. Ob Sie frisch oder tiefgekühlt kaufen, ist heute keine Frage des Geschmacks mehr. Denn Wild macht beim Einfrieren den Reifungsprozeß durch, der bei frischem Wild durchs Abhängen erzielt wird. Wenn Sie aber die Wahl haben, nehmen Sie keine gespickte Ware, sondern bardieren den Braten lieber. Das heißt: Ihn mit Scheiben von geräuchertem fetten Speck umwickeln. Das hält ihn saftig, würzig und spart Kalorien, denn vor dem Verzehr wird der Speckmantel abgenommen. — Bei Wildhasen gibt's beim Braten eine kleine Schwierigkeit. Das Rückenfleisch mit dem Filet ist so zart, daß es nur $\frac{1}{2}$ Stunde zu garen braucht. Im Gegensatz zu den Keulen, die 1 bis $1\frac{1}{2}$ Stunden brauchen. Was tun? Entweder, Sie kaufen nur Keulen oder nur Rücken (eine Hälfte reicht für eine Person) oder Sie legen den Rücken nach etwa der Hälfte der Garzeit der Keulen mit in den Bräter. Bei einem Hauskaninchen werden Rücken und Keulen zur gleichen Zeit gar, weil das Fleisch gleich zart ist.

Übrigens: Wenn Sie ausschließlich Hasenkeulen zubereiten, die es — wie Hasenrücken — tiefgekühlt gibt, sollten diese mariniert werden. Sie geben sie in eine Marinade aus Buttermilch, 2 Lorbeerblätter, 3 zerdrückten Wacholderbeeren, $\frac{1}{2}$ TL Senfkörnern, 1 TL gerebeltem Majoran oder Thymian. Die Keulen müssen mit der Buttermilch bedeckt sein und 24 Stunden darin mariniert werden. Dann werden sie abgetrocknet und in Speck angebraten, mit Flüssigkeit angegossen und etwa $1\frac{1}{2}$ Stunden geschmort.

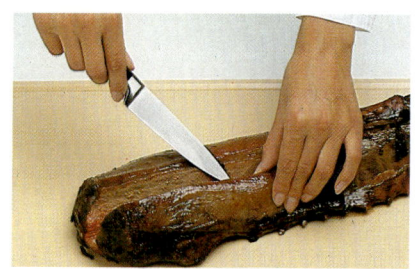

Tranchieren eines Rehrückens. Rehrücken mit dem Knochen nach unten auf die Arbeitsplatte legen, festhalten. An der Mittellinie entlang bis zum Knochen durchteilen. Mit der Messerspitze das Fleisch waagerecht ablösen.

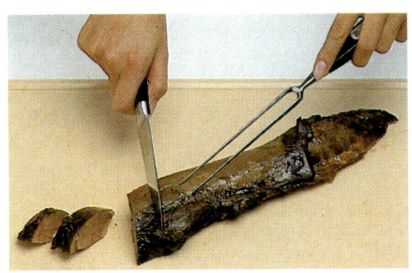

Filets in schräge dicke Scheiben schneiden. Dabei Fleisch mit der Tranchiergabel festhalten.

Zum Anrichten die Rehrückenscheiben wieder auf das Knochengerüst legen, evtl. mit Aspik überziehen und garnieren.

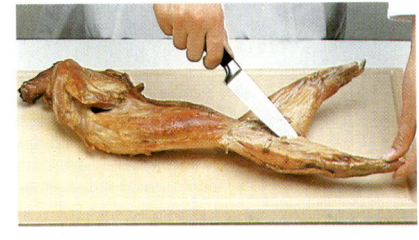

Tranchieren eines Hasen. Hasen (Kaninchen) auf Rücken legen, an einer Keule festhalten. Die Keule schräg zum Körper hin abtrennen, die anderen Keulen entgegengesetzt abtrennen.

Einen Vorderlauf festhalten. Mit dem Messer an der Schulter entlang abtrennen. Genauso mit dem anderen Lauf verfahren. Dabei den Knochen leicht drehen und Sehne durchtrennen.

Hasen (Kaninchen) längs halbieren. Zuerst Rückenfleisch vom Knochengerüst heben, möglichst in einem Stück. Dann übriges Fleisch vom Knochengerüst abtrennen.

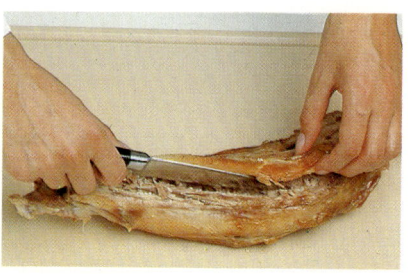

Rückenfleisch in Stücke schneiden. Übriges, abgetrenntes Fleisch halbieren. Dabei die Stücke mit der Tranchiergabel festhalten.

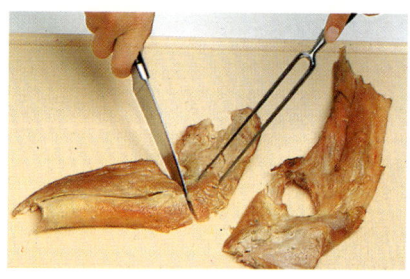

Tranchierten Hasen (Kaninchen) auf einer Platte anrichten. Nach Belieben mit Sauce überziehen.

464

Salat braucht die exakte Vorbereitung

Grüne wie Delikateßsalate, Vortischcocktails wie Obstsalate gehören zur Kalten Küche. Und je besser und exakter sie vorbereitet werden, um so appetitlicher und leckerer werden sie. Dazu gehört aber auch, daß die verschiedenen Zutaten — egal, ob Gemüse, Fleisch, Fisch, Wurst, Käse oder Obst — sorgfältig und gleichmäßig geschnitten und gemischt werden. Das Auge ißt mit. Das gilt vor allem für Salate und ihre verwandten Zubereitungen. So sollten Sie zum Beispiel Kopfsalatblätter in mundgerechte, möglichst gleichmäßig große Blätter zupfen und dabei die groben Blattrippen entfernen.

Endiviensalat und Chicorée, Chinakohl und Eisbergsalat können Sie in gleichmäßige Streifen schneiden. Oder Sie trennen die Blätter ab und schneiden sie in grobe, gleichgroße Stücke. Zutaten für Rohkost — wie Möhren, Kohlrabi, Sellerie, Fenchel oder Rettich — werden auf der Rohkostreibe grob geraspelt oder gehobelt. Salatgurken können — mit oder ohne Schale — gehobelt oder mit dem Messer in Scheiben geschnitten werden. Nach Wunsch dicker oder dünner. Tomaten für Salate sehen in Scheiben geschnitten so gut aus wie geachtelt oder gar in 16 Stücke geteilt. Die grünen Stengelansätze sollten immer entfernt werden, denn sie sind zäh und schmecken nicht. Am besten immer vor dem Schneiden entfernen, d. h. einfach mit dem Messer aus den Tomaten herausheben. Wer's ganz klassisch machen möchte, legt die Tomaten kurze Zeit in kochendes Wasser, schreckt sie mit kaltem Wasser ab und zieht die Haut ab. Dann werden die Tomaten in die gewünschte Form geschnitten, wobei meist auch die Kerne entfernt werden. Aus Gurken, Melonen und Kartoffeln lassen sich Kugeln mit dem *Kartoffelausstecher* herausheben. Das sieht besonders hübsch aus.

Auch bei Paprikaschoten kommt es auf den guten Schnitt an. Wer Ringe haben möchte, schneidet einen Deckel von der Schote ab, putzt die Schote und schneidet sie dann in gleichmäßige Ringe. Wer Streifen haben möchte, viertelt, putzt, wäscht die Schote, trocknet sie ab und schneidet dann aus den Vierteln gleichmäßig dicke und lange Streifen. Nun bereiten Sie ja Salate nicht nur aus rohem Gemüse zu. Es darf — und muß manchmal — auch gekochtes sein. Denken wir nur an Erbsen und Bohnen. Aber auch Möhren, Sellerie und Kohlrabi — die nicht als Rohkost dienen — werden gekocht in Salate gegeben. Oder Sie nehmen das Buntmesser zu Hilfe, das dem Gemüse ein hübsches Rillenmuster gibt. Und zum Garnieren können aus dicken rohen oder gekochten Gemüsescheiben zusätzlich Figuren ausgestochen werden, wie wir es im Garnierthema auf Seite 479 zeigen.

Hier noch ein paar Beispiele für das Schneiden von Gemüse und Obst:
Ganze Zwiebeln in dünne Scheiben, Ringe, gleichmäßige Würfel oder in Streifen schneiden.
Champignons in Scheiben, Hälften oder Viertel schneiden.
Staudensellerie in kurze Stücke, Porree (Lauch) in Streifen oder Scheiben schneiden.
Kohl — gleich welchen — nur in Streifen schneiden.

Aus Radieschen und Rettich können ebensogut Scheiben wie Stifte geschnitten werden. Beides sieht hübsch aus.
Spargel in kurze Stangen oder in Stücke schneiden.
Da Salate aber nicht nur aus Gemüse bestehen, sollten wir auch einen Blick auf die anderen, wichtigen Zutaten tun. Es geht um Fleisch, Wurst, Fisch, Meeresfrüchte, Geflügel, Käse und auch um Obst. Für alle, einschließlich Gemüse, gelten diese paar goldenen Regeln:

Schneiden Sie nach Möglichkeit alle Zutaten, die zu einem Salat verarbeitet werden sollen, in Stücke gleicher Form; also in Streifen, Würfel, Scheiben oder Ringe. Mischen Sie höchstens zwei verschieden geformte Zutaten miteinander. Vielleicht Kugeln (von Melonen oder Äpfeln) und Streifen. Oder Scheiben und Würfel.

Fleisch wird am besten in Streifen oder in dünne Scheiben geschnitten. Das gilt auch für Wurstsorten, die jedoch auch gewürfelt werden können. Aus Käse schneiden Sie am besten Streifen oder Würfel, aber kleine.
Gekochter Fisch läßt sich weniger gut zerschneiden, besser zerpflükken.
Schellfisch zum Beispiel löst sich meist schuppenförmig auseinander, was sehr hübsch aussieht.
Krabben, Muscheln und Austern werden ganz verwendet.
Aus Langusten- oder Hummerfleisch lassen sich aber relativ gleichmäßige Stücke schneiden.

Obst — wie Kirschen — wird entsteint oder z. B. Weintrauben werden halbiert und entkernt.

Äpfel wie Birnen können Sie in Streifen oder geviertelt in dünne Scheiben schneiden.
Enthäutete Pfirsiche sehen als Spalten gut aus.
Genau wie Mandarinen oder Orangen, die wie ein Apfel geschält werden. Achten Sie darauf, daß auch die weiße Haut entfernt wird.

Mandarinen- und Orangenspalten mit einem scharfen Messer aus den Trennhäuten lösen.

Geschälte Kiwis sehen in Scheiben und in Würfeln sehr hübsch aus. Melonen können gewürfelt oder zu Kugeln geformt werden (Kartoffelausstecher). Beerenfrüchte sollten Sie ganz verwenden. Nur bei Erdbeeren eine Ausnahme machen, wenn sie allzu groß sind. Dann sind sie halbiert besser.

Und noch ein Wort zum Garnieren: Salat immer in einer großen Schüssel mischen und in einer anderen Schüssel anrichten. Garniert werden können Delikateßsalate immer mit einem Sträußchen Kräuter von der Sorte, die mitverwendet wurde. Gekochte Eier in Scheiben oder Achtel geschnitten sehen hübsch aus. Wo's paßt, sind Radieschenrosetten angebracht oder ausgestochene Möhrenscheiben. Sehr hübsch machen sich auch halbierte oder in Scheiben geschnittene spanische Oliven mit Paprikafüllung. Wichtig ist nur, daß sie vorzugsweise als Garnierung ein Produkt nehmen, das Sie auch im Salat verwendet haben. Ausnahme sind meistens hartgekochte Eier, die — gehackt, in Scheiben oder Streifen geschnitten — zu fast allen Salaten passen.

Exotische Früchte

Guave

Avocado

Datteln

Kaktusfeige

Kiwi

Es ist kein Problem mehr, an exotische Früchte heranzukommen. Superschnelle Flugzeuge und Kühlschiffe machen's möglich, die Fremdlinge über den gut sortierten Obst- und Gemüsehändler auf unsere heimischen Tische zu bringen. Die wichtigsten sind auf unseren Bildern zu sehen. Die *Guave* z. B., aus den Tropen Mittel- und Südamerikas stammend, die fünfmal so viel Vitamin C enthält wie Zitrusfrüchte. Oder die aus Asien stammende *Kaki,* die heute auch in den Mittelmeerländern angebaut wird. Sie schmeckt sehr süß und ganz entfernt nach Aprikose. Dank des intensiven Anbaus in Israel und des schnellen Transports können wir jetzt auch über frische (früher nur über getrocknete) *Datteln* verfügen. Ein süß-aromatischer Genuß. Die stachelige *Kaktusfeige* mit ihrem erfrischend-süßen Fruchtfleisch, ursprünglich aus Südamerika stammend, heute in Tropen und Suptropen zu finden, bereichert nun auch unsere Obstkörbe. Die *Avocado,* zwar tropische Steinobstfrucht, aber auch pikant zuzubereiten, ist bei uns beinahe schon zu Hause. Wie die *Kiwi* aus Neuseeland. Eine Köstlichkeit, die fast zur Selbstverständlichkeit beim Obsteinkauf gehört. Dagegen sind die *Litschis* aus China mit ihrem zartsüßen weißen Fruchtfleisch eher rar auf unserem Markt. *Mangos* — möglichst als Einzelfrucht, also z. B. nicht mit anderen Früchten gemeinsam in Salaten zu verwenden, — haben ein intensives, äußerst charakteristisches Aroma. Die tropische *Passionsfrucht* mit dem weißen, saftigen Fleisch ist die Basis des inzwischen bei uns so beliebten Maracujasaftes und der Maracuja-Liköre. Die kräftig-aromatische *Baummelone* namens *Papaya* ist roh wie zubereitet ein Genuß. Die *Limette,* eine Art grüne Zitrone, verwenden wir gerne, weil sie mehr und milderen Saft als die Zitrone hergibt. Die Zwergorange *Kumquat* gehört zur Familie der Zitrusfrüchte. Und auf *Melonen,* ob Wasser- oder Zuckermelonen — mag heute bei uns niemand mehr verzichten. Es gibt sie fast das ganze Jahr über. Die Wassermelonen sind nicht so aromatisch, aber höchst saftreich, die Zuckermelonen sind hocharomatisch

aki-Frucht

Litschi

Mango

Passionsfrucht

Papaya

Limette

Kumquat

471

Melone

Melone

mit dem Zusatzeffekt, daß sie reich an Mineralstoffen, Vitaminen und Nährstoffen sind. Wäre noch die köstliche *Ananas* zu nennen, die seit eh und je ihren Platz auf unserem Markt hat und nun ganzjährig und preiswerter als je von der afrikanischen Elfenbeinküste zu haben ist.

Ananas

Hübsch garniert — hübsch serviert

Garnieren ist eigentlich die Kunst des Weglassens, d. h. Speisen niemals mit Garnierung überladen. Deshalb: Wer sparsam garniert, beweist den besseren Geschmack und läßt seinen Gästen einen Blick auf all die Köstlichkeiten offen, die sie erwarten. Die Garnierung soll das appetitliche Aussehen der Speisen unterstreichen, soll sozusagen das Tüpfelchen auf dem i sein und den zusätzlichen Hauch von Verwöhnen auf Schüssel und Teller bringen. Und weil Garnieren so einfach ist, zeigen wir Ihnen auf den Fotos ein paar Anregungen. Radieschenblüten, Tomatenrosen, Zitronenrädchen sind schnell gemacht. Damit kann einem Gericht das Krönchen aufgesetzt werden, das es für Augen und Gaumen reizvoller macht und das in keinem Fall die Speisen überlädt. Beginnen wir mit der *Butter*, die genausogut Margarine sein kann. Ganz nach Geschmack. Damit können Sie zaubern. Aber gut gekühlt muß beides sein, um sie in Form bringen zu können. Das Fett muß also fast immer aus dem Kühlschrank kommen. Zum Formen gibt es viele Möglichkeiten. Diese zum Beispiel: Mit einem Buntmesser gleichmäßige Scheiben oder Würfel schneiden und mit Petersilie anrichten.

Butter (diesmal muß sie weich sein) in eine Schüssel füllen, kühl stellen, dann mit dem Butterhobel von außen zur Mitte hin Locken ziehen, die sich in der Mitte zur Blüte formen. Mit wenig Petersilie garnieren. Fertig.

Butterkugeln: Dazu kalte Butter würfeln und diese Würfel zwischen zwei nassen, geriffelten Butter-Holzbrettchen rund formen. Wenn es zum Essen paßt, kann die Butter in Paprika edelsüß, gehackten Kräutern oder geschrotetem Pfeffer gewälzt werden.

Kräuterbutter entsteht aus weicher Butter, gemischt mit gehackten Kräutern und Gewürzen. Sie wird in Alufolie gerollt, gekühlt und dann in Scheiben geschnitten serviert.

Locken sind leicht mit dem Butterhobel geformt. Buttertaler werden in Holzmodeln bereitet, die vorher 30 Minuten in kaltem Wasser liegen müssen. Model füllen und mit dem Modelstempel herausdrücken. Sofort in Eiswasser legen. Auf Kopfsalat anrichten.

Zitronen als Garnierung einsetzen, heißt gleichzeitig, ihren Saft mit benutzen können. So können Zitronen zurechtgemacht werden: Zitronenscheiben schneiden, Ränder einkerben, Scheiben zur Mitte hin einschneiden, zwei Scheiben ineinanderstecken. Oder mit einem Spezialraspel Zitronenschalenlocken von der Schale abziehen. Oder eine Zitronenhälfte dreimal einkerben und mit Kresse füllen. Oder

eingekerbte Schalenhalbmonde fertigen. Oder Zitronenscheiben mit Pastetenförmchen ausstechen, so daß sie einen hübschen Bogenrand bekommen.

Tomaten sind deshalb als Garnierung so beliebt, weil sie Speisen den roten Glanzpunkt aufsetzen. Mit Weiß (Rettich) und Grün (Kräuter) kombiniert, wirken sie noch frischer. Tomatenblüte: Die Frucht zwölfmal mit einem scharfen Messer gleichzeitig zur Mitte hin einschneiden. Die entstandenen, spitzblattförmigen Segmente ergeben eine Blüte, wenn jedes zweite Sement nach oben gebogen wird. Kresse in die Mitte geben. Fertig.
Rot-Weiß-Garnierung: Eine Tomatenhälfte auf die Schnittfläche legen,

fünfmal etwa bis zur Hälfte einschneiden. Die Einschnitte mit Rettich-scheiben füllen, die mit Pastetenförmchen ausgestochen wurden, so daß sie einen Wellenrand bekommen.

Mondsicheln: Tomatenviertel bis zur Mitte hin einschneiden, die Spitzen leicht auseinanderziehen, so daß eine Form wie zwei Mondsicheln entstehen.

Rosen: Feste Tomaten rundherum so schälen, daß noch etwas Fleisch an der Schale bleibt. Locker von innen nach außen einrollen und etwas nach außen zur Rose biegen. Auf glatte Petersilie legen. Tomatenrosen machen kalte Platten und Salate noch ansehnlicher, zumal dann, wenn sie mit Petersilie kombiniert werden.

Möhren: Damit läßt sich eine Menge ausrichten. Egal, ob die Scheiben roh oder gekocht sind, nur etwas dicker müssen sie sein. Ausgestochene Formen: Mit kleinen Ausstechformen aus rohen oder gekochten dicken Möhrenscheiben winzige Herzen, Blüten und Kleeblätter ausstechen. Für die Kalte Küche sehr reizvoll: Bei Sülzen zuerst einen Spiegel aus Aspik gießen, aus ausgestochenen, gekochten Möhrenscheiben ein Muster legen, noch etwas Aspik gießen, anziehen lassen, dann die Sülze fertigstellen. Ein paar Petersilienbüschel dazwischen sehen noch besser aus. Möhrenspiralen werden aus rohen Möhren hergestellt. Verwenden Sie möglichst dicke Wurzeln. Geschnitten werden sie mit Hilfe eines Rettichschälers und garniert mit Dillspitzen.

Möhrenscheiben, schräge Rechtecke (Rauten) und Würfel können — gekocht oder roh — hübsch mit dem Buntmesser zurechtgeschnitten werden.

Ausgestochene Muster, die reinen Formen oder die Scheiben, die in der Mitte die Form zeigen, machen die gold-orangefarbenen Möhren zum beliebten Garniermittel. Sie können ruhig aus rohen Möhrenscheiben gemacht werden, wenn sie zum Beispiel einen Salat, eine kalte Platte oder eine Rohkost hübscher machen wollen. Es ist auch möglich, sie auf ungeschälte Gurkenscheiben zu legen. Ein guter Kontrast, der dadurch verstärkt wird, daß noch etwas Petersilie dazugelegt wird. Genauso können Sie übrigens mit Kohlrabi verfahren, dessen Weiß mit Kräutern aufgeputzt wird.

Beim weißen Rettich scheiden sich die nord- und süddeutschen Geister. Echte Bayern mögen ihn nur oder vorzugsweise in Scheiben geschnitten, gesalzen und damit zum »Weinen« gebracht (er zieht Wasser) und dann serviert. Viele wollen ihn lieber als Spirale. Frisch gesalzen. Aber auch beim Garnieren machen die Bayern eine Ausnahme.

Da dürfen weder die Scheiben noch die Spiralen gesalzen sein, weil sie sonst ihre Frische verlieren und unansehnlich werden.

Rettich kann, in Scheiben geschnitten, diese mit der Bogenrandform ausgestochen, mit Tomatenschnitzchen oder Radieschenrosetten belegt werden. Nach Belieben die Scheiben im Wechsel mit Tomatenscheiben anlegen und zusätzlich mit Petersilie garnieren. Locke auf Salat. Hübsch sieht eine Rettichscheibe — bis zur Mitte eingeschnitten — aus, wenn sie auf einem Kopfsalatblatt angerichtet wird.

Und dann die lange Rettichspirale! Um sie schneiden zu können, brauchen Sie den Rettich-Spiralschneider, den es in Haltshaltsfachgeschäften gibt. Wie er gehandhabt wird, steht gewöhnlich auf der Packung. Jedenfalls wird der Spieß mit der Spirale ins dicke Ende des

Rettichs gesteckt. Mit einem Messer, das an der Spirale befestigt ist, wird dann die Form bis zum spitzen Ende des Rettichs geschnitten. Die Spirale wird — auseinandergezogen und auf Sellerieblätter gelegt — auf Platten gelegt.

Radieschen gehörten schon zu Großmutters Zeiten zum bevorzugten Garniergemüse. Ihre rote Schale und ihr weißer Kern machen sie so beliebt, weil sie so frisch aussehen.
In Scheiben geschnitten und schuppenförmig als Rand angelegt, bilden sie die einfachste Garnierung.
Blüten: Nicht schwer, die Radieschen achtmal auszuzacken, in die Mitte ein bißchen Petersilie anzulegen und damit eine Blüte zu zau-

bern. Oder sie nur viermal zu einer einfacheren Blüte auszacken, von denen mehrere — in ein Schüsselchen gefüllt — als Zusatzschmaus und Garnierung auf eine Platte gestellt werden. Dann sind da noch die Radieschenrosen: Die rote Schale bis fast zur Wurzel hin spitz-blättrig schneiden oder nur bis zur Mitte hin etwas runder einschnei-den und auseinanderbiegen. Wichtig ist nur, daß nach dem Schnitt die Radieschen — alle hier angeführten Garnierungen — in Eiswasser gelegt werden, damit sie erst richtig aufblühen.

Weitere Radieschen-Blüten: Viermal von oben nach unten zur Mitte hin einschneiden, so daß vier zusammenhängende Viertel entstehen. Jedes Viertel außen nochmal halbrund einkerben, in kaltes Wasser le-gen.

Bei rustikalen Platten einfach geputzte Radieschen, noch mit gestutzten Stielen dran, rund um ein Salzfäßchen auf den Platten anrichten. Die Radieschen können zum Verzehr am Stiel angefaßt werden, in Salz getaucht und gegessen werden. Köstlich zum Beispiel zu Leberwurst-Broten.

Und wer es sich ganz einfach, aber sehr attraktiv machen will, kauft ein paar Bund praller Radieschen, wäscht und putzt sie, läßt aber ein bißchen Grün dran und stellt sie umgekehrt wie einen Strauß in eine große Schüssel. Die kommt dann aufs Büfett.

So werden Krusten- und Schalentiere und Schnecken gegessen

Keine Angst vor fremden Tieren. Wenn Sie noch nie Muscheln, Austern, Schnecken oder Hummer gegessen haben, dann können Sie sich hier orientieren.

Schalten wir noch kurz zurück auf den gekochten Hummer, der ja häufig kalt mit Saucen gereicht wird. Meist ist er dann aber schon tranchiert. Die Hälfte mit den dazugehörigen Scheren und Beinchen liegt auf Ihrem Teller. Was tun? Da ein Hummerbesteck mitserviert wird (Schere und Spieß), können Sie beruhigt dem Tier zuleibe gehen. Aus dem Körper ist das Fleisch einfach mit Spieß und Gabel zu entnehmen. Auch aus den Scheren. Aber in den Gelenken und in den dickeren Beinteilen steckt noch zartes Fleisch. Das heißt: Überall, wo Sie mit einer Gabel nicht hingelangen, bedienen Sie sich des Spießes, mit dessen Hilfe das Fleisch herausgezogen werden kann. Und die Beinchen dürfen Sie aussaugen. Einfach dazu in die Finger nehmen. Bei gekochten Langusten haben Sie dagegen etwas weniger Arbeit, weil sie keine Scheren haben. Sonst ist alles wie beim Hummer.

Flußkrebse, diese kleinen Schalentiere — am besten, wenn sie um 80 g wiegen — sind etwas mühsamer zu essen, weil meist nur die Hände zu Hilfe genommen werden. Außer, es wird ein Krebsmesser serviert. Die Scheren werden im Gelenk mit den Händen abgebrochen und mit dem Krebsmesser geknackt. Das Fleisch wird einfach ausgelutscht. Dann die Beine abbrechen und aussaugen. Den Kopf nach hinten drücken und aus dem Brustpanzer ziehen. Den Panzer mit einem kleinen Löffel leerschaben. Zum Schluß den Schwanz abbrechen, mit einem Messer seitlich öffnen, oberen Schwanzpanzer ablösen und den Darm entfernen. Fleisch — das Beste des ganzen Krebses, herausnehmen, Chintinstreifen entfernen (zarte, knorpelähnliche Scheiben) und das Fleisch genießen. Pro Person werden etwa 600 g Flußkrebse gerechnet.

Es gibt Austernfans, die 24 bis 48 Austern — auch Trüffel des Meeres genannt — bei einem Essen schlürfen. Auf den Fotos können Sie sehen, wie Austern fachgerecht aufgebrochen und gegessen werden. Miesmuscheln (Mies kommt von Moos und nicht von mies = schlecht), früher die Auster des kleinen Mannes genannt, ist es nun längst nicht mehr. Kenner wissen sie hoch zu schätzen. Sie werden gekocht, gefüllt und überbacken gegessen, aus Dosen (auch mit anderen Ingredienzen zubereitet) und auf rheinische Art, nämlich in einem gewürzten Weinsud gegart, portionsweise in tiefen Tellern serviert, mit dem Sud, der im Anschluß ans Muscheles-

Miesmuschelfleisch mit einer leeren Muschelschale aus der Muschel lösen.

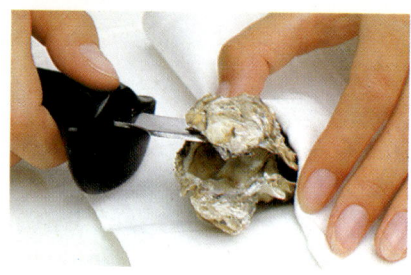

Auster mit der gewölbten Schale nach unten auf ein Küchentuch legen, bedecken, festhalten. Austernbrecher zwischen die Schalen stecken.

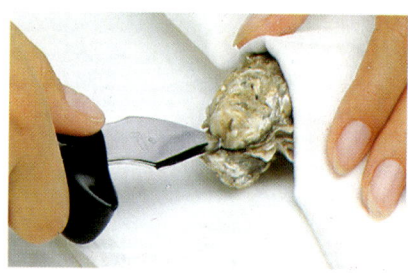

Austernbrecher leicht auf und ab bewegen, bis sich die obere Schale löst.

Austernfleisch mit Austernbrecher von der Schale trennen und mit der Flüssigkeit schlürfen.

*Das gefüllte Schneckenhäus-
chen mit der Schneckenzange
fassen, darunter einen Löffel
für abtropfende Butter halten.*

*Schnecke mit der langzinki-
gen Gabel aus dem Häuschen
holen und verspeisen.*

sen oder dazu gelöffelt wird. Weiß- oder Graubrot mit Butter, Bier
und Schnäpschen oder Weißwein sind die richtigen Beigaben.
Bleiben noch die Weinbergschnecken. In der Spezial-Schneckenpfan-
ne gebacken, die Häuschen dick mit Kräuterbutter (die viel Knob-
lauch enthält) zugestrichen, sind Schnecken auf Burgunder Art. Ein
Genuß, bei dem die zerlaufende Butter mit dem Brot aufgetunkt werden darf. Und ein Elsässer Wein oder auch ein Burgunder gehört dazu. Zum Schneckenessen brauchen Sie ein Besteck, wie Sie es auf
unseren Fotos sehen.

A

Abwällen kurzes Erhitzen eines rohen Lebensmittels durch Eintauchen in kochendes Wasser oder Übergießen damit.

Allerleigewürz Piment (Nelkenpfeffer).

Amerikanischer Flußkrebs aus den USA nach Deutschland verpflanzt, als Ersatz für den in manchen Gegenden selten gewordenen Edelkrebs. Ausgewachsen etwa 10 cm lang und 30—40 g schwer. Scheren kleiner als beim Edelkrebs. Durch Kochen verfärbt er sich rot. Vorwiegend werden nur die Schwänze dieser Art verwendet.

Anchovis hergestellt aus unausgenommenen oder ausgenommenen Sprotten mit oder ohne Kopf, mit oder ohne Schwanz, in Gewürzen gereift.

Aperitif Getränk, das vor der Hauptmahlzeit zur Anregung des Appetits getrunken wird. Meist alkoholreiche Likörweine, z. B. Sherry, Wermutwein, Kräuter- oder Bitterliköre.

Aromen syn. Essenzen.

Ascorbinsäure Bezeichnung für Vitamin C.

Aspik Gallerte, ursprünglich durch Kochen aus der leimgebenden Substanz von Kalbsfüßen oder Schwarten, heute fast nur noch unter Verwendung von Gelatine bereitet. Aspik wird für Fleisch-, Fisch-, Gemüse- und Ei-Zubereitungen verwendet.

B

Bambussprossen Gemüse, Triebe der jungen immergrü-
nen Bambussträucher. Heimat: Ost-
asien. Geringe Frisch-Einfuhr, überwie-
gende Importe als Konserven.

Baumtomaten Südfrucht, Beerenfrucht mit tomatenarti-
gem bis säuerlichem Geschmack.
Größe und Form braunroten Pflaumen
ähnelnd. Geringe Einfuhr.

Béchamelsauce helle gebundene Sauce, unter Mitver-
wendung von Milch bereitet.

Beize Marinade, zum Einlegen von Fleisch
zur Geschmacksabwandlung (Sauerbra-
ten) oder zur Milderung des oft stren-
gen Wildgeschmacks. Enthält neben den
Hauptbestandteilen wie Essig, Rotwein oder Buttermilch zahlreiche Gewürze und Zwiebeln.

Blanchieren kurzes Erhitzen von Gemüsen oder
Obst im Siebeinsatz in siedendem Was-
ser oder Wasserdampf.

Bordelaise syn. Sauce bordelaise, Bordeauxsauce.
Braune, sehr würzige Sauce aus brauner
Grundsauce, Rotwein, konzentriertem
Fleischsaft und Gewürzen.

Bouletten vor allem in Berlin gebräuchliche Bezeichnung für Frikadellen.

Brioche syn. Apostelkuchen. Feines Frühstücks-
gebäck aus ei- und fettreichem Hefe-
teig.

Bündner Fleisch im Schweizer Kanton Graubünden her-
gestelltes, leicht gepökeltes und an der
Luft stark getrocknetes Rindfleisch, zum
Verzehr hauchdünn geschnitten.

C

Canapés   Appetitschnittchen aus ausgestochenen Weiß- oder Schwarzbrottalern, mit Butter bestrichen, mit Bratenfleisch oder anderem feinen Belag dekorativ angerichtet.

Canehl   Stangenzimt.

Cassata   italienisches Speiseeis mit gewürfelten, kandierten Früchten, zusätzlich auch Nüssen oder Krokant.

Charlotten   feine Cremespeisen, mit Bisquits, Waffeln o. ä. eingefaßt.

Chaud-froid   eine Decksauce für kalte Speisen.

Chilipfeffer   syn. Pfefferschote, Cayennepfeffer, Guinea-Pfeffer, Chilis. Sehr scharfes Gewürz, meist feingemahlen, aus getrockneten Pfefferschoten, in unreifem, grünem Zustand als Peperoni bekannt.

Chili-Sauce   besonders scharfe Würzsauce aus Tomatenmark, Zucker, Essig, Chilis, Pimientos und spezieller Gewürzmischung, als Beigabe zu gegrilltem oder gebratenem Fleisch und zum Würzen von Saucen.

Chutney   Würzpaste aus unpassiertem Mark von Tomaten und/oder Mango-Früchten, meistens mit Ingwer, Rosinen, Pfeffer und Zucker stark eingekocht.

Consommé   Kraftbrühe, hergestellt aus Fleischbrühe und Rindfleisch.

Cottage Cheese   syn. Hütten- oder Katenkäse. Körniger Frischkäse.

Crab meat   Krebsdauerkonserve, hergestellt aus gekochten, ausgepulten Steinkrabben und Kurzschwanzkrebsen.

Crème fraîche frischer Rahm aus Kuhmilch, Spezialität aus Frankreich, zum Verfeinern von Suppen, Saucen etc.

Crêpes sehr dünne Eierkuchen, gerollt oder gefaltet mit Konfitüre oder Fleisch gefüllt.

Crevetten französische Bezeichnung für Säge- und Ostseegarnelen.

Cumberland-Sauce Würzsauce, meistens aus rotem oder schwarzem Johannisbeergelee, Südwein, Orangeat, Zitronat, Zitronensaft und Gewürzen; Beigabe zu Wild, Pasteten, Gänse- und Entenbraten.

Currypulver Gewürzmischung aus Kardamom, Cayennepfeffer, Koriander, Kurkuma, Ingwer, Kümmel, Muskatblüte, Nelken, Pfeffer und Zimt, scharfpikanter Geschmack, zum Würzen von Reisspeisen, Fisch, Fleisch und Ragouts.

D

Dämpfen Spezielles Garverfahren, das Gargut ist auf einem Siebeinsatz von Wasserdampf umgeben.

Deutscher Kaviar hergestellt aus Fischrogen von See- und Süßwasserfischen, z.B. Heringen.

Dijon-Senf Speisesenf, hergestellt ausschließlich aus schwarzen oder braunen, nicht entölten Senfkörnern, meistens »extrascharf«.

Dressieren Formgeben von koch- oder bratfertigen Lebensmitteln mit Hilfe von Nadeln, Stäbchen, Klammern, Fäden (z.B. Rouladen, Geflügel, Rollmops).

Dünsten   Garen in wenig Flüssigkeit, bei wasser-
reichem Gut oft im eigenen Saft,
manchmal mit Fettzusatz (gut schließen-
der Deckel).

E

Edelkrebs   sehr geschätzter Süßwasserkrebs aus
Mitteleuropa, Skandinavien, Rußland
und Jugoslawien.

Einwecken   haushaltsübliches Verfahren zum Haltbarmachen von Lebensmitteln, vorwie-
gend Obst und Gemüse.

Essenzen   syn. Aromen, konzentrierte Zubereitungen von Geruchs- oder Geschmacks-
stoffen, die Lebensmitteln oder Speisen
einen besonderen Geruch oder Geschmack verleihen sollen; besonders ge-
bräuchlich die Geschmacksrichtungen
»Rum« und »Zitrone«.

Essigfrüchte   eine Form von Obstkonserven, beson-
ders Birnen und Pflaumen, nach dem
Vorkochen eingelegt in Weinessig und
Zucker, evtl. mit Gewürzen.

Essiggemüse   tafelfertig zubereitetes Gemüse (auch
Mischungen), sauer oder süßsauer ein-
gemacht (z. B. Mixed Pickles).

Eßkastanie   syn. Marone, Dauermarone, Kastanie,
Edelkastanie. Samen aus der Stein-
frucht des Kastanienbaumes, eignet sich
geröstet als Füllung in Geflügel sowie
als Beilage zu verschiedenen Gerichten.

F

Falscher Hase   Hackbraten.

Farcieren   Füllen einer Speise, z. B. Geflügel oder Gemüse, mit einer Farce (Füllmasse meistens aus Fleisch, Fisch oder Pilzen).

Filetieren   syn. filieren, Heraustrennen der beiden Filets aus Fisch und Fleisch.

Filet mignon   syn. Filet medaillon, aus der Spitze des Filets vom Rind geschnittene kleine runde Beefsteaks.

Fischrogen   unbefruchtete Eier der Fische, zu Fischerzeugnissen verarbeitet.

Flambieren   zeremonielles, löffelweises Übergießen und Abbrennen von hochprozentigem Alkohol auf Speisen.

Fleischextrakt   zu pastenförmiger Konsistenz eingedickter, wäßriger, dunkelbrauner, aromatischer Fleischauszug; zum Verfeinern und Würzen von Speisen.

Fleischkäse   fein gekuttertes, brühwurstartiges Erzeugnis, aus Rind- und Schweinefleisch, in Formen laibartig gebacken oder gebrüht.

Flomen   syn. Liesen, Bauchwandfettgewebe des Schweines, dient zur Gewinnung von Flomenschmalz (Schweineschmalz).

Frappé   französisch — geschlagen, auch Frappee. Mit Eisstückchen bzw. anderweitig gekühlte Mischgetränke oder erfrischende Süßspeisen mit Früchten, evtl. unter Zusatz von Speiseeis oder Sorbet. Gut gekühlt, aber nicht gefroren, serviert.

Fritieren Ausbacken (d.h. Garen und Bräunen)
von vorbereiteten Lebensmitteln
schwimmend in heißem Fett.

Fructose Fruchtzucker.

G

Galantine kaltes Fleischgericht von Spitzenqualität,
hergestellt aus Scheiben oder kleinen
Stücken feinen Fleisches, zumeist Geflügel, Wild, verbunden durch feinzer-
kleinerte Fleischmasse. Bei Galantinen
dient der von Knochen völlig befreite, im Fleisch noch möglichst unverletz-
te Körper, z.B. einer Poularde oder
Ente als Umhüllung für die Fleischmasse.

Garnelen langschwänzige Krebse, am bekanntes-
sten ist die Nordseegarnele (Krabbe).
Andere Garnelenarten werden aus aller
Welt importiert.

Gelatine (Speisegelatine), Gelierstoff, quillt in kaltem Wasser, ergibt beim Abkühlen
geschmacksneutrale, klar durchsichtige
Gele. Verwendet als Geliermittel für
Aspik, Sülze, Gelee- und Cremespeisen.
Farblos oder künstlich gefärbt, gemahlen oder in Blattform.

Gewürznelke Gewürz; dunkelbraune, getrocknete,
kurz vor dem Aufblühen geerntete Blü-
tenknopsen des Gewürznelkenstrau-
ches, ganz, geschrotet oder gemahlen
angeboten.

Glutamat Geschmacksverstärker bei allen nicht
süßen Lebensmitteln, besonders bei Suppen und Saucen.

Gnocchi	Nockerln auf italienische Art, kleine Kugeln aus feinem Kartoffelteig, pochiert, mit Butter und Parmesankäse überbacken.
Granat	Nordseekrabben.
Granatapfel	Südfrucht, Beerenfrucht des Granatapfelbaumes.
Grappa	italienische Bezeichnung für Tresterbranntwein.
Gratinieren	Überbacken einer Speise in starker Hitze zum Bräunen und zur Krustenbildung.
Griebenschmalz	gewürztes oder ungewürztes Schweineschmalz mit Grieben aus frischem Rückenspeck oder Flomen.
Grillen	Garmethode durch Einwirken von Strahlungswärme direkt auf das Gargut, besonders geeignet für Fleisch, Geflügel und Fisch.

H

Hackepeter	zubereitetes Hackfleisch, meistens aus Schweinefleisch.
Haselnußöl	gewonnen durch Auspressen von Haselnüssen, angenehmer Geruch. Wird fast ausschließlich für Nugatmassen verwendet.
Hochrippe	syn. Hohe Rippe, Hochrücken, Teilstück vom Rinderrücken. Erstrangiges Kochfleischstück von jungen Tieren, auch zum Braten geeignet. Aus dem mageren Kern können auch Steaks geschnitten werden.
Hollerbeeren	Holunderbeeren.

I

Ingwer   Gewürz, geschälter Wurzelstock der Ingwer-Staude; frisch, getrocknet, gemahlen und kandiert angeboten. Charakteristisches Aroma, bei höherer Dosierung brennend scharf. Zum Würzen und Verfeinern von Speisen und Backwaren.

J

Julienne   in feine Streifen geschnittene Suppengemüse-Mischung, frisch oder getrocknet, in Brühe gegart.

Jus   fettfreier Fleischsaft, tritt beim Braten oder Erhitzen aus, geliert beim Erkalten. Besonders vom Kalbsbraten gern zum Überziehen und Garnieren von Aufschnitt, kaltem Fleisch usw. verwendet.

K

Kaisergranat   syn. Tiefseekrebs, dem Hummer sehr ähnlicher Krebs, jedoch kleiner (bis zu 24 cm). Verzehrt wird hauptsächlich das »Schwanz«-Fleisch, das Scherenfleisch nur von großen Exemplaren.

Kandieren   Tränken von Früchten oder Fruchtschalen mit dicker Zuckerlösung und anschließendes Trocknen.

Karamelisieren   Bräunen von Zucker durch Erhitzen.

Karbonade   norddeutsche Bezeichnung für Kotelett.

Kardamom   gemahlenes Gewürz, wird hauptsächlich in der Weihnachtsbäckerei verwendet.

Kaviar syn. Echter Kaviar: gesalzenes Fischer-zeugnis, hergestellt aus dem Rogen ver-schiedener Störarten.

Ketakaviar syn. Lachskaviar.

Kipper Räucherfisch, hergestellt durch Kalträu-chern, muß vor dem Verzehr noch ge-gart werden.

Klippfisch getrockneter Fisch. Naß oder trocken gesalzen und durch Trocknen haltbar gemacht.

Koriander Gewürz, ganz, geschrotet oder pulve-risiert erhältlich, zum Würzen von Back-waren, Fleisch, Fisch und Getränken.

Krabben umgangssprachliche Kurzbezeichnung für Nordseekrabben.

Krabbenfleisch gekochtes Krebstiererzeugnis, herge-stellt aus geschälten Garnelen, haltbar gemacht.

Kren Meerrettich.

Krevetten in Anlehnung an französisch: crevette, Sammelname für Garnelenarten.

Krokant Zuckerware aus Nüssen und Mandeln und geschmolzenem, karamelisiertem Zucker.

Krustentiere Krebstiere. Nach dem Aussehen wer-den unterschieden: langschwänzige, z. B. Garnelen (Shrimps), Flußkrebse, Hummer, Kaisergranat, Langusten, und kurzschwänzige, z. B. Taschenkrebse, Blau- und Königskrabbe.
Nach Abkochen und Entfernen der Schale wird das Krebsfleisch gewonnen.

Kurkuma Gewürz, intensiv gelbe Färbung, wichti-ger Bestandteil des Currypulvers.

Lachsheringe ausgenommener, geräucherter Salzhering mit Kopf.

Lachskaviar syn. Ketakaviar, gesalzenes Fischerzeugnis, aus dem Rogen von Lachsarten.

Lachsmakrele kaltgeräucherte, gesalzene Makrele.

Lachsschinken schieres Schweinefleisch aus dem Kotelettstrang, gepökelt und geräuchert.

Lake (Pökellake), konzentrierte Salzlösung zur Naßpökelung von Fleisch.

Langusten meist sehr große (25—60 cm lang) Speisekrebse ohne Scheren.

Läuterzucker gekochte, vom Schaum befreite, mehr oder weniger konzentrierte, sehr reine Weißzuckerlösung.

legieren Sämigmachen von Saucen und Suppen durch Zugabe von verschlagenem Eigelb und vorsichtigem Erwärmen.

Lemon-Squash Zitronensirup aus geschälten und entkernten Zitronen, der noch alle Fruchtbestandteile enthält; mit Wasser verdünnt als Erfrischungsgetränk.

Lende Bezeichnung für Filet.

Liesenschmalz Flomenschmalz.

Lorbeerblätter Gewürz, z. B. für Eintopf- und Fischgerichte und Beizen.

Luftspeck frisch gepökelte Speckseite, an der Luft ohne Räucherung getrocknet.

Lummerkotelett Filetkotelett vom Schwein.

M

Macis Muskatblüte.

Madeira portugiesischer Likörwein der Insel Madeira.

Madeirasauce braune, gebundene Sauce mit Madeirawein, besonders zu gekochtem Schinken, Zunge und anderen Fleischgerichten.

Mango-Chutney Würzsauce aus Mangofrüchten, mit Ingwer, Pfeffer, Rosinen und Zucker eingekocht; Beigabe zu Reisgerichten.

Mango-Sauce Würzpaste aus Mangofrüchten, Sultaninen, Zucker, mit Curry und anderen Gewürzen; Beigabe zu chinesischen und indischen Spezialitäten sowie zu Geflügelgerichten.

Maraschino-Kirschen in Maraschino-Likör oder andere geeignete Spirituosen eingelegte, ausgesuchte große, rote Kirschen (oft gefärbt).

Marille Aprikose.

Marone Eßkastanie.

Matjeshering Salzhering, hergestellt aus einem frischen, fetten, noch nicht geschlechtsreifen Hering.

Mayonnaise kalte Sauce aus Salatöl, Hühnereigelb, Essig und Gewürzen.

Meerrettich Gewürzpflanze, Wurzel frisch und konserviert (gerieben) erhältlich.

Meersalz syn. Seesalz, gewonnen durch Verdunsten von Meerwasser.

Meringe süddeutscher Ausdruck für Baiser.

Muskatfrucht pfirsichähnliche Steinfrucht, deren Samen (Muskatnuß) und ihr zerschlitzter Mantel (Muskatblüte) als Gewürz verwendet werden.

N

Nappieren Überdecken einer Speise mit einem gelierfähigen Überzug, besonders für kalte Speisen geeignet.

Nugat syn. Nougat, Zuckerware, hergestellt aus geschälten Nußkernen, Zucker und Kakaoerzeugnissen, als Füllung von Pralinen und Schokoladen; auch in Riegeln oder als Schichtnugat mit unterschiedlichen Nugatarten und -farben erhältlich.

O

Obstessig ausschließlich aus Obstwein durch Gärung hergestellter Essig.

Ochsenmaulsalat Feinkostsalat aus Streifen oder Scheiben von gepökeltem, gekochtem Rindermaul, schwäbische Spezialität.

Olivenöl hell-gelbgrünes Öl, gewonnen aus dem Fruchtfleisch der Oliven, reines Olivenöl genußtauglich.

P

Panieren Vorbereiten von Lebensmitteln zum Braten oder Ausbacken in Fett durch Wenden nacheinander in Mehl, verschlagenem Ei und Semmelmehl.

parboiled Reis mit Wasser, Wärme und Druck vorbe-
handelter Reis, verbesserte Kocheigen-
schaften, bleibt beim Wiederaufwär-
men körnig, Kochzeit wie bei Reis üb-
lich.

Parfait 1. pastetenähnliches Feinkosterzeugnis,
zumeist aus Fleisch
2. hochwertige Speiseeiszubereitung.

Passieren Durchstreichen von weichen, oft gegar-
ten Lebensmitteln durch ein Sieb.

Pasteten 1. Fleischzubereitung aus zerkleinertem
Fleisch (Wild oder Geflügel) und Ge-
würzen, Sammelbezeichnung Wurstpa-
steten;
2. feine Backware aus Blätterteig, wird
warm verzehrt mit einer Füllung aus
pikant gewürztem Fleisch, Fisch oder
Gemüse;
3. pralinenähnliche Süßware, mit mindestens 2 verschiedenen Füllungen,
größer als Pralinen.

Peperoni Bezeichnung für die unreifen, grünen
Früchte des Chilipfeffers.

Pfefferkraut syn. Bohnenkraut, minzeartiges Küchen-
kraut.

Pfefferschoten Chilipfeffer.

Pie in England und USA verwendete Bezeichnung für runde oder auch eckige
Gebäcke mit Obst-, Fleisch- oder Ge-
flügelfüllungen.

Pistazien-Kerne Ölsamen, geschälte, meist enthäutete
Kerne
Pistazie (Steinfrucht), verwendet als Ge-
würz und zum Garnieren von Speisen.

Pochieren gar ziehen lassen, langsames Garen in Flüssigkeit bei einer Temperatur knapp unter dem Siedepunkt.

Pökeln Salzen, Zubereiten und Haltbarmachen von Fleisch und Fleisch mit Hilfe von Kochsalz.

Poularde gemästetes Junghuhn.

Prawns englisch für Garnelen.

Pumpernickel Brotsorte, krustenfrei, aus Roggenbackschrot oder Roggenvollkornschrot, von dunkler Farbe und süßlich-aromatischem Geschmack.

Pürieren Zerstampfen oder Zerdrücken eines rohen oder gekochten Lebensmittels zu Brei.

Q

Quellen Fähigkeit zahlreicher Lebensmittel, Flüssigkeit, zumeist Wasser, aufzunehmen und dabei ihr Eigenvolumen zu vergrößern (z. B. Reis, Hülsenfrüchte, Gelatine usw.).

R

Radi bayerische Bezeichnung für Rettich.

Ragout würziges Gericht aus bissengroßen Fleischstücken in gebundener Sauce.

Rahm Sahne.

Räucherfische unterschiedlich vorbereitete, kalt- oder heißgeräucherte Fische. Heißgeräuchert werden frische oder nur schwach gesalzene Fische, schmecken

mild nach Rauch, Fleisch ist möglichst hell.
Kaltgeräuchert werden vorgesalzene und salzgare Fische oder Fischteile. Schmecken spezifisch nach Rauch und leicht bis stark salzig. Sind länger haltbar als heißgeräucherte Fische.

Räuchern Behandeln von Lebensmitteln mit frischem Rauch von verschwelendem, naturbelassenem Holz; ursprünglich zur Verlängerung der Haltbarkeit, heute vorwiegend zur Aromatisierung von Fisch, Fleisch- und Wurstwaren.

Remoulade maynonnaisenartige Sauce mit Kräutern und Gewürzen.

Rilette Fleischkonserve; vorgebratenes, fein zerkleinertes Schweinefleisch, mit Fettgewebe, Zwiebeln, Kräutern und Gewürzen zubereitet, mit Schmalz überschichtet.

Roastbeef hochwertiges, zum Kurzbraten geeignetes Fleischstück vom Rinderhinterviertel.

Rollmops marinierter, gewürzter Hering mit eingerollter Gurke, mit Stäbchen durchspießt.

Russische Eier Zubereitung aus hartgekochten Eiern und Mayonnaise, evtl. mit Kaviar garniert.

S

Safran Gewürz, mit intensiv gelbem Farbstoff.

Sago gekörnte Stärke. Ursprünglich gewonnen aus dem Mark der Sagopalme oder anderen Palmenarten. In Deutschland vorwiegend aus Kartoffelstärke bereitet und in Sagoform (Körner, Perlen oder Flocken) angeboten. Geschmacksneutral, dient zum Andicken von Suppen und süßer Fruchtgrützen.

Saitling Dünndarm vom Schaf; sehr zarte, daher zum Mitessen bestimmte Wursthülle.

Salm Lachs.

Samos Griechischer Likörwein von der Insel Samos.

Sardelle Anchovis.

Sauce béarnaise syn. Bearner Sauce. Sauce aus aufgeschlagenem Eigelb mit untergerührter Butter, Schalotten, Estragon, Essig, Wein, feinen Kräutern und Gewürzen; als Beigabe zu gebratenem oder gegrilltem Fleisch und Fisch.

Sauce hollandaise Sauce aus aufgeschlagenem Eigelb und Butter, nur mit Zutaten wie Salz, Muskat, Zitronensaft abgeschmeckt. Für feine Gemüse sowie helle Fleisch- und Fischgerichte.

Sauerteig gesäuerter und gärender Teig, dient zur Geschmacksbildung, zum Lockern und Erlangen der Backfähigkeit von Roggenmehl.

Scampi italienische Bezeichnung für Kaisergranat.

Semmel Bezeichnung für Brötchen.

Soja-Sauce Würzsauce, ostasiatischen Ursprungs, dunkelbraun, hocharomatisch, vielerlei Verwendung.

Sonnenblumenöl hellgelbes, klares Öl, angenehmer Geschmack, gewonnen aus Sonnenblumenkernen. Wertvoller Rohstoff zur Herstellung von Margarine.

Sorbet Schwach gefrorene Speiseeiszubereitung zumeist auf der Basis von Fruchtsäften, auch unter Zusatz von Wein, Schaumwein oder Likör.

Soufflé Auflauf.

Soufflé glacé Eisauflauf.

Sukkade Zitronat.

Sultaninen Rosinen.

SCH

Schabefleisch Beefsteakhack.

Schalotten Zwiebelsorte.

Schaltiere Sammelbegriff für Weichtiere mit kalkhaltigem Gehäuse: Schnecken und Muscheln.

Schattenmorelle dunkle Sauerkirschsorte.

Schlagrahm Schlagsahne.

Schlagsahne Sahneerzeugnis mit mindestens 30 % Fett.

ST

Stangenzimt syn. Kaneel, Gewürz; Rinde des Zimtbaumes.

Staubzucker Puderzucker.

Steak Sammelbezeichnung für senkrecht bis schräg zur Fleischfaser geschnittene Fleischscheiben, vorwiegend vom Rind.

Sternanis Gewürz.

T

Tabasco-Sauce Würzsauce auf der Basis von Pfefferschoten, wegen des intensiven Geschmacks Anwendung nur tropfenweise.

Taschenkrebse großwüchsiger, zehnfüßiger Meereskrebs, enthält in Scheren und Körper wohlschmeckendes Fleisch.

Tatar Beefsteakhack.

Terrine pastetenartiges Vorgericht, besteht meistens aus einer Fleischfarce, die mit Speckscheiben abgedeckt wird. In einer Terrine im Wasserbad gegart.

toasten syn. rösten: bräunen von Brot durch Wärmestrahlung.

Topfen Bezeichnung für Frischkäse bzw. Speisequark.

Tournedos etwa 3 cm dicke Scheiben aus dem Rinderfilet, völlig fettfrei. Kurzgebraten zubereitet.

tranchieren zerlegen von genußfertig zubereitetem Fleisch, Wild oder Geflügel sowie Fisch in Portionen bestimmter Größe.

Trüffeln unterirdisch wachsende Würz-Pilze, dienen zum Würzen von Fleischspeisen und feinen Wurstsorten.

V

Vol-au-vent große Blätterteigpastete, mit Ragout gefüllt.

W

Waldmeister   Würzkraut, wildwachsend; wird zur Bereitung von Maibowle verwendet.

Waldorfsalat   Feinkostsalat aus Äpfeln, Sellerie und Nüssen; angemacht mit Mayonnaise. Benannt nach dem Hotel Waldorf-Astoria.

Walnußöl   syn. Nußöl, fast farblos bis gelblich, von angenehmem nußartigen Geschmack. Gewonnen aus Walnußkernen.

Wassermelonen   Südfrüchte mit meist rotem, sehr saftigem Fleisch, bis 15 kg schwer.

Weichseln   dunkle Sauerkirschen.

Weinbeeren   Rosinen.

Weinessig   ausschließlich aus Wein durch Gärung hergestellt.

Worcestersauce   syn. Worcestershiressauce. Flüssige Würze, zum Abschmecken von Suppen, Saucen, Eintopfgerichten.

Z

Zigeuner-Sauce   Würzsauce auf der Grundlage von Tomatenmark, vielfach mit Paprika und Zwiebeln. Als Beilage zu Reis, Eier- und Fleischspeisen.

Zimt   Gewürz, hergestellt aus der Rinde verschiedener Arten des Zimt- und Zimtcassiabaumes. Als Kaneel, Stangenzimt/Zimtstangen oder gemahlen.

Zuckersirup   flüssiger Zucker in höherer Konzentration.

Rezeptverzeichnis nach Kapiteln

Rezeptverzeichnis, alphabetisch